Schriften zur
Europäischen Integration und
Internationalen Wirtschaftsordnung

Veröffentlichungen des
Wilhelm Merton-Zentrums für Europäische Integration und
Internationale Wirtschaftsordnung,

herausgegeben von

Professor Dr. Dr. Rainer Hofmann, Universität Frankfurt a. M.
Professor Dr. Stefan Kadelbach, Universität Frankfurt a. M.
Professor Dr. Rainer Klump, Universität Frankfurt a. M.

Band 54

Stefan Kadelbach (Hrsg.)

Europäische Bürgerschaft – Anfang oder Ende einer Utopie?

Nomos

Onlineversion
Nomos eLibrary

Die Deutsche Nationalbibliothek verzeichnet diese Publikation in der Deutschen Nationalbibliografie; detaillierte bibliografische Daten sind im Internet über http://dnb.d-nb.de abrufbar.

ISBN 978-3-8487-7804-1 (Print)

ISBN 978-3-7489-2208-7 (ePDF)

1. Auflage 2020

Vorwort

Die Unionsbürgerschaft sollte Europäerinnen und Europäern eine Reihe von Rechten verleihen, die im Kern von der Freizügigkeit in einem Europa ohne Binnengrenzen abgeleitet sind und zu denen auch soziale Rechte gehören. Sie soll aber auch einen politischen und bürgerrechtlichen Status vermitteln, indem sie Unionsangehörigen ein Wahlrecht am Wohnsitzort zu kommunalen Vertretungskörperschaften und zum Europäischen Parlament verleiht. Dies wäre dann der „grundlegende Status" eines *civis europeus*, den der Europäische Gerichtshof und seine Generalanwälte in vielen ihrer Entscheidungen und Schlussanträge herausstellten.

Da die Unionsbürgerschaft besitzt, wer die Staatsangehörigkeit eines EU-Mitgliedstaates erworben hat, scheint in ihr in der Tat eine inklusive (Europa) und eine exklusive (alle anderen nicht) Seite, also ein privilegierter Status angelegt zu sein. In den letzten Jahren ist indessen eine Entwicklung zu verzeichnen, die diese Idee umzukehren scheint. Migration wird zunehmend kritisch betrachtet, und es zeichnet sich eine Differenzierung ab, die nicht mehr an der Unionszugehörigkeit, sondern an den Bedürfnissen des Arbeitsmarktes, dem Ausbildungsstand und damit am sozialen Status der Migrantinnen und Migranten ausgerichtet ist. Der „Brexit" ist nur ein Symptom dieses Prozesses.

Ob diese Beobachtung mehr ist als nur ein erster Eindruck, wurde auf dem XVIII. Walter Hallstein-Kolloquium unter dem Titel „Europäische Bürgerschaft – Anfang oder Ende einer Utopie?" aus akademischer und praktischer Sicht sowie aus den Perspektiven der Politik-, Wirtschafts- und Rechtswissenschaft diskutiert. Dieser Band versammelt Beiträge dieses Kolloquiums, das am 7. und 8. März 2019 stattfand. Nachweise berücksichtigen punktuell auch nachfolgende Entwicklungen.

Das Kolloquium wurde vom Exzellenzcluster 243 „Normative Ordnungen" an der Goethe-Universität Frankfurt großzügig gefördert, dem hierfür Dank gebührt. *Raven Kirchner* ist für die Betreuung des Manuskripts zu danken.

Frankfurt am Main, im Juni 2020

Rainer Hofmann Stefan Kadelbach Rainer Klump

Inhaltsverzeichnis

Europäische Bürgerschaft – Anfang oder Ende einer Utopie?

Stefan Kadelbach

A. Idee und Potential der Unionsbürgerschaft

Die Unionsbürgerschaft geht in ihrer heutigen rechtlichen Form auf den Vertrag von Maastricht zurück.[1] Er führte mit ihr einen Status ein, der von der Staatsangehörigkeit abgeleitet ist (Art. 20 Abs. 1 AEUV). Zu den Unionsbürgerrechten gehören die Freizügigkeit im Hoheitsgebiet der Mitgliedstaaten (Art. 21 AEUV), das Wahlrecht am Wohnsitzort zu den kommunalen Vertretungskörperschaften und zum Europäischen Parlament (Art. 22 AEUV) und das Recht auf stellvertretenden konsularischen Beistand in Drittländern, wenn dort der eigene Staat nicht vertreten ist (Art. 23 AEUV), also Rechte, die Staaten üblicherweise ihren eigenen Staatsangehörigen vorbehalten. Allerdings soll die Unionsbürgerschaft nicht die Staatsbürgerschaft in den Mitgliedstaaten ersetzen, sondern zu ihnen hinzutreten, wie es in Art. 9 EUV und Art. 20 Abs. 1 AEUV gleich zweimal heißt. Das Unionsrecht arbeitet also mit drei Begriffen, die miteinander zusammenhängen: der Staatsangehörigkeit (*nationalité*) als das rechtliche Band zwischen Staat und Individuum, das die Voraussetzungen für die Zuschreibung bestimmter Rechte und Pflichten schafft; der Staats-bürgerschaft (*citoyenneté*), die ein materieller Rechtsbegriff ist und den Inbegriff aller Rechte bezeichnet, die eine vollwertige Bürgerschaft ausmachen, also bürgerliche, politische und soziale Rechte umfasst;[2] und der Unionsbürgerschaft, die einige dieser staatsbürgerlichen Rechte um eine europäische Dimension erweitert. Die Staaten haben die Befugnis behalten, über die Verleihung der Staatsangehörigkeit und damit über die Begründung des Unionsbürgerstatus zu entscheiden.[3] Offenbar

---

1 Zur Vorgeschichte *Kadelbach*, Unionsbürgerrechte, in: Ehlers, Europäische Grundrechte und Grundfreiheiten, 4. Aufl., 2014, § 26 Rn. 4 ff.

2 Klassisch *Marshall*, Citizenship and Social Class, 1950.

3 EuGH, *Micheletti*, C-369/90, Slg. 1992, I-4239, Rn. 10, 14; EuGH, *Rottmann*, C-135/08, Slg. 2010, I-1449, Rn. 40; s. *Oosterom-Staples*, The triangular relationship between nationality, EU citizenship and migration in EU law: A tale of competing competences, Neth Int'l L Rev. 65 (2018), 431 ff.

sind die mit diesem Status verbundenen Rechte attraktiv genug, dass einige EU-Mitgliedstaaten in den Verdacht geraten sind, daraus ein Geschäftsmodell entwickelt zu haben.[4]

Historisch ist die Unionsbürgerschaft aus den Freizügigkeitsrechten im Binnenmarkt hervorgegangen. Ursprünglich Arbeitnehmern (Art. 45 Abs. 3 AEUV), niedergelassenen Selbständigen (Art. 49 AEUV) und Berechtigten der Dienstleistungsfreiheit (Art. 56 AEUV) vorbehalten, haben sie sich im Laufe der Zeit im sekundären Unionsrecht und in der Rechtsprechung des Europäischen Gerichtshofs (EuGH) stetig erweitert. Die Grundfreiheiten wurden weit ausgelegt, sodass etwa die Arbeitnehmerfreizügigkeit auch Teilzeitarbeit und geringfügiger Beschäftigung zugutekommt, und die berechtigten Personenkreise erstreckten sich nach und nach auch auf Familienangehörige, Studierende, Ruheständler und passiv Dienst-leistungsberechtigte, darunter auch die Touristen.[5] Die Anerkennung eines allgemeinen Freizügigkeitsrechts durch den heutigen Art. 21 AEUV, der eine wirtschaftliche Tätigkeit nicht mehr voraussetzt, war da nur ein konsequenter Schritt. Die sog. Unionsbürgerrichtlinie von 2004 regelt daher – zumindest auf den ersten Blick – das Freizügigkeits- und Aufenthaltsrecht für alle Personengruppen einheitlich.[6] Politische Rechte sollen die Integration fördern. Die Rechtsprechung des EuGH begründete in den 90er Jahren ein Recht auf diskriminierungsfreien Zugang von sozialen Leistungen auch dann, wenn diese nicht, wie bei Erwerbstätigen der Fall,[7] auf Beiträgen zu den sozialen Sicherungssystemen beruhten, abgeleitet aus dem „grundlegenden Status" der Unionsbürger.[8]

---

4 Vgl. *Martens*, Millionäre herzlich willkommen – Wie Zypern europäische Pässe verkauft, FASZ v. 22.9.2019, S. 8; *Rüb*, Schulfreunde sind alles – Wie auf Malta mit EU-Pässen gehandelt wird, FAZ v. 25.9.2019, S. 3.

5 Eingehend nachvollzogen bei *Wollenschläger*, Grundfreiheit ohne Markt, 2007, S. 24 ff.

6 Richtlinie 2004/38 über das Recht der Unionsbürger und ihrer Familienangehörigen, sich im Hoheitsgebiet der Mitgliedstaaten frei zu bewegen und aufzuhalten v. 29.4.2004, ABl. L 158/77, ber. L 229/35.

7 Verordnung 883/2004 zur Koordinierung der Systeme der sozialen Sicherheit v. 29.4.2004, ABl. L 166/1, ber. L 200/1.

8 EuGH, *Martínez Sala*, C-85/96, Slg. 1998, I-2691; zum „grundlegenden Status" EuGH, *Grzelczyk*, C-184/99, Slg. 2001, I-6193, Rn. 31, 44; *Borchardt*, Der sozialrechtliche Gehalt der Unionsbürgerschaft, NJW 2000, 2057; *Kingreen*, Das Sozialstaatsprinzip im europäischen Verfassungsverbund (2003), S. 206 f., 399 ff.

Die Metamorphose vom Marktbürger zum Unionsbürger scheint also eine Erfolgsgeschichte zu sein,[9] ein rechtlich ins Werk gesetztes Fortschritts-narrativ, das auf eine stetige Steigerung der bürgerschaftlichen und gesellschaftlichen Integration Europas hinausläuft. Auch die Verträge deuten dies an, wo sie von einer Fortentwicklung der Unionsbürgerrechte durch die politischen Institutionen der Union sprechen (Art. 25 AEUV). Die Potenziale der Unionsbürgerschaft kamen in Statusleitbildern zum Ausdruck, auf die sie sich hat projizieren lassen, wie ein demokratisches (Unionsbürger als Legitimationsgemeinschaft), ein grundrechtliches (Status der gleichen Freiheit) oder ein soziales („Sozialbürgerschaft").[10] Die Unionsbürgerschaft schien ein neuer Typ föderaler Rechtsbeziehung, eine Mehrebenen-Bürgerschaft wie man sie aus Bundesstaaten kennt.[11] Allerdings ist fraglich, wie sich diese konstruktivistischen Modelle mit der sozialen Wirklichkeit vertragen. Bei allen diesen Dimensionen der Unionsbürgerschaft gibt es gegenläufige Entwicklungen.

Für die politische Bürgerschaft ist fraglich, ob sie nicht an institutionelle Barrieren stößt, weil die Rechte des Europäischen Parlaments hinter den Anforderungen substanzieller Politikgestaltung zurückbleiben;[12] auch haben die Nachwirkungen der letzten Europawahlen die Grenzen des Spitzenkandidatenmodells aufgezeigt und erwiesen, dass bei der Bestimmung des Kommissionspräsidenten zurzeit nicht die Wahlbürgerschaft, sondern die Staats- und Regierungschefs der Mitglied-staaten das letzte Wort haben.[13] Es kommt hinzu, dass das Bundes-verfassungsgericht nicht nur in seinen Sperrklausel-Entscheidungen das Europaparlament deutlich abgewertet hat,[14] sondern in

---

9 Zum „Marktbürger" *H.P. Ipsen*, Europäisches Gemeinschaftsrecht, 1972, S. 250 ff.; s. auch *Maas*, Creating European Citizens, 2007.

10 *Rabenschlag*, Leitbilder der Unionsbürgerschaft, 2009, S. 149 ff., 245 ff., 315 ff.

11 Ebd. S. 82 ff.; *C. Schönberger*, Unionsbürger, 2005, S. 310 ff.

12 Zum seit Jahrzehnten beklagten Demokratiedefizit etwa *Grimm*, Europa ja – aber welches? Zur Verfassung der europäischen Demokratie, 2016, S. 71 ff.

13 Nach Art. 17 Abs. 5 EUV werden bei der Benennung die Ergebnisse der Wahlen „berücksichtigt"; anders als nach den Wahlen 2014 haben sich die Mitglieder des Europäischen Rates nach den Wahlen 2019 nicht darauf verständigen können, dem Parlament Manfred Weber als Spitzenkandidaten der stärksten Parteienfamilie, der EVU, vorzuschlagen.

14 BVerfGE 129, 300, 5%-Hürde: unter keinem Aspekt sollen die Kriterien der Funktionsfähigkeit des Parlaments greifen, die für die Wahl zum Bundestag die Durchbrechung der Wahlrechtsgleichheit durch die Sperrklausel rechtfertigen, s. ebd. S. 225 ff.; zu Recht krit. Anm. *C. Schönberger*, JZ 2012, 80; zur 3%-Klausel ähnlich BVerfGE 135, 259 (293 ff.).

seinem Lissabon-Urteil auch der Ansicht zuzuneigen scheint, dass substanziellere Mitspracherechte dem Vorrang der nationalen Parlamente widersprächen und danach wohl mit dem Grundgesetz nicht vereinbar wären.[15] Vollzieht man den von diesem Gericht aufgespannten Gleichlauf von subjektivem Wahlrecht und gehaltvoller Demokratie nach,[16] so führt dies zwangsläufig zu der Schlussfolgerung, dass die politischen Rechte der Unionsbürgerschaft auf europäischer Ebene nach seinem Weltbild nicht gehaltvoll sind.

Dem grundrechtlichen Leitbild scheint die Union leichter zu entsprechen. Die Entwicklung der europäischen Grundrechte durch die Judikatur des EuGH und ihre Kodifizierung durch die Grundrechte-Charta sind als Errungenschaften supranationaler Rechtsstaatlichkeit unbestritten. Ihre Verbindung zur Unionsbürgerschaft ist nicht auf den ersten Blick erkennbar, da die meisten Grundrechte unabhängig von der Staatsangehörigkeit gelten. Die Idee des an die Unionsangehörigkeit geknüpften Status gleicher Rechte wurde allerdings schon mit Blick auf die Grundfreiheiten formuliert, mit deren Gebrauch dem „civis europaeus" einen überall in der Union gleichen Bestand von Grundrechten vermittelt werde.[17] Folgerichtig wurde auch der Unionsbürgerschaft diese Vermittlungsfunktion zugeschrieben.[18] Allerdings ist

---

15 BVerfGE 123, 267 (372); zust. *Gärditz/Hillgruber*, Volkssouveränität und Demokratie ernst genommen, JZ 2009, 873 (875); krit. u.a. *Kadelbach*, Grundrechtedemokratie als Vorbild?, in: Franzius/Mayer/Neyer (Hrsg.), Strukturfragen der Europäischen Union, 2010, S. 259 (272); anders auch noch BVerfGE 89, 155 (184 f.): notwendige Aufwertung der Rechte des EP mit Zuwachs der Kompetenzen der EU.

16 Für das BVerfG eröffnet das Wahlrecht nach Art. 38 Abs. 1 GG die Verfassungsbeschwerde, wenn die Übertragung oder Ausübung von Hoheitsrechten auf die europäische Ebene die Substanz der Zuständigkeiten des Bundestages verletzen, BVerfGE 123, 267 (341); zuletzt wieder BVerfG, Urteil vom 5.5.2020, 2 BvR 859/15 u.a., PSPP = NJW 2020, 1647 Rn. 103.

17 GA Jacobs Schlussanträge in Konstantinidis, C-168/91, Slg. 1993, I-1191, Rn. 46: „Ich bin der Meinung, daß ein Gemeinschaftsangehöriger, der sich als Arbeitnehmer oder Selbständiger […] in einen anderen Mitgliedstaat begibt, Anspruch nicht nur darauf hat, seinem Gewerbe oder Beruf nachzugehen und dieselben Lebens- und Arbeitsbedingungen vorzufinden wie Angehörige des Gastlandes; er darf außerdem davon ausgehen, daß er, wohin er sich in der Europäischen Gemeinschaft zu Erwerbszwecken auch begibt, stets im Einklang mit einer gemeinsamen Ordnung von Grundwerten behandelt wird, insbesondere denen, die in der Europäischen Menschenrechtskonvention niedergelegt sind. Mit anderen Worten, er ist berechtigt, zu sagen „civis europeus sum" und sich auf diesen Status zu berufen, um sich jeder Verletzung seiner Grundrechte zu widersetzen."

18 *von Bogdandy u.a.*, Ein Rettungsschirm für europäische Grundrechte, ZaöRV 72 (2012), 45 ff.

fraglich geworden, ob man wirklich noch von einem gleichwertigen Grundrechtsschutz in Europa sprechen kann. Insbesondere die sog. Justizreformen in Polen und Ungarn wecken Zweifel an der künftigen Unabhängigkeit der jeweiligen Gerichtsbarkeiten, die auch für die Anwendung des Europarechts gelten müssen. Für die Unionsbürgerschaft hat dies bei der Zusammenarbeit der Justizbehörden bei der Erledigung von Rechtshilfeersuchen wie dem sog. Europäischen Haftbefehl und bei Anerkennung von Urteilen unmittelbare Bedeutung.[19]

Auch mit den sozialen Rechten scheint es weniger weit her zu sein als es die Formeln vom „civis europaeus" und vom „grundlegenden Status" vielleicht hätten erwarten lassen. Wie es scheint, haben Negativbilder von ungehinderter europäischer Binnenmigration und von einer Überlastung der Sozialbudgets zum Erfolg der Brexit-Abstimmung beigetragen.[20] Schon vorher hatte die Rechtsprechung des EuGH zum Zugang zu beitragsunabhängigen Sozialleistungen eine Wende vollzogen, um politischen Befürchtungen eines Sozialleistungstourismus entgegen-zuwirken.[21] Welche Folgen dies wieder für das Aufenthalts- und Freizügigkeitsrecht hat, ist zurzeit noch nicht ganz zu erkennen.[22]

Es gibt also Grund, am Fortschrittsnarrativ der Unionsbürgerschaft zu zweifeln. In diesem Band sollen daher nacheinander die politischen Rechte (B.), das Feld Migration und soziale Rechte (C.) sowie die Grundrechte und innere Sicherheit (D.) näher betrachtet werden.

B. Unionsbürger als europäische Legitimationsgemeinschaft

Für den politischen Status der Unionsbürgerschaft fragt sich, wie angesichts der erwähnten politischen und verfassungsrichterlichen Restriktionen, denen die Repräsentation der Bürgerschaft im Europäischen Parlament ausgesetzt ist, politische Mitwirkung verbessert werden kann.

---

19 Vgl. EuGH, *Minister for Justice and Equality*, C-216/18 PPU, EU:C:2018:586.

20 Zur Freizügigkeit als Faktor des „Brexit" bspw. *Cremer*, Unionsinterne Migration als integrationspolitische und unionsrechtliche Herausforderung, EuR 2017, 681.

21 Vgl. EuGH, *Alokpa*, C-86/12, EU:C:2013:645; EuGH, *Dano*, C-333/13, EU:C:2014:2358; EuGH, *Alimanovic*, C-67/14, EU:C:2015:597; EuGH, *García-Nieto*, C-299/14, EU:C:2016:114; EuGH, *Kommission/Vereinigtes Königreich*, C-308/14, EU:C:2016:436.

22 Vgl. *Thym*, Die Rückkehr des „Marktbürgers", NJW 2015, 130 (131 f.).

Ausgangspunkt ist die duale Legitimationsstruktur der Union, die einerseits auf der Legitimation der Mitglieder des Ministarrates durch die sie stützenden nationalen Parlamente, andererseits auf der Legitimation der genuin europäischen politischen Organe wie insbesondere der Kommission durch das Europäische Parlament beruht (Art. 10 Abs. 2 EUV). Das Europäische Parlament setzt sich aus „Vertretern der Unionsbürgerinnen und Unionsbürger" zusammen, die im Vertrag als eigenständige Legitimations-gemeinschaft vorgesehen sind (Art. 14 Abs. 2, 10 Abs. 2 EUV). Alle Wahlberechtigten haben also rechtlich eine auf mindestens zwei Herrschaftsebenen verteilte Identität als Aktivbürger, die sich je nach Staatsorganisation auch noch auf weitere Ebenen, hierzulande vor allem die der Bundesländer und der kommunalen Selbstverwaltungskörperschaften, erweitern kann.

Während das Europaparlament bei seiner Budgethoheit starke Rechte besitzt (vgl. Art. 314 AEUV), unterliegt es im Vergleich zu nationalen Parlamenten sowohl in seiner Gesetzgebungsfunktion als auch in seiner Legitimationsfunktion gewissen Schranken. Zwar sind die Rechte des Parlaments in verschiedenen Vertragsrevisionen über die Zeit stetig gestärkt worden, doch hat es bekanntlich noch immer kein eigenes Initiativrecht für Gesetzesvorhaben, sondern ist hierzu auf das Initiativmonopol der Kommission (Art. 17 Abs. 2 EUV) angewiesen, das es aber auch durch Nutzung eines entsprechenden Anforderungsrechts (Art. 225 AEUV) aktivieren kann. Das Parlament hat also kein sog. positives Gesetzgebungsrecht. Es kann nur im Regelverfahren der Rechtsetzung, dem sog. ordentlichen Gesetzgebungsverfahren, einen vorgeschlagenen Rechtsakt in dritter Lesung endgültig ablehnen, wenn sich nicht vorher im Vermittlungsausschuss ein Kompromiss ergibt (Art. 294 Abs. 13 AEUV). Dieses sog. Vetorecht erklärt zwar die intensive Ausschussarbeit des Parlaments, dem es auf diese Weise möglich ist, auf die Rechtsetzung nicht unerheblichen Einfluss auszuüben.[23] In der Außenwahrnehmung gilt diese Regelung bei Befürwortern eines stärkeren Europas dennoch als defizitär und dürfte im Übrigen zu dem Eindruck beigetragen haben, es handele sich hier nicht um ein „richtiges" Parlament.[24]

Was die personelle Legitimation der Kommission betrifft, so ist deren Verantwortung dem Parlament gegenüber klar bestimmt, aber nur schwach ausgestaltet. Sie besteht im Zustimmungserfordernis bei der Ernennung der Kommissionspräsidentin und ihrer Kommission (Art. 17 Abs. 7 EUV), fortlaufenden Frage-, Anhörungs- und Untersuchungsrechten (Art. 226 ff., 230

---

23 Zur Kennzeichnung des EP als „Arbeitsparlament" schon *Dann*, Parlamente im Exekutivföderalismus, 2004, S. 279 ff.

24 Oben Fn. 14.

AEUV) sowie dem Abberufungsrecht nach erfolgreichem Misstrauensantrag (Art. 234 AEUV). Dagegen hat sich eine unmittelbare politische Koppelung zwischen Kommission und einer sie tragenden Parlamentsmehrheit nicht entwickelt; sie mag in der Praxis immer wieder einmal naheliegen, ist aber nicht Teil der institutionellen Struktur der Union. Die Kommission ist einer Regierung nicht vergleichbar, die EU keine zu den Staatsverfassungen analog angelegte parlamentarische Demokratie.

Die Optionen, diesen Zustand durch Vertragsrevision zu ändern, stoßen nicht nur an politische Hindernisse. Jede Kompetenzerweiterung des Europäischen Parlaments geht zu Lasten der Machtressourcen anderer Institutionen.[25] Die Schaffung eines eigenen Initiativrechts würde nicht nur das Initiativmonopol der Kommission beenden, sondern könnte auch zu den Gesetzgebungsrechten der nationalen Parlamente in Konkurrenz treten, was nach der Rechtsprechung des BVerfG als verfassungsrechtlich problematisch gilt.[26]

Auf absehbare Zeit bleibt vermutlich ohnehin nur übrig zu versuchen, die europäische Demokratie zu stärken, ohne dafür die Verträge zu ändern.[27] Vom Spitzenkandidatenmodell, das Art. 17 EUV durch Verfassungspraxis konkretisieren könnte, war schon die Rede. Elemente direkter Demokratie sind in den Verträgen vorgesehen (Art. 11 EUV) und durch Sekundärrechtssetzung ausgestaltet worden; ob man die doch recht hohen Hürden senken will, hängt davon ab, für wie bedenklich man diese Form der Willensbildung halten mag.[28] Informelle Wege wie europäische Bürgerplattformen oder andere, etwa digital organisierte Partizipations-möglichkeiten der Zivilgesellschaft (vgl. Art. 11 Abs. 2 EUV) sind denkbar, wenn auch als Wege der politischen Willensbildung wenig erprobt.[29]

---

25 *Gerkrath*, Die Bedingungen der Demokratie in der EU, EuGRZ 2006, 371 und *Kadelbach*, Bedingungen einer demokratischen EU, EuGRZ 2006, 384.

26 Oben Fn. 15.

27 Zu den verschiedenen Ansätzen s. den Beitrag von *Paul Nemitz* in diesem Band.

28 Verordnung (EU) 2019/788 über die Europäische Bürgerinitiative v. 17.4.2019, ABl. L 130/55; skeptisch zur direkten Demokratie vor dem Hintergrund der Möglichkeiten demagogischer Einflussnahme *Nemitz* in diesem Band, S. 45.

29 Zu einem Konventsmodell aus Island *Thorarensen*, Constitutional consequences of the economic crisis in Iceland, Diritto Pubblico 2015, 723 ff.; *ders.*, The Constitutional Council: Objectives and shortcomings of an innovative process, in: Igimundarson/Urfalino/Erlingsdóttir (Hrsg.), Iceland's Financial Crisis: The politics of blame, protest, and reconstruction, 2016, S. 239 ff.; *ders.*, The people's contribution to constitutional changes: Writing, advising or approving? Lessons from Iceland, in:

Damit ist die politische Unionsbürgerschaft gewissenmaßen auf sich gestellt. Der konstruktivistische Elan der Regelungen in den Verträgen über die Unionsbürgerschaft scheint an Grenzen gestoßen zu sein. Der Weg, der bleibt, bestünde darin, dass Unionsbürgerinnen und Unionsbürger die ihnen in den Verträgen zugedachte Rolle aktiver annehmen und im europäischen Willensbildungsprozess entwickeln, sei es durch – wie zuletzt zu beobachten – höhere Wahlbeteiligung, die Gründung politischer Parteien (vorgesehen in Art. 10 Abs. 4 EUV, 224 AEUV, aber kaum genutzt)[30] oder Formen der politischen Kommunikation. Mit anderen Worten: Beim derzeitigen Stand des Unionsrechts scheinen die Möglichkeiten, den Aktivstatus der Unionsbürgerschaft konstruktivistisch zu gestalten, weitgehend ausgeschöpft. Gehalt kann er nur mehr in der politischen Praxis gewinnen.[31]

C. Europäische Sozialbürgerschaft

Lässt sich der augenblickliche Stand des politischen Status der Unionsbürger als Ergebnis einer Geschichte von den Grenzen des Wachstums deuten, so hat es bei der Sozialbürgerschaft eine regelrechte Rückwärtsbewegung gegeben.

Freizügigkeit und die ihr korrespondierenden sozialen Rechte waren ursprünglich Rechte der Nutznießer der Personenfreizügigkeit. Das Aufenthaltsrecht ist automatische Folge der Nutzung der Grundfreiheiten des Binnenmarktes. Eine der beiden wichtigsten Verordnungen stellte zudem Diskriminierungsverbote für das gesamte Umfeld der Freizügigkeits-berechtigten auf, wozu etwa das Arbeitsrecht, der Wohnungsmarkt, Bildungseinrichtungen und ähnliches mehr gehören.[32] Für die soziale Sicherung gilt das europäische koordinierende Sozialrecht, das die Anwendbarkeit des berufenen staatlichen Sozialrechts, diskriminierungs-freien Zugang zu den Sicherungs-

---

Contiades/Fotiadou (Hrsg.), Participators Constitutional Change: The People as Amenders of the Constitution, 2016, 103 ff.

30 Dazu Verordnung (EU, Euratom) 1141/2014 über das Statut und die Finanzierung europäische politischer Parteien und europäischer politischer Stiftungen v. 22.10. 2014, ABl. L 317/1, ber. ABl. 2016 L 131/91.

31 Dazu der Beitrag von *Michael Zürn* in diesem Band.

32 Heute Verordnung (EU) 492/2011 über die Freizügigkeit der Arbeitnehmer innerhalb der Union v. 5.4.2011, ABl. 141/1.

systemen, womit in Deutschland in erster Linie die fünf Sozialversicherungen (Kranken-, Renten-, Unfall-, Arbeitslosigkeits- und Pflegeversicherung) gemeint sind, sowie die Exportierbarkeit von Sozialleistungen regelt.[33]

Diese Rechte galten zunächst nicht ohne weiteres für Unionsbürger, die keiner wirtschaftlichen Tätigkeit nachgingen oder ihre Rechte aus einer solchen Tätigkeit ableiten konnten. Mit Einführung der Unionsbürgerschaft erhielt dieser Personenkreis zwar ein unmittelbar anwendbares[34] Freizügigkeits- und Aufenthaltsrecht in Europa (Art. 21 AEUV).[35] Soziale Rechte ergaben sich indessen erst aus der Rechtsprechung des EuGH. Aus einer Verbindung des Freizügigkeitsrechts mit dem allgemeinen Diskriminierungsverbot (Art. 18 AEUV) leitete er für wirtschaftlich inaktive Unionsangehörige ein Recht auf diskriminierungsfreien Zugang zu Leistungen der Sozialhilfe ab, die einer Solidarität der Gesellschaften der Mitgliedstaaten für Menschen in Notlagen entsprängen, die insbesondere wirksam sein müsse, wenn diese Notlage nur vorübergehender Natur sei.[36]

Die zum Beitritt der osteuropäischen Staaten erlassene sog. Unionsbürgerrichtlinie war ursprünglich als Kodifikation der EuGH-Rechtsprechung gedacht.[37] Sie verschaffte den Unionsbürgern ein zweckfreies Freizügigkeitsrecht, machte aber den rechtmäßigen Aufenthalt für eine Dauer über drei Monaten hinaus vom Nachweis zureichender Existenzmittel und vom Bestehen eines umfassenden Krankenversicherungs-schutzes abhängig (Art. 7 Ubg.-RL). Auch insoweit gilt ein allgemeines Verbot der Diskriminierung aus Gründen der Staatsangehörigkeit (Art. 24 Ubg.-RL), doch sind die Mitgliedstaaten unter näher beschriebenen Voraussetzungen nicht verpflichtet, anderen Personen als den Berechtigten der Grundfreiheiten und ihren Familienangehörigen Sozialhilfe zu gewähren (Art. 24 Abs. 2 Ubg.-RL). Der EuGH hat entschieden, dass dies nicht nur für Personen gilt, die sich nur kurzfristig

---

33 Verordnung 883/2004, s. o. Fn. 7.

34 EuGH, *Baumbast*, C-413/99, Slg. 2002, I-7091, Rn. 84.

35 Zu diesem „Quantensprung" der Beitrag von *Astrid Wallrabenstein* in diesem Band.

36 Zur *Grzelczyk*-Entscheidung o. Fn. 8; vgl. auch EuGH, *Trojani*, C-456/02, Slg. 2004, I-7595, Rn. 42 f. (Sozialhilfe); EuGH, *Collins*, C-138/02, Slg. 2004, I-2733, Rn. 31 und EuGH, *Ioannidis*, C-258/04, Slg. 2005, I-8293, Rn. 22 (Arbeitslosenunterstützung); EuGH, *Bidar*, C-209/03, Slg. 2005, I-2151, Rn. 31 (Studienbeihilfe); EuGH, *Zablocka-Weyhermüller*, C-221/07, Slg. 2008, I-9029 (Witwenrente); dazu *von Bogdandy/Bitter*, Unionsbürgerschaft und Diskriminierungsverbot – Zur wechselseitigen Beschleunigung der Schwungräder unionaler Grundrechtsjudikatur, FS Manfred Zuleeg, 2005, S. 309 ff.

37 Vgl. *C. Schönberger* (Fn. 11), S. 370 ff.

(weniger als drei Monate lang) aufhalten, sondern auch für längere Aufenthalte, wenn die betreffenden Personen entweder zur Arbeitssuche eingereist sind und keine Arbeit gefunden haben oder keine begründete Aussicht mehr haben, eingestellt zu werden.[38]

Ob sich diese Konsequenzen aus der Unionsbürger-Richtlinie selbst oder erst aus deren Anwendung durch den EuGH ergeben, ist umstritten.[39] Kritisiert wird daran, dass es für die Verweigerung von Sozialleistungen nicht, wie in der älteren Rechtsprechung, auf eine Gesamtwürdigung des Einzelfalles ankomme,[40] sondern dass sie kategorial für ganze Personengruppen bestimmt wird. Eine Abwägung ist aber nach wie vor erforderlich, wenn es um das Aufenthaltsrecht geht. Denn die Inanspruchnahme von Sozialleistungen „darf nicht automatisch zu einer Ausweisung führen" (Art. 14 Abs. 3 Ubg.-RL). Auch darf die Prüfung der Bedürftigkeit „nicht systematisch durchgeführt" werden (Art. 14 Abs. 2 UA 2 Ubg.-RL). Dennoch ist es ohne weiteres möglich und auch wahrscheinlich, dass sie in der Gesamtabwägung im konkreten Fall zu aufenthaltsbeendenden Maßnahmen führt.[41] Die Praxis der Mitgliedstaaten scheint sich in diese Richtung zu entwickeln.[42]

Die ältere Rechtsprechung zu sozialen Sicherungsansprüchen der Unionsbürger in Notlagen ist also aufgegeben worden. Nicht nur hat der EuGH damit eine Kehrtwende zur „Marktbürgerschaft" vollzogen; indem die Rechtsprechung es zulässt, dass auch Arbeitssuchenden – und einige Mitgliedstaaten verfahren ebenso bei Familienangehörigen im Hinblick auf Erziehungsleistungen an die im Herkunftsland verbliebenen Kinder – die Unterstützung gekürzt oder verweigert wird, fällt die Geschichte auf einen Stand zurück, der unter der Geltung der Arbeitnehmerfreizügigkeit allein bereits erreicht schien.[43] Dabei war und ist die Freizügigkeit nicht nur für die persönliche Freiheit, sondern auch für die Ökonomie in Europa eine der wichtigsten und populärsten Errungenschaften der europäischen Integration.[44] Doch wer nun sein durch die Finanzkrise oder den jüngsten Wirtschaftseinbruch getroffenes Land verlässt, um in anderen Mitgliedstaaten Arbeit zu suchen, kann dort auf

38 S. die Nachw. o. Fn. 21.

39 Näher m. w. Nachw. *Kadelbach*, Das Freizügigkeitsrecht der Unionsbürger, in Wollenschläger (Hrsg.), Europäischer Freizügigkeitsraum – Unionsbürgerschaft und Migrationsrecht, EnzEuR Bd. 10, 2020, § 5 Rn. 101.

40 EuGH, *Brey*, C-140/12, EU:C:2013:565, Rn. 54 ff.

41 *Thym* (Fn. 22).

42 Siehe *Wallrabenstein*, in diesem Band, S. 109 f.

43 Ebd., S. 114.

44 Siehe aus ökonomischer Sicht den Beitrag von *Matthias Busse* in diesem Band.

Solidarität nicht rechnen – ein Signal, für das sich fragt, ob man es wirklich geben will.

D. Europäische Bürgerschaft im im „Raum der Freiheit, der Sicherheit und des Rechts"

Die Verträge stellen zwischen der Unionsbürgerschaft sowie der Rechtsstaatlichkeit und den Grundrechten eine Verbindung her, indem sie gleichsam als Zuwendungsadressaten benannt werden: „Die Union bietet ihren Bürgerinnen und Bürgern einen Raum der Freiheit, der Sicherheit und des Rechts ohne Binnengrenzen" (Art. 3 Abs. 2 EUV). Dass Freizügigkeit, Sicherheit und Recht in einem genannt werden, bringt zum Ausdruck, dass der schrittweise Wegfall der Grenzkontrollen nach Abschluss der Schengener Übereinkommen in den 80er Jahren durch andere Mechanismen der Sicherheit kompensiert werden soll, für welche die europäischen und staatlichen Grundrechtsgarantien gelten (s. auch Art. 67 AEUV). Der gesamte Bereich der Grenzschutz-, Asyl- und Einwanderungspolitik sowie der justiziellen und polizeilichen Kooperation ist, nach einer längeren Phase der intergouvernementalen Zusammenarbeit, in den heutigen Titel V des AEU-Vertrages (Art. 67 bis 89 AEUV) aufgenommen worden. Für die Unionsbürgerschaft hat er drei Dimensionen.[45]

Die institutionelle Dimension scheint in Art. 3 Abs. 2 EUV („Die Union bietet…") und Art. 67 AEUV („Maßnahmen zur Verhütung und Bekämpfung der Kriminalität", „Koordinierung und Zusammenarbeit von Polizeibehörden und Organen der Strafrechtspflege", „Zugang zum Recht") angesprochen. Gedacht ist nicht nur an die mitgliedstaatlichen Behörden, sondern auch an europäische Einrichtungen wie Eurojust, Europol und Gemeinsame Ermittlungsgruppen. Ein „Recht auf Sicherheit" korrespondiert dem auf europäischer ebenso wenig wie auf Ebene des deutschen Verfassungsrechts;[46] die Erwähnung in Art. 6 GRC („Recht auf Freiheit und der Sicherheit") lehnt sich an menschenrechtliche Garantien an und bedeutet die Sicherheit vor willkürlicher Festnahme oder Haft (vgl. Art. 5 EMRK).

---

45 Dazu den Beitrag von *Dieter Kugelmann* in diesem Band.

46 Zur Diskussion s. die Beiträge von *Gonod und Würtenberger*, Das Polizei- und Sicherheitsrecht vor den Herausforderungen des Terrorismus, in: Masing/Jouanjan (Hrsg.), Terrorismusbekämpfung, Menschenrechtsschutz und Föderation, 2008, S. 3 (10) bzw. S. 27; *Möstl*, Staatsaufgabe Sicherheit in Zeiten des Terrorismus – der rechtsstaatliche Rahmen, in: Kulick/Goldhammer (Hrsg.), Der Terrorist als Feind?, 2020, S. 67 (70 f.); , jew. m. w. Nachw.

Die zweite Dimension wird durch den Grundrechtsstandard bei der grenzüberschreitenden Kooperation der Polizei- und Justizbehörden bestimmt, also die polizeiliche und justizielle Zusammenarbeit im Einzelfall. Grenzüberscheitende Rechtshilfe wie insbesondere die Auslieferung und die wechselseitige Anerkennung von Urteilen sind rechtsstaatlich nur annehmbar, wenn die Standards in den Mitgliedstaaten vergleichbar sind. Der Zugang zu Gericht muss offen, die Gerichte müssen unabhängig, das Verfahren fair sein (Art. 47 GRC), gegenüber Untersuchungshäftlingen und Strafgefangenen müssen Mindestgarantien der Menschlichkeit (Art. 4 GRC) eingehalten werden. Es gilt ein Grundsatz gegenseitigen Vertrauens, eine Vermutung der Rechtsstaatlichkeit, die auch erschüttert werden kann. Dies ist in letzter Zeit wiederholt geschehen, sowohl im Einzelfall etwa bezüglich der Bedingungen einer Haft[47] als auch prinzipiell im Hinblick auf das Justizsystem insgesamt[48]. Wenn man sich nicht mehr darauf verlassen kann, dass für Personen, die einer Maßnahme der europäischen Sicherheitskooperation unterworfen sind, überall in Europa vergleichbare Grundrechtsstandards gelten, dann ist dies nicht nur ein Problem für die Struktur der inneren Sicherheit in Europa. Ähnlich wie bei dem Zusammenhang zwischen politischen Rechten und Demokratie korrespondiert auch beim Grundrechtsstatus in der Rechtsstaatlichkeit dem subjektiven Status der Unionsbürger ein Verfassungsprinzip, dessen Verwirklichung den Wert der Unionsbürgerschaft mitbestimmt.

Eine dritte Dimension des europäischen Grundrechtsstatus liegt im Umgang mit Drittstaatsangehörigen. Sie scheint die Unionsbürgerschaft unmittelbar nicht zu betreffen; dass Drittstaater an den Unionsbürgerrechten im engeren Sinne nicht partizipieren, begründet gegenüber der Staatsbürgerschaft keinen Unterschied. Beide haben nicht nur integrative, sondern auch exkludierende Wirkungen, und die Unionsbürgerschaft ist kein kosmopolitischer Status. Allerdings werden im „Raum der Freiheit, der Sicherheit und des Rechts" auch Regeln über den Umgang mit potenziell künftigen Unionsbürgern aufgestellt, wofür die Kompetenzgrundlagen für eine gemeinsame Asyl- (Art. 78 AEUV) und Einwanderungspolitik (Art. 79 AEUV) geschaffen wurden. Indessen bedarf das Asylrecht dringend der Reform, eine gemeinsame Einwanderungspolitik gibt es nicht, und die Außendimension des Freiheits- und Sicherheitsraumes konzentriert sich zurzeit auf die Grenzsicherung. Für die Unionsbürgerschaft der Zukunft, die auch durch anhaltende

---

47 Zu Haftbedingungen in Ungarn und Rumänien s. EuGH, *Aranyosi und Caldararu*, verb. Rs. C-404/15 und C-659/15 PPU, EU:C:2016:198.

48 Vgl. zu Polen EuGH, *Miasto Łowicz*, C-558/18, EU:C:2020:234; zu Ungarn EuGH, *Generalstaatsanwaltschaft*, C-220/18 PPU, EU:C:2018/589.

Migrationsbewegungen geprägt sein wird, ist ein europäisches Konzept nicht zu erkennen.

E. Ausblick

Die Konstruktion der Unionsbürgerschaft ist so viel wert wie die institutionelle Architektur, die sie umgibt. Sie zeigt an verschiedenen Stellen Risse, die teils wie beim politischen Status durch die Statik der europäischen Organstruktur, teils wie bei der Idee der Sozialbürgerschaft durch Erosion oder wie beim Grundrechtsstatus durch mutwillige Schäden am (mitgliedstaatlichen) Fundament oder durch Mängel an planerischem Weitblick verursacht worden sind.

Die Autorinnen und Autoren dieses Bandes stimmen darin überein, dass die Unionsbürgerschaft erhalten und modernisiert werden muss. Wie gefährdet sie sogar in ihrem Kernbestand, der Freizügigkeit der Berechtigten der Grundfreiheiten ist, haben die unkoordinierten Grenzschließungen und andere zuweilen alte Ressentiments weckende Reaktionen auf die Covid-Pandemie gezeigt, zu denen es nach dem hier dokumentierten Kolloquium gekommen ist. Der Green Deal für mehr Klimaschutz und die bereitgestellten Mittel zum Wiederaufbau der europäischen Volkswirtschaft können neue Chancen für die politische und soziale Dimension der Unionsbürgerschaft bieten. Solche Gelegenheiten gibt es nicht oft.

Mehr Demokratie wagen, wehrhafte Demokratie und eine EU-Demokratiecharta

*Paul Nemitz**

A. Einleitung

Die repräsentative Demokratie zeigt Krisensymptome, in den USA und Großbritannien, noch mehr als in der Europäischen Union.[1] In Polen[2], Ungarn[3] und Österreich[4], sind Populisten an der Macht, die zum Teil autoritären

---

* Dieser aktualisierte Vortrag vom 7.3.2019 basiert auf und ist weitgehend eine gekürzte Übersetzung von *Nemitz/Ehm*, Strengthening Democracy in Europe and its Resilience against Autocracy: Daring more democracy and a European Democracy Charter, in: Garben/Govaere/Nemitz (Hrsg.), Critical Reflections on Constitutional Democracy in the European Union and its Member States, 2019, S. 345–384.; der Autor, Hauptberater der EU-Kommission, gibt hier seine persönliche Meinung wieder und nicht notwendig die der EU Kommission.

1 *Levitisky/Ziblatt*, How Democracies Die, 2018; *Mounk*, The People vs Democracy: Why Our Freedom Is in Danger and How to Save It, 2018; *Goldberg*, Suicide of the West. How the Rebirth of Tribalism, Populism, Nationalism, and Identity Politics is Destroying American Democracy, 2018; *Mounk/Foa*, The End of the Democratic Century, Autocracy's Global Ascendance, Foreign Affairs, (Mai/June 2018) abrufbar unter: <https://www.foreignaffairs.com/articles/2018-04-16/end-democratic-century> (zuletzt besucht am 15.1.2020).

2 *Hong*, Constitutional Resilience – How Can a Democratic Constitution Survive an Autocratic Majority?. Freedom of Speech, Media and Civil Society in Hungary and Poland, v. 9.12.2018, Verfassungsblog abrufbar unter: <https://verfassungsblog.de/constitutional-resilience-how-can-a-democratic-constitution-survive-an-autocratic-majority-freedom-of-speech-media-and-civil-society-in-hungary-and-poland/> (zuletzt besucht am 15.1.2020); Europäische Kommission, Proposal for a Council Decision on the determination of a clear risk of a serious breach by the Republic of Poland of the rule of law, v. 20.12.2017 KOM(2017) 835 final 2017/0360 (NLE); *Kovács/Kumm/Steinbeis/Tóth*, Introduction: Constitutional Resilience and the German Grundgesetz, v. 6.12.2018, abrufbar unter: <https://verfassungsblog.de/ introduction-constitutional-resilience-and-the-german-grundgesetz/> (zuletzt besucht am 15.1.2020).

3 Europäisches Parlament, Entschließung des Europäischen Parlaments vom 12. September 2018 zu einem Vorschlag, mit dem der Rat aufgefordert wird, im Einklang mit Artikel 7 Absatz 1 des Vertrags über die Europäische Union festzustellen, dass

Versuchungen unterliegen.[5] Frankreich kämpft mit gewaltbereiten und antisemitischen Gelbwesten, Rumänien mit Korruption.[6] Die rapide Abnahme der Wahlbeteiligung und der Parteimitgliedschaft auf beiden Seiten des Atlantiks dokumentiert den Vertrauensverlust der repräsentativen Demokratie. Die Trump Regierung hat die Schwächung der EU zum Ziel[7], ebenso wie Russland[8]. Beide Regierungen verbreiten Unwahrheiten, um unsere Demo-

---

die eindeutige Gefahr einer schwerwiegenden Verletzung der Werte, auf die sich die Union gründet, durch Ungarn besteht (2017/2131(INL)).

4 Die ZEIT, *Perger*, Rechtspopulismus in Österreich: Ein Hauch von Machiavelli, v. 18.12.2017, abrufbar unter: <https://www.zeit.de/politik/ausland/2017-12/rechtspopulismus-oesterreich-europa-demokratie-zukunft> (zuletzt besucht am 15.1.2020).

5 *Spittler* zeigt dass die Beteiligung rechtspopulistischer Regierungen einen negativen Effekt auf das Funktionieren der Demokratie hat, *Spittler*, Gefährden Rechtspopulisten unsere Demokratie?, v. 3.8.2018, Verfassungsblog, abrufbar unter: <https://democracy.blog.wzb.eu/2018/08/03/rechtspopulismus-in-europa-demokratie-in-gefahr/> (zuletzt besucht am 15.1.2020); *Spittler*, Are Right-Wing Populist Parties a Threat to Democracy?, in: Merkel/Kneip (Hrsg.), Democracy and Crisis, 2018, S. 97-121; siehe auch *Tóth, Laws, Conventions, and Fake Constitutions, v. 7.12.2018, Verfassungsblog, abrufbar unter:* <https:// verfassungsblog.de/laws-conventions-and-fake-constitutions/> (zuletzt besucht am 15.1.2020); The Guardian, *Oltermann*, Can Europe's new xenophobes reshape the continent?, v. 3.2.2018, abrufbar unter: <https://www.theguardian.com/world/2018/ feb/03/europe-xenophobes-continent-poland-hungary-austria-nationalism-migrants> (zuletzt besucht am 15.1.2020).

6 Europäische Kommission, Bericht der Kommission an das Europäische Parkament und den Rat, über Rumäniens Fortschritte im Rahmen des Kooperations- und Kontrollverfahrens, 13.11.2018, KOM(2018) 851 final.

7 *Glasser*, How Trump Made War on Angela Merkel and Europe, v. 17.12.2018, The New Yorker, abrufbar unter: <https://www.newyorker.com/magazine/2018/12/24/how-trump-made-war-on-angela-merkel-and-europe>; siehe auch *Bravo/Viscusi/Chrysoloras/Green*, Inside Steve Bannon's Plans for a New European Political Order, v. 19.9.2018, Bloomberg, abrufbar unter: <https://www.bloomberg.com/news/articles/2018-09-19/bannon-seeks-european-upset-with-appeal-to-eu-s-populist-forces> (beide zuletzt besucht am 15.1.2020).

8 Siehe dazu The Economist, Russian disinformation distorts American and European democracy. The Mueller indictment reveals some of the Kremlin's tactics, v. 22.2. 2018, abrufbar unter: <https://www.economist.com/briefing/2018/02/22/ russian-disinformation-distorts-american-and-european-democracy> (zuletzt besucht am 15.1.2020); sowie Europäische Kommission, Tackling online disinformation, letztes Update v. 13.9.2019, abrufbar unter: <https://ec. europa.eu/digital-single-market/en/fake-news-disinformation> (zuletzt besucht am 15.1.2020); siehe auch die Rede von Vizepräsident *Ansip* zu Cybersecurity im Rahmen der RSA Confernce 2018 in San Francisco, v. 18.4.2018 und Kommissarin *Jourova* im Seimas (Parlament Litauen) zu „New Unity or Old Divisions – Europe at the crossroads", Vilnius, v. 22.11.2018:

kratie in Europa direkt und indirekt zu untergraben. Und das neue elektronische Kommunikationsumfeld, dominiert durch wenige Megakonzerne, unterminiert den Journalismus und die privat finanzierte Presse. Die Plattformen dieser Konzerne erlauben Populisten, sich effizient zu organisieren. Sie sind Brutkästen für die virale Verbreitung von Hass und Gewaltaufrufen. Schlimmer, sie erlauben die unbemerkte Überwachung und Manipulation der Wähler. Es ist nun außer Zweifel, dass die Abstimmung in Großbritannien über den Brexit anders ausgegangen wäre ohne die Manipulationen durch Cambridge Analytica, die wiederum durch Facebook erst möglich gemacht wurde.[9] Die Plattformen gewöhnen die Menschen an die sofortige Wunscherfüllung in ihrer Rolle als Konsumenten, indem sie die Zwischenhändler und Vermittler ausschalten. Sie wecken die Illusion, dies sei auch in der Demokratie machbar und unterminieren damit Wahlen und die gewählten Repräsentanten in der repräsentativen Demokratie, aber auch die oft notwendig langwierigen Prozesse demokratischer Deliberation und Kompromissfindung.

Viele identifizieren migrations-, wirtschafts- und sozialpolitische Ursachen, die in den dramatischsten Visionen zum Niedergang Europas führen können.[10] Und ohne die Bedeutung der wirtschaftlichen Ursachen und die Notwendigkeit, finanzielle und beschäftigungspolitische Risiken sowie soziale Ungleichheiten anzugehen, in Frage zu stellen, stellt dieser Beitrag die

---

„Russia has been identified as one of the main sources. Our team working on this since 2015 has identified over 4.000 cases of pro-Kremlin disinformation.".

9 Siehe hierzu Europäische Kommission, Mitteilung der Kommission an das Europäische Parlament, den Rat, den Europäischen Wirtschafts- und Sozialausschussund den Ausschuss der Regionen Freie und faire Europawahlen gewährleisten. Ein Beitrag der Europäischen Kommission zum Treffen der Führungsspitzen in Salzburg am 19./20. September 2018, 12.9.2018, KOM(2018) 637 final, die ausführlich auf die Informationsquellen und die von der Kommission als Reaktion auf den Facebook Analytica Skandal und das daraus resultierende Brexit-Votum vorgeschlagenen Maßnahmen eingeht; siehe auch Nemitz, Constitutional Democracy and Technology in the Age of Artificial Intelligence, Royal Society Philosophical Transactions, A 376: 20180089 abrufbar unter: <http://dx.doi.org/10.1098/rsta.2018.0089> (zuletzt besucht am 15.1.2020).

10 The New York Times, *Friedmann*, The End of Europe?, v. 18.12.2018, abrufbar unter <https://www.nytimes.com/2018/12/18/opinion/europe-france-economy.html> (zuletzt besucht am 15.1.2020).

Frage, was die EU neben der Wirtschafts-[11], Finanz-[12], Arbeitsmarkt- und Sozialpolitik tun kann, um die Demokratie in Europa zu stärken und es sowohl der EU als solcher als auch ihren Mitgliedstaaten zu ermöglichen, der Autokratie zu widerstehen.[13]

Ein Seminar in Berlin im Dezember 2018 beschäftigte sich mit der Frage, was Deutschland aus dem Aufstieg autokratischer Regime in Polen und Ungarn lernen kann, um die eigene Demokratie widerstandsfähiger zu machen.[14] Und tatsächlich macht der Aufstieg populistischer rechtsextremer Parteien in Deutschland und Frankreich die Sache dringend, da sich das Virus der Autokratie ausbreiten kann. Aber die Hoffnung, dass einige Mitgliedstaaten allein Widerstand leisten werden, wenn ihre EU-Partner um sie herum zu Autokratien werden, ist vergeblich, und europäische Populisten organisieren sich über die Grenzen hinweg.

Mit diesem Beitrag soll daher gezeigt werden, dass die EU eine wichtige Rolle bei der Vermeidung einer Ausbreitung des Virus des autokratischen Populismus spielen kann und muss. Sie kann dazu beitragen, die historischen Erfahrungen aus Demokratien, die in die Diktatur gleiten, wie sie in der Weimarer Republik gemacht wurden, unter allen EU-Mitgliedstaaten zu teilen.[15] Und sie kann helfen, heute gemeinsam aus den Entwicklungen in Polen und in Ungarn zu lernen. Natürlich können Demokratie und demokratisches Engagement der Menschen in den Mitgliedstaaten niemals von der EU-Ebene

---

11 *Juncker*, Completing Europe's Economic and Monetary Union, 2014, abrufbar unter: <https://ec.europa.eu/commission/sites/beta-political/files/5-presidents-report_en.pdf> (zuletzt besucht am 15.1.2020).

12 *Piketty/Vauchez*, Manifest für die Demokratisierung Europas, v. 11.12.2018, abrufbar unter: <https://www.socialeurope.eu/manifesto-for-the-democratization-of-europe> (zuletzt besucht am 15.1.2020).

13 Im Allgemeinen, ohne besonderen Bezug zur EU, siehe *Kumm*, How populist authoritarian nationalism threatens constitutionalism or: Why constitutional resilience is a key issue of our time, v. 6.12.2018, Verfassungsblog, abrufbar unter: https://verfassungsblog.de/how-populist-authoritarian-nationalism-threatens-constitutionalism-or-why-constitutional-resilience-is-a-key-issue-of-our-time/ (zuletzt besucht am 15.1.2020).

14 *Kovács/Kumm/Steinbeis/Tóth*, (Fn. 2).

15 *Carter Hett*, The Death of Democracy: Hitler's Rise to Power and the Downfall of the Weimar Republic, 2018; siehe auch The Washington Post, Dionne jr, The path to Autocracy is all to familiar, v. 18.8.2018, abrufbar unter https://www.washingtonpost.com/opinions/the-path-to-autocracy-is-all-too-familiar/2018/08/08/6f3602f8-9b25-11e8-b60b1c897f17e185_story.html?noredirect=ontm_term=.dbc84c6a5d36 (zuletzt besucht am 15.1.2020).

aus durchgesetzt werden. Die Regel des ehemaligen deutschen Verfassungsrichters *Böckenförde*, dass der demokratische Staat nicht über die Voraussetzungen verfügt, auf denen seine Existenz beruht, so dass das Recht die Demokratie nicht sichern kann, wenn es keine Kultur der Menschen gibt, die sich für die Demokratie engagieren, gilt auch für die EU und die Beziehungen zwischen der EU und ihren Mitgliedstaaten.[16] Entgegen billiger und veralteter Behauptungen, dass die EU selbst nicht demokratisch sei, zeichnet sich die EU durch eine Erfolgsgeschichte der fortschreitenden internen Demokratisierung und eine Erfolgsbilanz als größter Geber für Demokratie und Wahlbeobachtung weltweit, außerhalb der EU, aus.[17]

Die EU als Insel der Demokratie und des Grundrechtsschutzes sollte somit in der Lage sein, dem Engagement für die Demokratie in Zeiten der Globalisierung eine neue Bedeutung zu verleihen.

Europa hat eine Tradition nicht nur der externen Kontrolle seiner Staaten, sondern auch des Schutzes der Bürger vor ihrem Staat aufgebaut, zunächst im Bereich der Menschenrechte mit der Europäischen Menschenrechts-konvention und dem Europäischen Gerichtshof für Menschenrechte, später mit dem System des direkt anwendbaren EU-Rechts in Bereichen, die heute weit über die wirtschaftlichen Regeln für den EU-Binnenmarkt hinausgehen. Es gibt keinen Grund, warum die EU nicht auch stärkere Instrumente entwickeln sollte, um die heimischen Demokratien und das demokratische Engagement zu unterstützen, indem sie die bewährten Gemeinschafts-methoden anwendet und so die Widerstandsfähigkeit gegen Autokratie erhöht.[18] Die Unterstützung der Demokratie und der konstitutionellen Widerstandsfähigkeit in der EU ist eine existenzielle Angelegenheit für die Demokratie in Europa, und das fehlgeleitete Schweigen der EU-Institutionen zu existenziellen Fragen, wie z. B. innerstaatliche Referenden über die EU-Verträge und die Brexit-Abstimmung, darf sich in Sachen Demokratie in Europa nicht wiederholen. Die Benennung einer Vizepräsidentin für „Werte und Transparenz" und einer

---

16 *Böckenförde*, Staat, Gesellschaft, Freiheit, 1976, S. 60

17 Es ist bezeichnend, dass für die Definition von Demokratie in einem kürzlich von der GD JUST der Europäischen Kommission durchgeführten Meinungsaustauschs über Demokratie in Europa auf das außenpolitische Instrument (FPI), „Special Eurobarometer 477", Demokratie und Wahlen, November 2018, S. 2 Fn. 1, verwiesen wird.

18 In die gleiche Richtung: Expertengruppe der Friedrich-Ebert-Stiftung, The other Democratic Deficit, A Toolbox for the EU to Safeguard Democracy in Member States, 2017, abrufbar unter <http://library.fes.de/pdf-files/id-moe/14371.pdf> (zuletzt besucht am 15.1.2020).

Kommissarin für „Demokratie und Demografie“ durch die designierte Präsidentin der EU Kommission sind insofern ein Hoffnungsschimmer.[19]

B. Es ist an der Zeit, sich wieder auf die Demokratie in Europa zu konzentrieren

Von den drei Säulen der konstitutionellen Demokratie wird sich dieses Papier weder mit der Rechtsstaatlichkeit noch mit dem Schutz der Grundrechte befassen. Der Grund dafür ist, dass in beiden Säulen in der EU bereits wichtige Fortschritte erzielt wurden, um die Einwirkungen auf die Mitgliedstaaten in diesen Bereichen besser zu ordnen. In Bezug auf die Demokratie fehlen derartige Schritte bisher.

Was die Grundrechte betrifft, so sind die Europäische Menschenrechtskonvention und die EU-Charta der Grundrechte rechtsverbindliche, detaillierte Texte, die in umfassender Rechtsprechung ausgelegt und von den jeweils zuständigen Gerichten in Straßburg, Luxemburg und in den Mitgliedstaaten durchgesetzt werden. Die Kommission hat ihre Politik zur Anwendung der EU-Grundrechtecharta bereits im Jahr 2010 in einem Strategiepapier dargelegt.[20] Sowohl die Kommission als auch die unabhängige Grundrechteagentur in Wien (FRA) berichten jährlich über die Anwendung der Charta.

Was die Rechtsstaatlichkeit betrifft, so hat der Gerichtshof die Schlüsselelemente aufgeführt.[21] Der Ausschuss für die Effizienz der Justiz (CEPEJ)[22] des Europarats ist eine Kerninstitution, die über die Rechtsstaatlichkeit in den Mitgliedstaaten berichtet und diese bewertet. Die Kommission arbeitet gut mit dieser Institution zusammen und hat 2014 eine Politik zur

---

19 Europäische Kommission, Kommission von der Leyen: Eine Union, die mehr erreichen will, v. 10.9.2019, abrufbar unter <https://ec.europa.eu/germany/news/20190910-team-struktur-von-der-leyen-kommission_de> (zuletzt besucht am 15.1.2020).

20 Europäische Kommission, Mitteilung der Kommission vom 19.10.2010, Strategie für die wirksame Umsetzung der Charta der Grundrechte durch die Europäische Union, KOM(2010) 573 final.

21 EuGH, *Associação Sindical dos Juízes Portugueses v Tribunal de Contas*, C-64/16, EU:C:2018:117; EuGH, *PPU LM (Ireland)*, C-216/18, EU:C:2018:586; Auftrag in *Kommission / Polen*, C-619/18 R, EU:C:2018:1021.

22 Weitere Informationen zur Europäischen Kommission für die Effizienz der Justiz des Europarates unter: <https://www.coe.int/en/web/cepej> (zuletzt besucht am 15.1.2020).

Stärkung der Rechtsstaatlichkeit in den Mitgliedstaaten und zur Vorgehensweise nach Artikel 7 EUV bei Nichteinhaltung der Rechtsstaatlichkeit beschlossen.[23] Die Kommission hat auch eine „Verordnung über den Schutz des Haushalts der Union bei allgemeinen Mängeln in Bezug auf die Rechtsstaatlichkeit in den Mitgliedstaaten" vorgeschlagen.[24]

Was die Demokratie betrifft, so enthält auch das Primärrecht der EU nicht die notwendigen Konsolidierungen und Konkretisierungen, wie sie in Bezug auf die Grundrechte in der Charta erreicht wurden. Es gibt auch keinen externen Mechanismus, der in verbindlicher Weise eine externe Disziplin in Bezug auf die Demokratie gegenüber den Mitgliedstaaten ausübt, wie es die EMRK bei der Achtung der Menschenrechte und die FRA und der Gerichtshof bei der Europäischen Grundrechtecharta tun. Auch wenn Präsident *Juncker* die Demokratie in der EU zu einer Priorität der Kommission gemacht hat, hat die Kommission noch keine übergreifende politische Strategie zur Stärkung der Demokratie in Europa vorgelegt.

Die Union ist zwar der größte Beobachter von Wahlen und der wichtigste Zahler für Demokratieprogramme in Drittländern weltweit. Aber innerhalb der EU führt die EU keine ähnlichen Aktivitäten durch.

Im Dreieck der Grundrechte, der Rechtsstaatlichkeit und der Demokratie ist die Demokratie damit derzeit das schwächste Glied und braucht Arbeit. Es kann sicherlich keine Demokratie ohne Rechtsstaatlichkeit oder den Schutz der Grundrechte des Einzelnen geben, die für die Demokratie konstitutiv sind. Aber es kann einen Rechtsstaat und bestimmte Grundrechte ohne Demokratie geben, wie uns die Geschichte Preußens lehrt. Wenn wir nicht wollen, dass Europa und seine Mitgliedstaaten in einen Staat Preußen zurückfallen, ist es jetzt an der Zeit, das institutionelle und öffentliche Engagement für die Demokratie in Europa zu erneuern.

In diesem Sinne werden in diesem Artikel die Erfolgsgeschichte der Evolution der Demokratie in der EU kurz beschrieben und die wichtigsten Meilensteine in diesem Prozess dargelegt. Anschließend wird die Bandbreite der Herausforderungen der Demokratie in Europa heute thematisiert. Sodann werden Quellen für die weitere Arbeit an der Demokratie vorgestellt und ein

---

23 Europäische Kommission, Mitteilung der Kommission vom 11.3.2014, Ein neuer Rahmen zur Stärkung der Rechtsstaatlichkeit, KOM(2014) 158 final.

24 Europäische Kommission, Vorschlag für eine Verordnung des Europäischen Parlaments und des Rates über den Schutz des Haushalts der Union im Falle von generellen Mängeln in Bezug auf das Rechtsstaatsprinzip in den Mitgliedstaaten 2018/0136 (COD), 2.5.2018, KOM(2018) 324 final.

globaler Überblick über einige wichtige universelle und regionale Demokratie-Dokumente geben. Schließlich werden mögliche Elemente einer künftigen Europäischen Charta für Demokratie (EUDC) als Teil eines Aktionsplans beschrieben, der das Engagement der Menschen in der repräsentativen Demokratie wiederbeleben und die EU mit den notwendigen Instrumenten ausstatten soll, um die Widerstandsfähigkeit der Demokratien in Europa gegen Autokratie zu unterstützen. Wir schließen mit einer Reihe historischer Vergleiche mit dem demokratischen Kurs nach 1968 und prozessbezogenen Beobachtungen auf dem Weg zu einem Aktionsplan und der EUDC, um heute mehr Demokratie in der EU zu wagen.

C. Entwicklung der Demokratie in der EU

Die Demokratisierung des europäischen Projekts war ein langer, mühsamer Prozess. Wichtigste Schritte in dieser Entwicklung waren die Einführung von Direktwahlen zum EP, die anschließende Stärkung des EP, insbesondere durch die Ausweitung der Mitentscheidung, und der europäischen politischen Parteien und schließlich die Ernennung von Spitzenkandidaten durch die europäischen politischen Parteien im Rahmen des Europawahlkampfes 2014. Aber so schwierig es auch war und ist, Europa muss lernen, seine Geschichte der Demokratisierung als Erfolgsgeschichte zu erzählen, in der es Schritt für Schritt den Widerstand überwindet und neue Elemente der Demokratisierung einführt.

I. Direkte Wahlen zum Europäischen Parlament

Artikel 10 Absatz 1 EUV macht deutlich, dass die Union als repräsentative Demokratie funktioniert. Nach Artikel 10 Absatz 2 EUV sind die Bürgerinnen und Bürger auf Unionsebene direkt im Europäischen Parlament vertreten. Nach Artikel 10 Absatz 3 EUV hat jeder Bürger das Recht, am demokratischen Leben der Union teilzunehmen, und die Entscheidungen werden so offen und bürgernah wie möglich getroffen. Artikel 14 EUV legt die Grundregeln für das Parlament als Zentrum der Demokratie auf EU-Ebene fest.

Die Gründer der EWG haben sich von Anfang an das Ziel eines direkt gewählten Parlaments gesetzt. Die Verträge sahen eine Versammlung vor, die sich aus *„[....] Vertretern der in der Gemeinschaft zusammengeschlossenen Völker der Staaten [...]"* (Artikel 137 EWG) zusammensetzt, die *„[....]*

nach einem einheitlichen Verfahren in allen Mitgliedstaaten Vorschläge für allgemeine unmittelbare Wahlen" ausarbeiten würde. (Artikel 138 Absatz 3 EWGV). Es dauerte jedoch einige Jahrzehnte, bis sich dieses Ziel verwirklichte. Im Dezember 1974 beschloss das „*Gipfeltreffen*" (Vorläufer des Europäischen Rates), die Direktwahlen „*[....] so bald wie möglich [....] zu einem Zeitpunkt in oder nach 1978* durchzuführen."[25] Auf der Grundlage des Vorschlags des EP vom Januar 1975[26] erzielte der Rat im September 1976 eine Einigung über einen Akt zur Einführung allgemeiner unmittelbarer Wahlen der Abgeordneten des EP. Dieses Gesetz hatte den Status des Primärrechts und sah ein direkt gewähltes Parlament mit einem fünfjährigen Mandat vor, über das innerhalb derselben drei Tage in der gesamten Gemeinschaft abgestimmt werden sollte. Auf dieser Grundlage fanden 1979 die ersten Direktwahlen zum EP statt. Das erste direkt gewählte EP schlug 1982 vor[27], das Verhältniswahlrecht zu erweitern und den Staatsangehörigen der Mitgliedstaaten, die sich seit mehr als fünf Jahren in einem anderen Mitgliedstaat aufhalten, das Wahlrecht in ihrem Wohnsitzmitgliedstaat zu gewähren. Die Idee des Wahlrechts im Wohnsitzmitgliedstaat wurde zehn Jahre später im Vertrag von Maastricht verwirklicht – vor allem ohne die Bedingung einer fünfjährigen Aufenthaltsberechtigung. Stattdessen wurde das Wahlrecht zum EP den mobilen EU-Bürgern „*unter den gleichen Bedingungen wie Staatsangehörigen*" des Wohnsitzstaates gewährt. Dieses Recht, das sich aus dem Recht auf Freizügigkeit ergibt, trug dazu bei, eine transnationale, EU-weite Politik anzuregen – unter Beteiligung ausländischer Kandidaten und Wähler.

Die jüngste Änderung von 2018, die auf einem Vorschlag des Europäischen Parlaments im Jahr 2015 basiert, hat es versäumt, die Spitzenkandidaten-Praxis, wie vom Parlament vorgeschlagen, zu kodifizieren[28], aber eine Reihe von technischen Verbesserungen der Wahlverfahren eingeführt.[29]

---

25 Ziffer 12 des Schlusscommuniqués des Pariser Gipfels (9. und 10.12.1974).

26 Siehe Patijn Report, Doc 368/74 des EP.

27 Siehe den sogenannten Seitlinger-Bericht, den das EP im März 1982 verabschiedete, ABl. Nr. C 87, vom 5.4.1982.

28 Entschließung des Europäischen Parlaments vom 11. November 2015 zur Reform des Wahlrechts der Europäischen Union (2015/2035(INL)).

29 Beschluss (EU, Euratom) 2018/994 des Rates vom 13. Juli 2018 zur Änderung des Akts zur Einführung allgemeiner unmittelbarer Wahlen der Mitglieder des Europäischen Parlaments, im Anhang zum Beschluss 76/787/EGKS, EWG, Euratom des Rates vom 20. September 1976, ST/9425/2018/INIT, ABl. Nr. L 178 vom 16.7.2018 S. 1-3, ELI, abrufbar unter: <http://data.europa.eu/eli/dec/ 2018/994/oj> (zuletzt besucht am 15.1.2020).

II. Zunehmende Befugnisse des Europäischen Parlaments

Die oben genannten Entwicklungen wurden von einer bemerkenswerten Entwicklung der Rolle des EP im Gesetzgebungsprozess begleitet, von einer bloßen beratenden Rolle im Rahmen des Vertrags von Rom von 1957 hin zu einer Mitentscheidungsrolle, wie sie durch den Vertrag von Maastricht 1992 eingeführt und durch den Vertrag von Amsterdam 1999 erweitert wurde. Diese neue mächtige Rolle wurde schließlich durch den Vertrag von Lissabon gefestigt, der das EP neben dem Rat zu einem vollwertigen Mitgesetzgeber machte. Das EP entscheidet nun über die überwiegende Mehrheit der EU-Gesetzgebung und hat die Macht über den gesamten EU-Haushalt auf Augenhöhe mit dem Rat.

Wichtig ist, dass die Macht des EP auch im Hinblick auf die Ernennung der Europäischen Kommission zugenommen hat, zu der es früher nur konsultiert wurde. Der Präsident oder die Präsidentin der Europäischen Kommission wird heute vom Europäischen Parlament gewählt (Artikel 17 Absatz 7 EUV), nachdem er oder sie vom Europäischen Rat mit qualifizierter Mehrheit benannt wurde. Der Europäische Rat muss bei seiner Benennung das Ergebnis der Europawahlen berücksichtigen.

Niemand kann ohne Zustimmung des Präsidenten oder der Präsidentin Mitglied der Kommission werden. Erst nach Einzelanhörungen jedes Kandidaten für die Kommission stimmt das Parlament dann erneut über die gesamte Kommission ab. Das Parlament führt heute tatsächlich Anhörungen des Kandidaten für das Amt des Präsidenten der Kommission und jedes einzelnen Kandidaten für die Kommission durch, die in Bezug auf Tiefe und Transparenz weitergehen als derartige Prozesse der Mitgliedstaaten zur Ernennung der Regierung. Erst nach zufriedenstellenden Anhörungen stimmt das Parlament ab.[30] Lehnt das Parlament Kandidaten für die Kommission ab, so müssen Mitgliedstaaten und Präsidentin neue Kandidaten vorschlagen.

Parallel dazu gewann die Präsidentin der Kommission mehr Macht über das Kollegium der Kommissare durch die Einführung des Grundsatzes der politischen Führung der Präsidentin, unter der das Kollegium tätig ist, ihrer organisatorischen Befugnisse und der Befugnisse der Präsidentin bei der Ernennung einzelner Kommissare und ihrer Entlassung. In früheren Verträgen wurde der Präsident zur Ernennung von Kommissaren nur konsultiert. Heute kann keine Besetzung eines Kommissionsmitglieds ohne Zustimmung der Präsidentin erfolgen. Die Präsidentin kann auch, seit der Unterzeichnung des

30 Für weitere Informationen siehe *Nemitz*, in: 7 (Hrsg.), EU-Kommentar, 4. Aufl. 2019, Art 17 EUV, Rn. 70 ff.

Vertrags von Lissabon im Jahr 2007, einzelne Kommissare auffordern, zurückzutreten, sie also faktisch entlassen. Dafür brauchte ein Präsident früher die Unterstützung der Mehrheit der Kommissare, ja zu Beginn der Gemeinschaft hatte ein Präsident diese Befugnis überhaupt nicht. Erst Änderungen im Vertrag von Nizza gaben dem Präsidenten diese Macht. Denn es hatte sich gezeigt, dass ohne diese Macht ein Präsident angesichts eines Misstrauensvotums des Parlamentes (Artikel 234 EUV) keine ausreichenden Mittel hat. Deshalb also wurden nach den Erfahrungen mit der Santer-Kommission die Befugnis des Präsidenten, einzelne Mitglieder des Kollegiums zu entfernen, gestärkt, damit der Präsident oder die Präsidentin auf diese Weise eine Sanktion der ganzen Kommission vermeiden und somit die Stabilität der Exekutive der Union gewährleisten kann.[31] Die französische Kommissarin *Cresson* hatte sich damals geweigert, allein zurückzutreten, worauf der Santer-Kommission nichts übrig blieb, als insgesamt zurückzutreten.[32]

III. Europäische politische Parteien

Artikel 10 Absatz 4 EUV und Artikel 12 Absatz 2 der Charta der Grundrechte der Europäischen Union weisen den europäischen politischen Parteien eine Schlüsselrolle zu. Das Statut und die Finanzierung der europäischen politischen Parteien und der europäischen politischen Stiftungen werden auf europäischer Ebene geregelt.

Die europäischen politischen Parteien entwickelten sich parallel zu den Befugnissen des Europäischen Parlaments, wenn auch nicht in vollem Umfang. Während schon im Vertrag von Maastricht von Parteien die Rede war, wurde nur ein Jahrzehnt später mit dem Vertrag von Nizza im Jahr 2003 eine *Rechtsgrundlage* für die Schaffung eines Statuts für europäische politische Parteien geschaffen (Artikel 191 Absatz 2 EGV).[33] Am 4. November 2003 wurde die Verordnung (EG) Nr. 2004/2003 des Europäischen Parlaments

---

31 Zur Geschichte und zum Verhältnis des neuen Artikels 17 Absatz 6 EUV siehe Rn. 136-142, EuG, *John Dalli / Europäische Kommission*, T-562/12, EU:T:2015:270 und *Nemitz*, ebd., Rn. 69.

32 *Hummer/Obwexer*, Der „geschlossene" Rücktritt der Europäischen Kommission: Von der Nichtentlastung für die Haushaltsführung zur Neuernennung der Kommission, Integration, Bd. 22, Nr. 2 (April 1999), S. 77-94.

33 Siehe auch Erklärung zu Artikel 191 des Vertrags zur Gründung der Europäischen Gemeinschaft, ABl. Nr. C 340 vom 10.11.1997, S. 0137.

und des Rates über die Regelungen für die politischen Parteien auf europäischer Ebene und die Regeln für ihre Finanzierung erlassen. Mit dieser Verordnung erhielten die Parteien sehr begrenzte Mittel aus dem EU-Haushalt sowie Personal und damit ein gewisses Maß an operativer Autonomie gegenüber den Fraktionen des EP, die nach wie vor mit viel mehr Mitteln ausgestattet sind. Diese Verordnung wurde 2007 geändert[34], was es den politischen Parteien unter anderem ermöglichte, politische Stiftungen zu gründen, die im Vergleich zu nationalen politischen Stiftungen aber nur sehr geringe Mittel aus dem EU-Haushalt erhalten.

Im Vorfeld der EP-Wahlen 2014 gab die Europäische Kommission im März 2013 eine Empfehlung heraus, die Sichtbarkeit der europäischen politischen Parteien zu erhöhen, um den Zusammenhang zwischen politischen Prozessen auf nationaler und EU-Ebene besser zu kommunizieren. Sie empfahl daher, die Wähler über die Zugehörigkeit zwischen nationalen Parteien und europäischen politischen Parteien während des gesamten Wahlprozesses, vom Wahlkampf bis zur Stimmabgabe bei den Wahlen zum EP, zu informieren.[35] Eine neue Verordnung über politische Parteien und politische Stiftungen, die 2014 angenommen wurde[36], verleiht den europäischen politischen Parteien und ihren politischen Stiftungen auf EU-Ebene Rechtsstatus und zielt darauf ab, ihre Sichtbarkeit und EU-weite Anerkennung zu erhöhen.[37] Dieser Rechtsstatus ist eine Voraussetzung für die Gewährung öffentlicher Mittel aus dem EU-Haushalt.

Im Jahr 2018 wurden diese Regeln in einem ersten Schritt zu einer wehrhaften europäischen Demokratie weiter konkretisiert. Die Achtung der in Artikel 2 EUV genannten Werte der Union und die Sichtbarkeit der Europäi-

---

34 Siehe Verordnung (EG) Nr. 1524/2007 des Europäischen Parlaments und des Rates vom 18. Dezember 2007 zur Änderung der Verordnung (EG) Nr. 2004/2003 über die Regelungen für die politischen Parteien auf europäischer Ebene und ihre Finanzierung, ABl. Nr. L 343 vom 27.12.2007, S. 5.

35 Siehe die Empfehlung der EG zur Verbesserung der demokratischen und effizienten Durchführung der Wahlen zum Europäischen Parlament, 12.3.2013, C(2013) 1303 final.

36 Verordnung Nr. 1141/2014 des Europäischen Parlaments und des Rates vom 22. Oktober 2014 über die Satzung und die Finanzierung europäischer politischer Parteien und europäischer politischer Stiftungen, ABl. Nr. L 317 vom 4.11.2014, S.1.

37 Die Verordnung legt die Bedingungen fest, damit sie einen Rechtsstatus genießen und Anspruch auf Mittel aus dem EU-Haushalt haben, d.h. in mindestens einem Viertel der Mitgliedstaaten vertreten sind und die Grundprinzipien der EU respektieren.

schen Partei in den Wahlkampfmaterialien der nationalen Parteien sind Voraussetzungen für die Wahlkampfkostenerstattung an Europäische Parteien aus dem EU Haushalt. Auch die Bedingungen für die Transnationalität der europäischen Parteien wurden verschärft, um Missbrauch zu vermeiden.[38] Die Kommission erklärte 2018, wie sie bereits 2013 erklärt hatte, dass

> „die *europäischen politischen Parteien eine Schlüsselrolle bei der Bildung des europäischen politischen Bewusstseins, der Förderung der Wählerbeteiligung und der Bekundung des Willens der Unionsbürger spielen. Diese Rolle könnte gestärkt werden, wenn (....) die europäischen politischen Parteien ihre nationalen Mitgliedsparteien und die Zivilgesellschaft erreichen und das Bewusstsein für Entscheidungen über die Zukunft Europas und die Interessen der Bürger, die sie vertreten, schärfen würden."*[39]

Die europäischen politischen Parteien[40] und die politischen Stiftungen auf EU-Ebene sind jedoch stark unterfinanziert. So erhalten die beiden Stiftungen der Sozialisten (Foundation of European Progressive Studies – FEPS) und der Konservativen (Martens Center) auf EU-Ebene gemeinsam jährlich weniger als 10 Millionen Euro aus dem EU-Haushalt[41], während allein die vergleichbaren Stiftungen in Deutschland (Friedrich-Ebert-Stiftung und Konrad-Adenauer-Stiftung) über ein Budget von gemeinsam jährlich über 360 Millionen Euro verfügen.[42]

---

38 Verordnung (EU, Euratom) 2018/673 des Europäischen Parlaments und des Rates vom 3. Mai 2018 zur Änderung der Verordnung (EU, Euratom) Nr. 1141/2014 über die Satzung und die Finanzierung europäischer politischer Parteien und europäischer politischer Stiftungen. ABl. Nr. L 114 I vom 4.5.2018, S. 1.

39 Empfehlung (EU) 2018/234 der Kommission vom 14. Februar 2018 zur Stärkung des europäischen Charakters und zur effizienten Durchführung der Wahlen zum Europäischen Parlament 2019, C/2018/0900, ABl. Nr. L 45 vom 17.2.2018, S. 40.

40 Für eine ausführliche Präsentation siehe *Priestley*, European Political Parties: the missing link, Les partis politiques européens: le chaînon manquant, Notre Europe, policy paper No 41.

41 Siehe das Berichtsheft des Europäischen Parlaments über die Finanzierung politischer Stiftungen, das unter <http://www.europarl.europa.eu/pdf/grants/ Grant_amounts_foundations%2001-2018.pdf> verfügbar ist (zuletzt besucht am 15.1. 2020).

42 Siehe Jahresbericht 2017 der Konrad Adenauer Stiftung mit einem Gesamtbudget von 182 Millionen Euro im Jahr 2017, Seite 39 des Berichts, verfügbar unter <https://www.kas.de/c/document_library/get_file?uuid=a5ee2563-5295-af5c-fdb4-2c07f56e5240roupId=252038>, und den Jahresbericht der Friedrich Ebert Stiftung

Man kann wohl mit Fug und Recht sagen, dass die Zuweisung interner EU-Haushaltsmittel zum Zwecke der Demokratisierung, also der Bildung und Unterstützung von Demokratie, Rechtsstaatlichkeit und Grundrechten in der EU, nicht in dem Maße gewachsen ist, wie sich die EU aus einer Wirtschaftsgemeinschaft zu einer Wertegemeinschaft entwickelt hat.

Die Demokratie in Europa wird einen hohen Preis zahlen, wenn die europäischen politischen Parteien und die europäischen politischen Stiftungen so unterfinanziert bleiben wie bisher. So können sie weder ernsthaft in europaweite Wahlkämpfe investieren noch die Rolle spielen, für die sie Europa am dringendsten benötigt, nämlich die Bürger zur Teilnahme an der europäischen Politik und zur politischen Bildung über Europa in allen Teilen der EU zu gewinnen.

IV. Spitzenkandidaten für die Funktion des Präsidenten der Europäischen Kommission

Der jüngste Schritt in der Demokratisierung des europäischen Projekts war die Einführung von Spitzenkandidaten im Europawahlkampf 2014. Die ersten Diskussionen in den europäischen politischen Parteien über Spitzenkandidaten gehen auf das Jahr 1998 zurück, aber bis nach den Wahlen 2009 wurden keine wesentlichen Fortschritte erzielt.[43] Es war der Vertrag von Lissa-

mit einem Gesamtbudget von 176 Millionen Euro im Jahr 2017, Seite 71 des Berichts, verfügbar unter <http://library.fes.de/pdf-files/fes/03208/jb-2017.pdf> (beide zuletzt besucht am 15.1.2020).

43 „In 1999 the EPP became the largest group at the EP but its right to see a member nominated from the EPP family was thwarted by the hasty compromise necessary to appoint a Commission president after the implosion of the Santer Commission, just before the elections. Separately, some socialist Prime Ministers from larger member states argued the case for nominating someone from their political family, namely, Wim Kok, the Dutch Prime Minister. Many in the EPP drew the conclusion that for future elections, the European party which topped the poll should have the right to the Commission presidency, but this was still a long way off from developing a lead candidate system.", siehe *Peñalver Garcia/Priestley*, European Political Parties: Learning from 2014, Preparing for 2019, Notre Europe - Jacques Delors Institute Policy Paper 132 v. 4.5.2015 (nachfolgend „Notre Europe Paper on European Parties" genannt) Abschnitt 2.1., S. 6, <abrufbar unter https://institutdelors.eu/wp-content/uploads/2018/01/europeanpolicalparties-pealverpriestley-jdi-may15.pdf> (zuletzt besicjz am: 19.8.2020); siehe auch Nemitz, Europwahl 1999: Für die indirekte Wahl der EU-Kommissionspräsidenten, Internationalen Politik/Europa Archiv

bon im Jahr 2007, der eine neue verfassungsmäßige Ordnung für die EU einführte und das EP ermächtigte, den Präsidenten der Kommission zu wählen: Der Europäische Rat muss gemäß Artikel 17 Absatz 7 EUV die Ergebnisse der Europawahlen berücksichtigen, wenn er einen Kandidaten vorschlägt. Sowohl das Parlament in zwei Entschließungen aus den Jahren 2012 und 2013[44] als auch die Kommission in ihrer Empfehlung vom März 2013[45] forderten die europäischen und nationalen politischen Parteien auf, ihre Vorschläge für das Amt des Präsidenten der Kommission bekannt zu geben. Damit sollte der Zusammenhang zwischen den Stimmen der EU-Bürger für die zukünftigen Mitglieder des EP und dem Kandidaten ihrer Partei für den Kommissionspräsidenten sichtbar gemacht werden. Es war auch nur logisch, eine höhere Legitimität für die Kommissionspräsidentinnen zu suchen, nämlich durch die Kandidatur als Spitzenkandidatin, nachdem die Präsidentin so viel zusätzliche Macht erhalten hatte, dass die Kommission nicht mehr nach einem einfachen Kollegialprinzip funktioniert, sondern angesichts der kumulierten Befugnisse der Präsidentin im Ernennungs-prozess, der politischen

---

(1998) 6, S. 45-50; Volle/Weidenfeld (Hrsg.), Europa hat Zukunft, Der Weg ins 21. Jahrhundert, 1998; in jüngerer Zeit: European Political Strategy Center, Building on the Spitzenkandidaten-Modell. Bolstering Europe's Democratic Dimension, v. 16.2.2018, abrufbar unter: <https://ec.europa.eu/epsc/publications/road-to-sibiu/building-on-the-spitzenkandidaten-model_en>; dazu siehe auch Armellini, Schulz approved as Socialist candidate for commission presidency, v. 1.3.2014, abrufbar unter <https://euobserver:com/eu-elections/123323>; Janning, Five lessons from the „Spitzenkandidaten" European Parliament campaign, v. 1.7.2014, European Council on Foreign Relations, abrufbar unter: <https://www.ecfr.eu/ article/commentary_five_lessons_from_the_spitzenkandidaten_european_parliament _camp> (alle zuletzt besucht am: 15.1.2020), die zeigen, dass der damalige Präsident des Europäischen Parlaments Martin Schulz der Schlüsselfaktor für eine effektive Spitzenkandidatur bei den Wahlen 2014 war und dass er von der Sozialdemokratischen Partei Europas nominiert wurde, bevor die EVP Jean-Claude Juncker als Spitzenkandidaten benennen konnte. Nach den Wahlen waren es vor allem konservative Staatschefs unter der Leitung des Briten David Cameron, die sich gegen die Ernennung von Jean-Claude Juncker zum Präsidenten der Europäischen Kommission aussprachen.

44 Siehe Entschließung des Europäischen Parlaments vom 22. November 2012 zu den Wahlen zum Europäischen Parlament im Jahr 2014 (2012/2829(RSP)) und Entschließung des Europäischen Parlaments vom 4. Juli 2013 zur Verbesserung der praktischen Modalitäten für die Durchführung der Europawahlen im Jahr 2014 (2013/2102(INI)).

45 Siehe die Empfehlung der Kommission zur Verbesserung der demokratischen und effizienten Durchführung der Wahlen zum Europäischen Parlament, 12.3.2013, KOM(2013) 1303 final.

Führung, der Organisationsgewalt und der Befugnis, einzelne Kommissare ohne weiteres zu entlassen, faktisch unter einem Präsidialregime steht.[46]

Für die Wahlen 2014 haben die europäischen politischen Familien zum ersten Mal Kandidaten für das Amt des Präsidenten der Kommission nominiert, EU-weite Wahlkämpfe gestartet und öffentliche Veranstaltungen in ganz Europa durchgeführt, um das Bewusstsein für ihre Kandidaten und ihre politischen Programme für Europa zu schärfen. Nur als Anhaltspunkt, wie im Bericht der Kommission über die Wahlen 2014 dargelegt, besuchten die Spitzenkandidaten 246 Städte in den Mitgliedstaaten. Die Spitzenkandidaten nahmen an zehn Fernsehdebatten in verschiedenen Mitglied-staaten und verschiedenen Sprachen teil. Die Debatten fanden in der gesamten EU große Beachtung, wurden live übertragen und erzeugten ein hohes Volumen an Aktivität in den sozialen Medien.[47]

Wichtig ist, dass der Europäische Rat *Jean-Claude Juncker*, als den Kandidaten der Partei mit den meisten Sitzen im EP[48], benannt hat. Er wurde anschließend vom EP mit einer Koalition aus EVP, SPE und anderen zum Kommissionspräsidenten gewählt. Das Ergebnis der Wahlen ermöglichte eine stabile parlamentarische Mehrheit in einer großen Koalition, die es wiederum dem EP und der EU insgesamt ermöglichte, während der Legislaturperiode effektiv zu funktionieren.

Die seit mehr als 15 Jahren diskutierte Präsentation von Kandidaten für das Amt des Präsidenten der Kommission bei den Wahlen zum EP im Jahr 2014 hat den Rückgang der Wahlbeteiligung gestoppt.

Die Staatschefs im Europäischen Rat ernannten zwar schließlich *Jean-Claude Juncker*, den Kandidaten der Europäischen Volkspartei (EVP). Aber als Geste des Komprisses gegenüber dem britischen Premierminister David Cameron, der sich der Ernennung widersetzte, versprachen sie in ihren

---

46 Kassim/Connolly/Dehousse/Rozenberg/Bendjaballah, Managing the house: the Presidency, agenda control and policy activism in the European Commission, Journal of European Public Policy 2017, Bd. 24 Nr. 5, S: 653 ff.; siehe auch Nemitz (Fn. 31).

47 Mitteilung der Kommission an das Europäische Parlament, den Rat, den Europäischen Wirtschafts- und Sozialausschuss und den Ausschuss der Regionen. Bericht über die Wahlen zum Europäischen Parlament 2014, 8.5.2015, KOM(2015) 206 final, S. 7-8.

48 Siehe Schlussfolgerungen des Europäischen Rates vom 26./27.6.2014, EUCO 79/14, Schlussfolgerung 2, siehe Seite 2, Satz 1: „*Der Europäische Rat kam überein, Jean-Claude Juncker dem Europäischen Parlament als Kandidaten für das Amt des Präsidenten der Europäischen Kommission vorzuschlagen*".

Schlussfolgerungen, das Verfahren der Ernennung des Präsidenten der Kommission im Vorfeld der Europawahlen 2019 zu überprüfen.[49] Diese Ankündigung spiegelt die schwankende Haltung der Mitgliedstaaten zum Fortschritt der Demokratie in Europa wider.

Es ist jedoch unbestreitbar, dass die Ernennung von Spitzenkandidaten ein Erfolg war, vor dem Hintergrund der weit verbreiteten Skepsis in den Medien und in den Hauptstädten. Der kontinuierliche Rückgang der Wahlbeteiligung seit 1979 wurde gestoppt. Die Glaubwürdigkeit des Prozesses mag zwar erwiesen sein, aber er muss noch konsolidiert und als übliche Praxis anerkannt werden.

Hier stehen wir jetzt in Bezug auf die Entwicklung der Demokratie in der EU.

D. Aktuelle Herausforderungen für die Demokratie in Europa

In Europa stellen sich die Herausforderungen an die repräsentative Demokratie auf drei Ebenen, nämlich auf der Ebene der EU selbst, in den Mitgliedstaaten sowie in den Beziehungen zwischen der EU und den Mitgliedstaaten.

Debatten über die Zukunft Europas waren schon immer Debatten darüber, wie man Europa demokratischer machen kann und wie die Demokratie auf EU-Ebene besser funktionieren könnte. Obwohl Europa bei der Gestaltung der EU als repräsentativer Demokratie gute Fortschritte gemacht hat, muss es lernen, seine Geschichten über die Demokratisierung und die vielen Fälle eines erfolgreichen bürgerschaftlichen Engagements in den Prozessen der repräsentativen Demokratie auf EU-Ebene mit Begeisterung zu erzählen, um ein noch stärkeres Engagement zu fördern.

---

49 Siehe Schlussfolgerungen des Europäischen Rates vom 26./27.6.2014, EUCO 79/14, Schlussfolgerung 2, Absatz 27, Satz 4: „*Sobald die neue Europäische Kommission effektiv eingesetzt ist, wird der Europäische Rat das Verfahren zur Ernennung des Präsidenten der Europäischen Kommission für die Zukunft unter Beachtung der Europäischen Verträge prüfen*".

Ein Beispiel: Ohne das Engagement von *Eduard Snowden* und *Max Schrems*[50] und ohne die in der Europäischen Digitalrechtsinitiative EDRI zusammengeschlossenen Digitalrechtsorganisationen[51] und das Engagement der am Datenschutz interessierten Personen aus der Zivilgesellschaft während des vierjährigen Gesetzgebungsprozesses zur DSGVO wäre der Erfolg in dieser Sache[52] nicht möglich gewesen. Aber das Beispiel der DSGVO zeigt auch, dass einzelne Politiker und ihre Qualitäten einen wichtigen Unterschied machen, sei es als Mitglieder der Kommission oder Mitglieder des Parlaments.[53]

Mit steigendem Populismus stellt sich eine neue Frage: Wie widerstandsfähig ist die Verfassung der EU gegen Autokratie auf EU-Ebene? Und was kann die EU tun, um die Widerstandsfähigkeit der Mitgliedstaaten gegen den zunehmenden Populismus und die Risiken der Autokratie zu stärken? Wenden wir uns zunächst dieser Frage zu, indem wir die Aufmerksamkeit auf eine neue Perspektive des EU-Rechts lenken, von der Frage, wie wir in der Demokratisierung vorankommen können, bis hin zur Frage, wie wir sicherstellen können, dass die demokratischen Rechte und Verfahren, die bereits etabliert sind, nicht verloren gehen.

Eine schwierige Frage unter diesen ist die Frage der Referenden in den Mitgliedstaaten und des EU-Rechts. Eng damit verbunden, aufgrund der griechischen Erfahrung, aber nicht erschöpft, ist die Demokratisierung der Governance der Eurozone. Die neuen Technologien des Internets sind zu

---

50 Siehe z.B. EuGH, *Maximillian Schrems/Datenschutzbeauftragter*, C-362/14, EU:C:2015:650. Nach seinem Engagement für den Datenschutz während des Gesetzgebungsprozesses der DSGVO gründete *Schrems* die DSGVO-Durchsetzungs-NGO NOYB – None of your Business <https://noyb.eu/> (zuletzt besucht am 15.1.2020) zusammen mit dem Parlamentarischen Berichterstatter für die DSGVO *Jan Albrecht* und anderen; eine detaillierte Geschichte des erfolgreichen zivilgesellschaftlichen Engagements für die DSGVO, an dem Aktivisten aus vielen Mitgliedstaaten teilnahmen, steht noch aus.

51 <https://edri.org/> (zuletzt besucht am 15.1.2020).

52 Verordnung (EU) 2016/679 des Europäischen Parlaments und des Rates vom 27. April 2016 zum Schutz natürlicher Personen bei der Verarbeitung personenbezogener Daten und zum freien Datenverkehr und zur Aufhebung der Richtlinie 95/46/EG (Allgemeine Datenschutzverordnung), *ABl. Nr. L 119 vom 27.4.2016, S. 1.*

53 Siehe insbesondere die für die Verhanldungen der DSGVO zuständige Vizepräsidentin der Europäischen Kommission *Viviane Albrecht* und den parlamentarischen Berichterstatter *Jan Albrecht* im beeindruckenden Langzeit-Dokumentarfilm „Democracy – Im Rausch der Daten", *David Bernet*, 2015, verfügbar unter: <http://www.democracy-film.de/> (zuletzt besucht am 15.1.2020).

Werkzeugen von Diktatoren und Populisten geworden. Sie schaffen eine neue Klasse von Herausforderungen für freie und faire Wahlen.

Gleichzeitig werden die freie Presse und der pluralistische Journalismus, der als Vierte Gewalt in der Demokratie so wichtig ist, von den neuen Technologien und Autokraten gleichermaßen herausgefordert.

Abschließend noch ein Wort zu den öffentlichen Konsultationen und Bürgerdialogen, die von der Europäischen Kommission im Rahmen der Priorität der Demokratisierung in Europa durch Präsident *Juncker* intensiviert wurden.

Auf diese Fragen konzentrieren wir uns hier, ohne die Bedeutung der vielen anderen wichtigen Themen in der Debatte über Demokratie und Widerstandsfähigkeit gegen Autokraten zu vernachlässigen, wie etwa die Notwendigkeit, den Raum für das Engagement der Zivilgesellschaft und für freie, unabhängige Wissenschaften[54] in den Mitgliedstaaten und der EU zu verteidigen und zu erweitern.

I. Auf der Suche nach konstitutioneller Resilienz und einer neuen Demokratiepolitik für die EU

Die Widerstandsfähigkeit der Demokratie gegen Autokratie hat sicherlich viele Facetten, und ein breites demokratisches Engagement der Bevölkerung ist höchstwahrscheinlich der beste Weg, um Widerstandsfähigkeit zu erreichen – aber auch der unwahrscheinlichste, der durch eine Rechtsordnung erreicht wird. Ein differenziertes Primär- und Sekundärrecht ist gleichwohl unerlässlich, um das Engagement in der Demokratie zu ermöglichen, zu fördern und zu schützen.

Ausgehend von der verfassungsrechtlichen Ebene gibt es Resilienz gegen Veränderungen, die zu Autokratie führen, in den hohen Mehrheiten, die in konstitutionellen Demokratien üblicherweise für die Änderung von Verfassungen erforderlich sind. In einigen Mitgliedstaaten, wie beispielsweise in Deutschland, gibt es Verfassungsbestimmungen, die nicht einmal mit einer verfassungsmäßigen Mehrheit geändert werden können und somit in der Ewigkeit geschützt sind. Ein Beispiel dafür ist Artikel 79 Absatz 3 GG, der

54 Pressemitteilung der Kommission vom 24.4.2018, Hungary: Commission takes legal action on Higher Education Law and sets record straight on 'Stop Brussels' consultation, MEX/17/1116, die unter <http://europa.eu/rapid/press-release_MEX-17-1116_en.htm> abrufbar ist (zuletzt besucht am 15.1.2020).

vorsieht, dass das Grundrecht auf Menschenwürde, das Prinzip der Demokratie und die im Grundgesetz festgelegte Struktur als Bundesstaat niemals aufgehoben werden können.

Im EU-Recht sehen die Verträge nach ihrem eigenen Inhalt eine hohe Widerstandsfähigkeit vor, die über der vieler nationaler Verfassungen, aber unter dem spezifischen Fall der Garantien für die Ewigkeit liegt: Obwohl sie keine Ewigkeitsklauseln enthalten, können die Verträge grundsätzlich nur durch Einstimmigkeit der Mitgliedstaaten und Ratifizierung durch alle nationalen Parlamente geändert werden. Dies ist eine viel höhere Änderungshürde als die übliche verfassungsmäßige Mehrheit von 2/3 der Mitglieder des Parlaments, die eine Verfassungsänderung in den Mitgliedstaaten erfordert.[55]

Aber welchen Schutz bietet das EU-Recht gegen die Übernahme der Autokratie in den Mitgliedstaaten? Wie sanktioniert es Verfassungsänderungen in den Mitgliedstaaten, die die inländische Demokratie in diesem Mitgliedstaat rechtlich oder tatsächlich beseitigen – in der Praxis oder als Verfassungsprinzip?[56]

Dafür stehen nur der schwache Mechanismus von Artikel 7 EUV auf verfassungsrechtlicher Ebene und die Vertragsverletzungsverfahren zur Verfügung, letztere in Fällen, in denen Rechte und Prozesse der Demokratie im Sekundärrecht verankert sind, wie beispielsweise beim Wahlrecht für EU-Bürger bei Kommunal- und Europawahlen.[57]

Es ist wichtig, nicht zu unterschätzen, dass viele Rechte und Schutzmaßnahmen für den Einzelnen, aber auch institutionelle Arrangements, die durch sekundäres EU-Recht geschaffen werden, für das reibungslose Funktionieren der Demokratie in den Mitgliedstaaten von entscheidender Bedeutung sind,

---

55 Siehe dazu *Passchier/Stremler*, Unconstitutional Constitutional Amendments in European Union Law: Considering the Existence of Substantive Constraints on Treaty Revision, Cambridge Journal of International and Comparative Law 2016, Bd. 5 Nr. 2, S. 337-362.

56 *Halmai*, Internal and External Limits of Constitutional Amendment Sovereignty, EUI Paper, abrufbar unter: <https://www.eui.eu/Documents/DepartmentsCentres/Law/Professors/Halmai/Constitutional-Amendment-Power.pdf > (zuletzt besucht am 17.3.2020).

57 Die Richtlinie 93/109/EG des Rates vom 6. Dezember 1993 über die Einzelheiten der Ausübung des aktiven und passiven Wahlrechts bei den Wahlen zum Europäischen Parlament für Unionsbürger mit Wohnsitz in einem Mitgliedstaat, dessen Staatsangehörigkeit sie nicht besitzen, konkretisiert Art. 22 Abs. 2 AEUV in der geänderten Fassung, ABl. Nr. L 329 vom 30.12.1993, S. 34-38.

insbesondere wenn man auch bedenkt, dass Rechtsstaatlichkeit und Grundrechte Kernelemente der Demokratie sind.[58]

Die Kommission sollte daher eine Politik entwickeln, die solche Öffnungen für Demokratie und demokratisches Engagement systematisch in das Sekundärrecht der EU einbaut, und eine Checkliste und einen Werkzeugkasten für solche Zwecke entwickeln, wie sie es in ähnlicher Form in ihrer Strategie für die Anwendung der Grundrechtecharta getan hat. Wenn beispielsweise in der EU-Gesetzgebung inländische Stellen wie sektorale Regulierungsbehörden oder Datenschutzbehörden vorgesehen sind, würde der Werkzeugkasten Beteiligungs- und Konsultationsrechte und Beschwerderechte für Bürger und auch für zivilgesellschaftliche Vereinigungen in Bezug auf diese Einrichtung erfordern, um Raum für Engagement zu schaffen und damit das Problem des schrumpfenden Raums für zivilgesellschaftliches Engagement anzugehen.

Im Rahmen eines solchen „Mainstreaming für die Demokratiepolitik" müssten in Zukunft Folgenabschätzungen der Kommission darlegen, wie der jeweilige Vorschlag systematisch überprüft wurde, um Elemente des demokratischen Engagements im Gesetzgebungsprozess sowie in den durch das Gesetz geschaffenen Institutionen, materiellen Rechtsregeln und Verfahren aufzunehmen. Zu diesem Zweck müssten Folgenabschätzungen auf nichtlegislative Maßnahmen der Kommission ausgedehnt werden, bei denen Rechtsvorschriften eine Alternative zu nichtlegislativen Maßnahmen darstellen könnten. In diesen Folgenabschätzungen für die Demokratie müsste auch diskutiert werden, was es für die repräsentative Demokratie auf EU-Ebene und in den Mitgliedstaaten bedeutet, wenn die Kommission nichtlegislative Maßnahmen einem Legislativvorschlag vorzieht. Im Falle nichtlegislativer Maßnahmen, wie der Arbeit mit freiwilligen Verhaltenskodizes für die Industrie, müsste die Folgenabschätzung die Auswirkungen des Wegfalls der parlamentarischen Entscheidung auf EU-Ebene und der parlamentarischen Anhörungsrechte der Parlamente der Mitgliedstaaten bewerten, und zwar sowohl einzeln für den betreffenden Rechtsakt als auch in der Kumulierung im Laufe der Zeit, wobei andere ähnliche Fälle in Betracht gezogen werden, bevor auf nichtlegislative Maßnahmen zurückgegriffen wird, wenn alternativ Rechtsvorschriften im entsprechenden Regelungsbereich grundsätzlich möglich sind.

58 Jüngstes Beispiel ist der Vorschlag der Kommission zum Schutz von Personen, die über Verstöße gegen das Unionsrecht berichten ("Whistleblower"), 23.4.2018, KOM(2018) 218 final.

Eine entscheidende Frage in der Demokratie ist, welche der auf dem Tisch liegenden Herausforderungen sicher und mit gutem Gewissen den nichtlegislativen Maßnahmen, der Selbstregulierung, den freiwilligen Verhaltenskodizes oder einfach der Ethik überlassen werden kann und welche Herausforderungen durch Regeln angegangen werden müssen, die durchsetzbar sind und auf demokratischen Prozessen, also Gesetzen, basieren.

Bei der Beantwortung dieser Frage müssen die Folgenabschätzungen für die Demokratie den Grundsatz der Wesentlichkeit berücksichtigen, der die Gesetzgebung in konstitutionellen Demokratien seit langem bestimmt. Dieser Grundsatz schreibt vor, dass jede Angelegenheit, die wesentlich ist, weil sie entweder die Grundrechte des Einzelnen betrifft oder für das gute Funktionieren des Staates, einschließlich der Demokratie, wichtig ist, durch ein parlamentarisches, demokratisch legitimiertes Gesetz geregelt werden muss.[59]

II. Sollen wir Demagogen erlauben, Referenden gegen Europa durchzuführen? Wiederbelebung der repräsentativen Demokratie

Die EU-Verträge enthalten Elemente der direkten Demokratie, wie z.B. die Bürgerinitiative, die neu belebt werden soll.[60] In Artikel 10 Absatz 1 EUV wird jedoch auch klargestellt, dass Europa als repräsentative Demokratie funktioniert.

---

59 *Jo Eric Khushal Murkens* betrachtete das Urteil des Obersten Gerichtshofs des Vereinigten Königreichs über Entscheidungen, die sich darauf beziehen, dass der Brexit nicht allein in den Händen der Regierung bleibt, sondern Westminster ein Mitspracherecht bei der Anwendung des Grundsatzes der Wesentlichkeit einräumt, siehe „The High Court's Brexit Decision: A Lesson in Constitutional Law for the UK Government" Verfassungsblog – On matters Constitutional, vom 3.11.2016, abrufbar unter https://verfassungsblog.de/the-high-courts-brexit-decision-a-lesson-in-constitutional-law-for-the-uk-government/; zum Grundsatz der Wesentlichkeit im deutschen, US-amerikanischen und EU-Recht siehe *Saurer*, EU Agencies 2.0: The New Constitution of Supranational Administration beyond the EU Commission, in: Rose-Ackerman/Lindseth/Emerson (Hrsg.), Comparative Administrative Law, 2. Aufl. 2017, S. 619-628; weitere aktuelle Beispiele in der Rechtsprechung des EuGH sind die Urteile in den Rechtssachen *Europäisches Parlament gegen Rat*, C-355/10, EU:C:2012:516, Rn. 64 ff., mit weiterem Präzedenzfall und *Digital Rights Ireland*, C-293/12 und C-594/12, EU:C:2014:238, Rn. 54 ff.

60 Siehe Kommissionsvorschlag vom 13.9.2017, KOM(2017) 482 final und Europäische Bürgerinitiative: Politische Einigung über den Vorschlag der Kommission, Pressemitteilung vom 12.12.2018, IP/18/6792.

Und aus gutem Grund basiert der Kern des Entscheidungs- und Ernennungssystems, ausgehend von den historischen Erfahrungen, streng auf der repräsentativen Demokratie. Populisten haben die Forderungen nach direkter Demokratie missbraucht, um Deliberation und Kompromisse zu vermeiden. Volksabstimmungen sind zur Tanzfläche des Populismus geworden. Die Forderung nach Volksabstimmungen ist eine Kernmethode der Populisten.

Das Brexit-Referendum vom 23. Juni 2016[61] in Großbritannien ist das offenkundigste Beispiel für eine angebliche direkte Demokratie, die ein Volk spaltet und einen fruchtbaren Boden für Lügen und Manipulationen bietet.

Die Besonderheit der Referenden in den Mitgliedstaaten in Fragen der EU besteht darin, dass diese Referenden genutzt werden können, um die nationale Demokratie gegen *pacta sund servanda* und demokratische Entscheidungen auf EU-Ebene auszuspielen.

Das von der ungarischen Regierung *Orban* organisierte ungültige Referendum gegen Migrationsquoten veranlasste Präsident *Juncker* zu der Bemerkung, dass Europa nicht funktionieren kann, wenn nachträglich Entscheidungen nach den Regeln des Vertrags durch Volksabstimmungen von Regierungen, die mit der Entscheidung nicht einverstanden sind, in Frage gestellt werden.[62]

Das irische Referendum von 2001[63], das französische und das niederländische Referendum von 2005[64] und das griechische Referendum von 2015, deren negatives Ergebnis von der Regierung ausnahmsweise nicht umgesetzt werden konnte, gerade weil es die griechische Mitgliedschaft in der Wirtschafts- und Währungsunion (WWU) gefährdet hätte[65], sind weitere Fälle

---

61 Offizieller Titel: Referendum zur Mitgliedschaft in der Europäischen Union im Vereinigten Königreich.

62 EURACTIV.com und AFP, Juncker rages against the UK and Hungary, Euractiv mit AFP, vom 7.10.2016, aktualisiert am 10.10.2016, Verfügbar unter <https://www.euractiv.com/section/uk-europe/news/juncker-rages-against-the-uk-and-hungary/> (zuletzt besucht am 28.2.2020).

63 Am 7.6.2001 stimmte das Volk der Republik Irland in einem Referendum gegen die Ratifizierung des Vertrags von Nizza.

64 Am 29.5.2005 wurde die Europäische Verfassung von den Wählern in Frankreich abgelehnt, und am 1.6.2005 stimmten die Niederländer gegen die Europäische Verfassung.

65 Beim so genannten griechischen Rettungsreferendum am 5.7.2015 wurden die von der Europäischen Kommission, dem Internationalen Währungsfonds (IWF) und der Europäischen Zentralbank (EZB) gemeinsam vorgeschlagenen Rettungs-bedingungen von den Wählern abgelehnt, obwohl Steuerfragen gemäß Artikel 44 der griechischen Verfassung normalerweise von solchen Referenden ausgeschlossen sind.

von Referenden, die es zu berücksichtigen gilt. Im letzten Fall ist die Herausforderung eines Konflikts zwischen der EU und der nationalen Demokratie mehr als offensichtlich, auch wenn das Referendum selbst durchaus als verfassungswidrig und damit als null und nichtig einzustufen wäre.[66]

Das Verhältnis zwischen der Demokratie auf der Ebene der Mitgliedstaaten und auf der Ebene der EU sollte grundsätzlich durch die Aufteilung der Zuständigkeiten im Vertrag geregelt werden.

Im Übrigen wird ein einfacher Grundsatz, Volksabstimmungen als innerstaatliche Angelegenheit der Mitgliedstaaten zu betrachten, nicht ausreichen, wenn das Referendum EU-Fragen betrifft, da eine solche Antwort dem gemeinsamen Interesse der EU nicht Rechnung trägt.

In einer Systematik der Referenden in der EU müsste man eine Reihe verschiedener Konstellationen unterscheiden, nämlich diejenigen, die sich auf Vertragsänderungen, die Mitgliedschaft und Entscheidungen im Sekundärrecht beziehen, wobei die Verwaltung der Eurozone ein besonders heikler Fall ist, der in einem gesonderten Abschnitt unten im nächsten Abschnitt behandelt wird.

Im Zusammenhang mit Änderungen innerhalb der Verträge müsste man ferner unterscheiden zwischen Situationen, in denen das nationale Recht zur Durchführung eines Referendums verpflichtet und dies nicht der Fall ist, und vor allem dann, wenn dies nicht obligatorisch ist und in innenpolitischen Fragen praktisch nie geschieht.

Was die Mitgliedschaft betrifft, so zeigen die innerstaatlichen Rechtsstreitigkeiten über die Zuständigkeit zwischen Regierung und Parlament im Falle von Brexit und die Belastung, die der Brexit-Prozess als solcher, einschließlich der Notwendigkeit eines solchen Rechtsstreits, für die gesamte EU darstellt, die Notwendigkeit weiterer Überlegungen über geordnete Prozesse in der Zukunft.

Was die Referenden zum Sekundärrecht betrifft, so müsste man zwischen Referenden vor und nach Entscheidungen zum Sekundärrecht auf EU-Ebene unterscheiden und auch zwischen Mitgliedstaaten, in denen Referenden ein oft genutztes Instrument sind, um auch über andere Fragen als die der EU zu entscheiden, und solchen, in denen dies nicht der Fall ist.

66 Nicht nur, weil über Steuerfragen nicht mehr abgestimmt werden kann, sondern auch, weil die zu beantwortende Frage ungenau war (über unbekannte, noch in Verhandlung befindliche Begriffe), die alternative Option (Annahme der Begriffe) nur als zweite Wahl präsentiert wurde, die Folgen der Ablehnung unklar waren und die Reflexionsfrist für die Wähler zu kurz war (1 Woche statt 2 als Mindestempfehlung des Europarates, siehe Presseberichte vom 1.7.2015).

Abgesehen von der Reflexion des systematischen Charakters ist das, was sowohl die EU als auch die Mitgliedstaaten dringend brauchen, und zwar nicht nur kurz vor den Wahlen, sondern auch von der Vorschulerziehung an, ein verstärktes Lehren, Lernen und Praktizieren der repräsentativen Demokratie und ein kritischer Diskurs über die direkte Demokratie, der auf unseren historischen Erfahrungen basiert.

Auffällig ist, dass die repräsentative Demokratie zunehmend als selbstverständlich angesehen wird. Was die Menschen in der Geschichte in vielen Teilen der Welt so hart erkämpft haben und immer noch und weiter erkämpfen, verliert immer mehr an Unterstützung in der europäischen Gesellschaft. Ein Beispiel sind die Ergebnisse der zweiten Europäischen Jugendstudie, die die Meinungsforscher von YouGov im Auftrag der TUI Stiftung durchgeführt haben. Für diese Studie wurden 6080 junge Menschen im Alter zwischen 16 und 26 Jahren in sieben EU-Ländern (Frankreich, Deutschland, Griechenland, Italien, Polen, Spanien und Großbritannien) befragt. Die Autoren der Studie kamen unter anderem zu dem Schluss, dass junge Menschen die Gestaltung des demokratischen Systems eher kritisch sehen: 39 Prozent bewerten das politische System in ihrem Land so schlecht, dass sie die Notwendigkeit eines radikalen Wandels sehen. Diese Einschätzung wird überwiegend von Befragten aus Griechenland (66 Prozent), Italien (51 Prozent), Polen (41 Prozent) und Spanien (39 Prozent) vertreten.[67]

Seit den ersten Direktwahlen 1979 ist die Wahlbeteiligung bei den Europawahlen kontinuierlich von 61,99 Prozent auf 42,61 Prozent bei den letzten Wahlen 2014 gesunken.[68] Auch wenn sich die neuen Mitgliedstaaten von Diktaturen befreit und die Demokratie mit Begeisterung angenommen haben, gab es 2014 in einigen dieser Länder eine sehr geringe Beteiligung an den Europawahlen. Die Slowakei hatte beispielsweise eine Wahlbeteiligung von 13,05 Prozent, und auch Länder wie die Tschechische Republik (18,20 Prozent) und Polen (23,83 Prozent) zeigten Rekordtiefststände.[69] Dies hat direkte Auswirkungen auf die europäischen Institutionen als Ganzes, da es ihre

---

67 Siehe Young Europe 2018 – The Youth Study of TUI Foundation, verfügbar unter <https://www.tui-stiftung.de/en/our-projects/young-europe-2018-the-youth-study-of-tui-foundation> (zuletzt besucht am 28.2.2020).

68 Europäische Kommission, Mitteilung der Kommission an das Europäische Parlament, den Rat, den Europäischen Wirtschafts- und Sozialausschuss und den Ausschuss der Regionen. Bericht über die Wahlen zum Europäischen Parlament 2014, 8.5.2015, COM(2015) 206 final, S. 8 ff.

69 Siehe <www.europarl.europa.eu/elections2014-results> (zuletzt besucht am 28.2. 2020) vom 1.7.2014.

demokratische Legitimität verringert. *Joseph H. H. Weiler* hat zu Recht festgestellt, dass diese Entwicklung ein „demokratisches Paradoxon" aufweist. Er schrieb: „*Was an diesen Zahlen auffällt, ist, dass der Rückgang mit einer kontinuierlichen Verschiebung der Befugnisse an das Europäische Parlament zusammenfällt, das heute ein wahrer Mitgesetzgeber des Rates ist. Je mehr Befugnisse das Europäische Parlament, angeblich die vox populi, gewonnen hat, desto größer ist die Gleichgültigkeit des Volkes gegenüber diesem.*"[70] Erst die Europawahl von 2019 brachte eine Wende zu einer deutlich höheren Wahlbeteiligung.

Darüber hinaus sinkt auch die Wahlbeteiligung bei den nationalen Wahlen. Betrachtet man die sieben EU-Mitgliedstaaten, in denen die oben genannte Europäische Jugendstudie durchgeführt wurde, so ergibt sich folgende Wahlbeteiligung: Frankreich (2017: 42,64 Prozent, parlamentarisch und 74,56 Prozent, präsidial)[71], Deutschland (2017: 76,15 Prozent, parlamentarisch), Griechenland (2015: 63,94 Prozent, parlamentarisch), Italien (2018: 72,93 Prozent, parlamentarisch), Polen (2015: 50,92 Prozent und 55,34 Prozent präsidial), Spanien (2016: 69,84 Prozent, parlamentarisch) und das Finale Großbritannien (2017: 68,93 Prozent, parlamentarisch).[72] Diese Zahlen zeigen, dass sich der Abwärtstrend nicht auf Osteuropa beschränkt. In vielen Ländern mit traditionell hohen Beteiligungsquoten ist die Beteiligung seit Anfang der 70er Jahre allmählich zurückgegangen. Die Teilnahmequote in Deutschland betrug 1972 91,11 Prozent und in Italien 93,18 Prozent. Seitdem ist die Wahlbeteiligung stetig gesunken.

Abschließend zu diesem Kapitel: Wenn Referenden zu EU-bezogenen Themen unvermeidlich sind, müssen sich die EU-Institutionen äußern.[73] Es ist normal, sowohl in den USA, wo ein Präsident in den Wahlkampf nicht nur für den Kongress, sondern auch für die Gouverneure eingreift, als auch in den Bundesländern in Deutschland, wo Mitglieder der Bundesregierung

---

70 *Weiler*, The political and legal culture if European integration: An exploratory essay, International Journal of Constitutional Law 2011, Bd. 9 Issue 3-4, S. 678 (681).

71 Diese Wahlbeteiligung für die französischen Präsidentschaftswahlen 2017, die das Schicksal Europas bestimmen sollten, war die niedrigste seit 1969.

72 Für diese Zahlen siehe die Wählerbeteiligung Datenbank der International IDEA, verfügbar unter <https://www.idea.int/data-tools/data/voter-turnout> (zuletzt besucht am 28.2.2020).

73 Die Kommission sprach mit Fakten unmittelbar vor dem Referendum in Ungarn, Pressemitteilung der Kommission vom 24.4.2018, Ungarn: Die Kommission ergreift rechtliche Schritte gegen das Hochschulrecht und setzt direkt auf die Konsultation „Stopp Brüssel", MEX/17/1116, die unter http://europa.eu/rapid/press-release_MEX-17-1116_en.htm abrufbar ist.

an den Wahlen teilnehmen und sich ausführlich zu Menschen und Themen äußern, die bei Wahlen anstehen, und auch in – seltenen – Volksabstimmungen in den Ländern, dass sich Akteure aller politischen Ebenen an der Diskussion beteiligen.

Die jüngste Eurobarometer-Umfrage der Europäischen Kommission zeigt eine große Besorgnis über populistische Bewegungen in vielen Mitgliedstaaten, und dass die Menschen erwarten[74], dass sich die EU zu Fragen im Zusammenhang mit der EU äußert und aktiv Informationen liefert.[75]

III. Demokratisierung der Eurozone – der Bericht der fünf Präsidenten

Einige der europäischen Entscheidungen mit den größten Auswirkungen auf die Menschen in den Mitgliedstaaten, nämlich die im Zusammenhang mit der Wirtschafts- und Finanzkrise, werden nicht in Form von Rechtsvorschriften getroffen, sondern ohne Mitentscheidung des EP. Sie werden vom Rat allein oder sogar in zwischenstaatlicher Form von den Mitgliedstaaten getroffen. Die endlose Diskussion über die Rolle der Troika[76] veranschaulicht die Herausforderung dieser Entscheidungen an die Demokratie – sowohl auf EU-Ebene als auch auf Ebene der Mitgliedstaaten.

Die Verordnung über den Europäischen Finanzstabilisierungsmechanismus (EFSM)[77] macht den Beschluss des Rates über die Darlehensfinanzierung von den Bedingungen abhängig, die von der Kommission festgelegt wurden (auf der Grundlage der grundlegenden Empfehlungen des Rates), sowie von der Genehmigung eines von dem betreffenden Mitgliedstaat ausgearbeiteten Reformprogramms. Bei Entscheidungen, die direkt auf der Grundlage von Artikel 126 Absatz 9 und 136 AEUV getroffen werden, gehen die Entscheidungen des Rates[78] jedoch viel weiter, wenn es um Detailregelungen geht, für die die EU keine Gesetze erlassen hat (weil sie an das Einstimmigkeitserfordernis gebunden ist) oder keine Gesetzgebungskompetenz hat

74 67 % der Befragten sind der Ansicht, dass der Aufstieg politischer Parteien, die gegen die traditionellen politischen Eliten in verschiedenen europäischen Ländern protestieren, Anlass zur Sorge gibt. Eurobarometer (November 2018).

75 Eurobarometer-Sonderumfrage 477 über Demokratie und Wahlen (September 2018), abrufbar unter <https://data.europa.eu/euodp/de/data/dataset/S2198_90_1_477_ENG> (zuletzt besucht am 8.7.2020).

76 In Bezug auf die Finanzkrise bezieht sich der Begriff „Troika" auf die Kommission, die Europäische Zentralbank und den Internationalen Währungsfonds.

77 Verordnung 407/2010 des Rates, ABl. Nr. L 118 vom 12.5.2010, S. 1.

78 Genehmigung der Vereinbarungen der Gläubiger mit dem betreffenden Mitgliedstaat ("Memoranden").

(bloße Koordinations- oder Unterstützungskompetenzen, siehe Artikel 6 AEUV). Steuern, soziale Sicherheit und Arbeitsbedingungen fallen unter die erste Kategorie, während Gesundheit und Krankenhausversorgung und Bildung unter die zweite Kategorie fallen, ganz zu schweigen von der Umstrukturierung der nationalen Verwaltung und Justiz, den Privatisierungen oder der Senkung der Militärausgaben. Dieser Eingriff in die nationale Zuständigkeit, der durch die Dringlichkeit der Rettung der Eurozone oder zumindest der betroffenen Länder gerechtfertigt sein kann, wirft die Frage nach der demokratischen Legitimation der den betroffenen Ländern auferlegten Entscheidungen auf, zunächst auf EU-Ebene. Die Texte zur Economic Governance[79] sehen nur die Einladung von Vertretern der Kommission und des Rates durch den zuständigen Ausschuss des EP sowie die Einladung des Präsidenten des EP zum Euro-Gipfel vor, während der so genannte Europäische Stabilitätspakt auch einen gemeinsamen Konvent von Vertretern des EP und der nationalen Parlamente vorsieht. Dies sind Bestimmungen mit eher informativem Charakter. Die Vertreter der Bevölkerung(en) werden bestenfalls konsultiert, aber sie entscheiden nicht selbst und sie entscheiden auch nicht mit. Dies ist ein offensichtliches Demokratiedefizit bei den Maßnahmen der Wirtschaftssteuerung auf europäischer Ebene.[80]

Transnationale Demokratie in der EU, *pacta sunt servanda* in Europa und nationale Demokratie standen schon immer in einem Verhältnis dialektischer Spannungen. Die Situation zwischen Europa und der im Januar 2015 gewählten griechischen Regierung war nur das jüngste und möglicherweise dramatischste Beispiel, das zeigt, dass die Interaktion zwischen beiden Ebenen manchmal zum Verlust entweder des „supranationalen demokratischen Willens" oder des „nationalen demokratischen Willens" führt. Darüber hinaus zeigt sich, dass es manchmal nicht genügend gegenseitige Achtung zwischen den nationalen und EU-Institutionen gibt, da sich beide Seiten als die wahren Hüter der Demokratie verstehen. Auch wenn das Rettungspaket von der nationalen Regierung, die es als „nationales Programm" billigt, formell angenommen wird, bleibt die Tatsache bestehen, dass es von den Gläubigern des Mitgliedstaats auferlegt wird.[81] Die Diskrepanz zwischen Form und Realität

79 Siehe Verordnung 1173/2011, ABl. Nr. L 306 vom 23.11.2011, S. 1.

80 Siehe *Goulard/Monti*, De la démocratie en Europe, 2012.

81 Siehe Beschluss des Rates vom 12. Juli 2011 gerichtet an Griechenland zwecks Ausweitung und Intensivierung der haushaltspolitischen Überwachung und zur Inverzugsetzung Griechenlands mit der Maßgabe, die zur Beendigung des übermäßigen Defizits als notwendig erachteten Maßnahmen zu treffen, 2011/734, ABl. Nr. L 296 vom 15.11.2011, S. 38.

spiegelt sich in der Mehrheit und den abweichenden Meinungen des griechischen Staatsrates[82] über das nationale Recht wider, das das Memorandum „enthält", das mit den Gläubigern „vereinbart" wurde. Die Herausforderung an die transnationale Demokratie wird noch größer, wenn man bedenkt, welchen Höhepunkt die Rechtsprechung des Bundesverfassungsgerichts erreicht hat: Jeder Bürger soll auf der Grundlage seines Grundrechts, Abgeordnete zu wählen, die neue Ausgaben (oder die damit verbundenen Belastungen) genehmigen müssen, das Recht haben, Gesetze (wie diejenigen, die europäische Mechanismen genehmigen) anzufechten, die die Haushaltshaftung seines Staates erhöhen können.[83] Das Bundesverfassungsgericht eröffnet also eine Popularklage gegen haushaltsintensive Maßnahmen in der EU. Bedeutet das, sicherlich provokativ gefragt, dass es einen demokratischen „Überschuss" der Gläubiger gegenüber einem demokratischen „Defizit" der Schuldner gibt?[84]

Es gibt also widersprüchliche Tendenzen in Bezug auf die Demokratie auf EU-Ebene: Auf der einen Seite geht es um mehr Demokratisierung durch die direkte Wahl des EP (1979), die Ausweitung des Anwendungsbereichs der Mitentscheidung seit damals und nun die indirekte Wahl des Präsidenten der Kommission (2014). Andererseits wurden wichtige Entscheidungen über die soziale und wirtschaftliche Lage der europäischen Gesellschaften von den Regierungen der Mitgliedstaaten aus diesen demokratischen Mechanismen herausgenommen. Diese Regierungen stärken in den klassischen Mustern der Exekutive ihre eigene Rolle bei der legislativen Entscheidungsfindung, auch indirekt durch einen verstärkten Aktivismus des Ratssekretariats, das im Gegensatz zum EP und zur Kommission kein Organ im EUV ist (siehe Titel III, Artikel 13-19, „Bestimmungen über die Organe") und keine rechtliche oder demokratische Legitimität hat.

Präsident *Juncker* hat die Demokratie in Europa zu einer seiner zehn Prioritäten für die der damaligen Kommission gemacht. Er legte in dem Bericht der fünf Präsidenten Vorschläge zur künftigen Demokratisierung der Governance in der Eurozone vor, die wahrscheinlich das wichtigste Thema der Spannungen zwischen der Demokratie in den Mitgliedstaaten und der Demokratie auf EU-Ebene ist.

---

82 Urteil des Plenums vom 20.2.2012 in der Rechtssache 668/2012 (über das griechische Gesetz 3845/2010).

83 BVerfGE 135, 317.

84 Zu diesem Aspekt *Triantafyllou*, Die asymmetrische Demokratie, Europarecht 2014, S. 458 ff.

In der Wirtschaftsführung der Eurozone bedarf es einer gemeinsamen Disziplin auf EU-Ebene, die gemeinsame verbindliche Entscheidungen erfordert, die wiederum demokratische Legitimität erfordern, da sie Fragen berühren, die in den Demokratien der Mitgliedstaaten von wesentlicher Bedeutung sind und traditionell sehr wichtig für die demokratischen Debatten und Entscheidungen im Inland sind.

IV. Sicherstellung freier und fairer Wahlen zum Europäischen Parlament und in den Mitgliedstaaten

Die Europäische Kommission hat schnell auf die neuen Herausforderungen reagiert, die im Facebook Cambridge Analytica Skandal festgestellt wurden. In ihrem Mitteilungspaket vom 12. September 2018 über „Sicherstellung freier und fairer Europawahlen" wird eine breite Palette von Maßnahmen zur Sicherung der technischen Infrastruktur für die Wahlen, zur Verhinderung des Missbrauchs personenbezogener Daten im Wahlkampf und zur Bekämpfung von Propaganda und gefälschten Nachrichten beschrieben, um eine absichtliche Irreführung der Wähler zu vermeiden. Viele Elemente dieser Mitteilung sind auch für Wahlen auf allen Ebenen des Mitgliedstaats von Bedeutung. Die Erkenntnisse, die die Mitgliedstaaten aus dem Schutz der Europawahlen bei der Anwendung der in diesem Paket enthaltenen Maßnahmen ziehen werden, werden für den Schutz der nationalen Wahlen äußerst nützlich sein.

Ein wichtiger Bestandteil der Mitteilung ist zwar ein Appell an die Mitgliedstaaten und ihre Behörden, angesichts fehlender EU-Kompetenzen zu handeln, aber das Paket enthält auch Leitlinien zur Relevanz des EU-Rechts, beispielsweise im Bereich des Datenschutzes, für Wahlkämpfe.[85]

Die Kommission empfiehlt mehr Transparenz bei politischer Online-Werbung und Targeting. Europäische und nationale politische Parteien, Stiftungen und Kampagnenorganisationen sollten Informationen über ihre Ausgaben für Online-Werbekampagnen zur Verfügung stellen, indem sie offenlegen, welche Partei oder politische Unterstützungsgruppe hinter der politischen Online-Werbung steht, sowie Informationen über die Ausrichtung von Kriterien zur Verbreitung von Informationen an die Bürger veröffentlichen.

85 Siehe hierzu das detaillierte Leitliniendokument vom 12.9.2018, Freie und faire Wahlen, Leitlinien der Kommission zur Anwendung des Datenschutzrechts der Union im Rahmen der Wahlen KOM(2018) 638 final.

Werden diese Grundsätze nicht eingehalten, sollten die Mitgliedstaaten nationale Sanktionen anwenden.

Zu diesem Zweck hat die Kommission eine Empfehlung über Netze für die Zusammenarbeit bei Wahlen, Online-Transparenz, Schutz vor Cybersicherheitsvorfällen und Bekämpfung von Desinformations-kampagnen herausgegeben. Die nationalen Behörden, politischen Parteien und Medien sollten Maßnahmen ergreifen, um ihr Netzwerk und ihre Informationssysteme vor Bedrohungen der Cybersicherheit zu schützen, und zwar auf der Grundlage von Leitlinien, die von den nationalen Behörden im Rahmen der Kooperationsgruppe Netz- und Informationssysteme (NIS), der EU-Cybersicherheitsagentur und der Leitlinien der Europäischen Kommission für die Anwendung des EU-Datenschutzrechts entwickelt wurden.

Eine kleine Änderung der Verordnung über die Parteienfinanzierung aus dem Jahr 2014 wird es ermöglichen, finanzielle Sanktionen wegen Verletzung der Datenschutzbestimmungen zu verhängen, mit denen eine bewusste Beeinflussung des Ausgangs der Europawahlen bezweckt wird. Die Sanktionen würden sich auf 5 % des Jahresbudgets der betreffenden europäischen politischen Partei oder Stiftung belaufen. Die Sanktion wird von der Behörde für europäische politische Parteien und europäische politische Stiftungen durchgesetzt. Darüber hinaus könnten diejenigen, bei denen ein Verstoß festgestellt wurde, in dem Jahr, in dem die Sanktion verhängt wird, keine Mittel aus dem Gesamthaushaltsplan der Europäischen Union beantragen.

Um mit den sich ständig weiterentwickelnden Cyberbedrohungen Schritt zu halten, schlägt die Kommission vor, ein Netzwerk von Cybersicherheitskompetenzzentren einzurichten, um die verfügbaren Mittel für die Zusammenarbeit, Forschung und Innovation im Bereich der Cybersicherheit besser auszurichten und zu koordinieren. Ein neues europäisches Kompetenzzentrum für Cybersicherheit wird die finanzielle Unterstützung im Zusammenhang mit der Cybersicherheit aus dem EU-Haushalt verwalten und gemeinsame Investitionen der Union, der Mitgliedstaaten und der Industrie erleichtern, um die Cybersicherheitsindustrie der EU zu stärken und sicherzustellen, dass unsere Verteidigungssysteme auf dem neuesten Stand sind.[86]

Dieses Paket befasst sich zwar nur mit den neuesten, aktuellen Herausforderungen für freie und faire Wahlen, die durch die neuen Technologien des Internets und der Datenverarbeitung ermöglicht werden, und stellt daher keine vollständige Anleitung zu allen wichtigen Aspekten für freie und faire

86 Diese Zusammenfassung stammt aus der Pressemitteilung zum Paket der Vorschläge, Lage der Union 2018: Europäische Kommission schlägt Maßnahmen zur Gewährleistung freier und fairer Europawahlen vor, 12.9.2018, IP/18/5681.

Wahlen dar, ist aber als das erste Dokument der Kommission anzuerkennen, das Maßnahmen aus verschiedenen Politikbereichen bündelt, die in verschiedenen Generaldirektionen der Kommission (GD Connect, Innen, Generalsekretariat, JUST) zur Stärkung der Demokratie in der EU behandelt werden.

Was andere Aspekte der freien und fairen Wahlen betrifft, so hat die Kommission bereits früher Stellung bezogen, beispielsweise im Zusammenhang mit den Bürgerrechten (Artikel 22 AEUV) und den damit verbundenen Berichten über die Europawahlen.

In heikleren Fragen, die sich auf die Tätigkeit autokratischer Regime beziehen, hat die Kommission offiziell bei der Bewertung der Demokratie außerhalb der EU, wie in einigen Entwicklungsländern oder zuletzt in der Türkei (Türkei-Bericht 2019),[87] und weniger im Hinblick auf die Situation in den Mitgliedstaaten, beispielsweise bei den Vorschriften für die politische Fernsehwerbung in Ungarn, ihre Stimme erhoben.[88]

Insbesondere überlässt die EU die Wahlbeobachtung innerhalb ihrer Mitgliedstaaten der OSZE,[89] während sie selbst der größte Geber für die Wahlbeobachtung weltweit ist.[90]

Das Paket der Kommission für freie und faire Wahlen ist also ein guter Anfang und verdeutlicht die Relevanz des EU Sekundärrechts in vielen Bereichen für das gute Funktionieren der Demokratie, auch auf nationaler Ebene. Gleichzeitig zeigt es, dass ein weiterer konsolidierter und durchgängiger Ansatz für die Demokratie der Union erhebliche Vorteile bringen könnte.

---

87 Europäische Kommission, Commission Staff Working Document, Turkey 2018 Report, 17.4.2018, SWD(2018) 153 final, Kapitel 2.1, S. 10 ff. Siehe auch https://ec.europa.eu/international-partnerships/topics/democracy_en (zuletzt besucht am 19.8. 2020); *Zamfir/Dobreva*, Förderung von Demokratie und Frieden aud der Welt durch die EU, (Oktober 2018) Europäischer Parlamentarischer Forschungsdienst, PE 628.271.

88 Präsident *Barroso* in seiner Rede vom 2.7.2013, Speech by President Barroso at the European Parlaiment Plenary on the situation of fundamental rights: standards and practices in Hungary, SPEECH/13/608.

89 Einen Überblick über die bevorstehende oder jüngste Wahlbeobachtung in den EU-Mitgliedstaaten finden Sie unter <https://www.osce.org/odihr/elections> (zuletzt besucht am 28.2.2020).

90 Weitere Informationen unter <https://eeas.europa.eu/topics/election-observation-missions-eueoms_en?page=1> (zuletzt besucht am 28.2.2020).

V. Freiheit und Pluralismus der Presse und des Journalismus

Traditionell hat die EU den Schwerpunkt auf die Medien als Unternehmen gelegt, die als Teil des digitalen Binnenmarkts reguliert werden sollen, und nicht auf Presse und Journalismus als die wichtige vierte Gewalt in der Demokratie. In dieser Logik waren die für die GD CONNECT zuständigen Kommissare und Vizepräsidenten führend in Fragen der Presse und des Journalismus und nicht die Kommissare, die sich mit Redefreiheit, Demokratie und Bürgerrechten befassen.

Die EU-Gesetzgebung wirkt sich in vielerlei Hinsicht auf die Presse und den Journalismus aus, angefangen bei den direkten Auswirkungen von Rechtsvorschriften, die sich mit Medien befassen, wie der Richtlinie über audiovisuelle Dienste, der Kabel- und Satellitenrichtlinie, der Urheberrechtsrichtlinie, bis hin zu Rechtsvorschriften, die zwar keine Medien erwähnen, aber aufgrund der Konvergenz zwischen Internet und Medien die Wettbewerbsposition der Medien im Vergleich zu Internetplattformen wirksam beeinflussen können.

Dies ist beispielsweise bei der E-Commerce-Richtlinie der Fall, die in ihrem Artikel 13 die Internetplattformen privilegiert, indem sie diesen eine Haftungsbeschränkung für Inhalte Dritter gewährt, die für Inhalte Dritter auf Webseiten von Presse- und Journalismusunternehmen nicht gewährt wird. Daraus ergibt sich ein Kostenvorteil von 3-5 Prozent für Internetplattformen, da Internetplattformen nicht die Kosten für die Ex-ante-Moderation von Inhalten Dritter tragen müssen, die auf Presse- und journalistischen Webseiten anfallen.

In vielen anderen Bereichen gibt es EU-Rechtsvorschriften, die den Journalismus und die Presse betreffen, von den Mehrwertsteuervorschriften für die gedruckte und elektronische Presse bis hin zu den Vorschriften zum Schutz von Hinweisgebern („Whistleblowern“),[91] eine wichtige Informationsquelle für Journalisten.

Außerdem wurden und werden sowohl die Wettbewerbs- als auch die Beihilfevorschriften des Vertrags auf die Presse angewandt.[92]

---

91 Vorschlag für eine Richtlinie des Europäischen Parlaments und des Rates zum Schutz von Personen, die Verstöße gegen das Unionsrecht melden, 23.4.2018, KOM(2018) 218 final.

92 Siehe Beispiele im Bericht der Kommission an das Europäische Parlament, den Rat, den Europäischen Wirtschafts- und Sozialausschuss und den Ausschuss der Regionen. Bericht übder die Wettbewerbspolitik 2017, 8.6.2018, KOM(2018) 482 final.

Und während die EU die Überwachung der Wahlen in ihren Mitgliedstaaten nicht überwacht oder finanziert hat, hat sie die Überwachung des Medienpluralismus und der Medienfreiheit in der EU finanziert.[93]

Die Presse spielt natürlich auch eine wichtige Rolle bei der Bekämpfung gefälschter Nachrichten und ausländischer Propaganda, eine Herausforderung, der sich die Kommission kürzlich in einem Aktionsplan und mit einem freiwilligen Verhaltenskodex gestellt hat.[94]

Auf dem jährlichen Kolloquium über die Grundrechte der Kommission im Jahr 2016 wurden wichtige Fragen des Pressepluralismus und der journalistischen Freiheit erörtert, und die Kommission legte auf der Grundlage der Diskussionen eine detaillierte Darstellung möglicher Folgemaßnahmen vor.[95]

Aber seit den Schlussfolgerungen des Rates von 2013[96] haben weder der Rat noch die Kommission eine übergreifende, kohärente Politik für Presse und Journalismus in ihrer Funktion als vierte Gewalt in Europa beschlossen, um die neuen Herausforderungen für Freiheit und Pluralismus der Presse in Europa anzugehen, die Herausforderungen für die Presse in den Kontext der neuen Herausforderungen für die Demokratie zu stellen und daraus die notwendigen politischen Konsequenzen zu ziehen.

Der Megatrend der Digitalisierung und der Konvergenz zwischen Internet und Medien hat nun zu einer ernsthaften wirtschaftlichen Herausforderung für die frei finanzierte privatwirtschaftliche Presse und den öffentlich-rechtlichen Rundfunk geführt. Dazu kommt der zunehmende Einfluss populistischer Regierungen auf Presse und Rundfunk. Die Nachforschungen und strukturierende Kraft der vierten Gewalt werden nicht durch die Kakophonie des Internets ersetzt, und Verluste in ihrer Funktionalität nicht durch die privatisierte und vermachtete elektronische Öffentlichkeit kompensiert. Im Interesse der Demokratie in Europa, für die die dynamische vierte Gewalt von

---

93 Siehe für Details <https://ec.europa.eu/digital-single-market/en/policies/media-freedom-and-pluralism> (zuletzt besucht am 28.2.2020).

94 <https://ec.europa.eu/digital-single-market/en/fake-news-disinformation> (zuletzt besucht am 28.2.2020).

95 Weitere Informationen hierzu sind verfügbar unter <https://ec.europa.eu/digital-single-market/en/news/european-commission-presents-follow-actions-fundamental-rights-colloquium-media-pluralism-and> (zuletzt besucht am 28.2.2020).

96 Council conclusions and of the representatives of the Governments of the Member States, meeting within the Council, on media freedom and pluralism in the digital environment. Education, Youth, Culture and Sport Council meeting, 25.-26.11.2013, abrufbar unter: <https://www.consilium.europa.eu/uedocs/cms_data/docs/pressdata/en/educ/139725.pdf> (zuletzt besucht am 28.2.2020).

entscheidender Bedeutung ist, muss die Kommission in eine neue Gesamtpolitik für die vierte Gewalt investieren und alle neuen und alten Herausforderungen in einer neuen Kohärenz mit ihrer Politik für Demokratie, Grundrechte und Rechtsstaatlichkeit angehen.

VI. Dialog mit den Bürgern und öffentliche Konsultationen

Das Gefühl, dass die Herausforderungen der Demokratie in Europa angegangen werden müssen, ist allgegenwärtig, sowohl in der Gesellschaft als auch in der Politik. Der Bericht der fünf Präsidenten,[97] die Erklärung von Bratislava,[98] die Erklärung von Rom[99] und das Weißbuch von Präsident *Juncker* über die Zukunft Europas;[100] was jedes dieser Dokumente charakterisiert, ist die Erkenntnis, dass eine Fortsetzung des Status quo zwangsläufig zu einer Katastrophe führen wird und dass in und durch die Union ein Wandel herbeigeführt werden muss. Die EU ist nur dann stark genug, um dem internen und externen Druck standzuhalten, wenn sie eine echte *Union* ist. Die Staats- und Regierungschefs der Europäischen Institutionen haben ihre Überzeugung bekräftigt, dass das weitere Vorgehen gemeinsam festgelegt werden muss. Sowohl das Weißbuch als auch die Erklärung von Rom laden die Gesellschaft ein, über die Zukunft der EU und die aktuellen Probleme zu diskutieren. Wie im Weißbuch richtig dargelegt, ist es jetzt an der Zeit, uns an die Werte zu erinnern, auf denen die EU beruht, und sie zu bekräftigen. Die Neudefinition der Bedeutung von Demokratie wird es uns ermöglichen, einen Weg und ein Ziel zu bestimmen, das wir anstreben – eine noch stärkere, demokratischere Union.

Seit dem Europäischen Jahr des Bürgers 2013 haben 160.000 Bürger aller Nationalitäten, Altersgruppen, Herkünfte und Religionen und aus dem gesamten politischen Spektrum an über 1.200 Debatten im Stil des Rathauses

97 *Juncker*, Completing Europe's Economic and Monetary Union, 2014, abrufbar unter: <https://ec.europa.eu/commission/sites/beta-political/files/5-presidents-report_en.pdf> (zuletzt besucht am 15.1.2020).

98 Bratislava, 16.9.2016.

99 Erklärung der Staats- und Regierungschefs der 27 Mitgliedstaaten und des Europäischen Rates, des Europäischen Parlaments und der Europäischen Kommission vom 25.3.2017.

100 Weißbuch zur Zukunft Europas. Die EU der 27 im Jahr 2025 – Überlegungen und Szenarien, 1.3.2017, KOM(2017)2025.

in Rathäusern, Universitäten, Fabriken und anderen Orten in der gesamten Union teilgenommen.[101]

Seit Januar 2015 hat die derzeitige Kommission 478 Bürgerdialoge in allen Mitgliedstaaten durchgeführt, auch in Zusammenarbeit mit institutionellen Partnern wie dem Europäischen Parlament, den nationalen Parlamenten, dem Ausschuss der Regionen und dem Europäischen Wirtschafts- und Sozialausschuss. Zwischen Februar 2018 und 9. Mai 2019 beabsichtigt die Kommission, die Organisation von rund 500 zusätzlichen Dialogen in Zusammenarbeit mit den Mitgliedstaaten, den regionalen und lokalen Behörden sowie mit dem Europäischen Parlament und anderen europäischen Institutionen zu organisieren oder zu unterstützen.

Mehrere Mitgliedstaaten haben sich bereit erklärt, eine breite öffentliche Diskussion über die Zukunft Europas zu führen, und solche nationalen Dialoge finden bereits in einer Reihe von Mitgliedstaaten statt. Durch die Zusammenarbeit mit Bürgern in ganz Europa und die Durchführung von Veranstaltungen, die entsprechend ihren jeweiligen politischen Strukturen und Praktiken organisiert werden, könnten die Mitgliedstaaten dazu beitragen, das Bewusstsein der Bürger für die Bedeutung ihrer Stimme bei der Entscheidung darüber zu schärfen, welche Vision das europäische Projekt am besten voranbringen würde. Solche Veranstaltungen sollten im Zeitraum zwischen dem Treffen der Staats- und Regierungschefs am 23. Februar 2018 und dem Gipfel in Sibiu am 9. Mai 2019 stattfinden, kurz vor den Wahlen zum Europäischen Parlament, wo die Staats- und Regierungschefs voraussichtlich Schlussfolgerungen über die nächsten Schritte für die Union ziehen werden.[102]

Während die Konsultationsbemühungen der Kommission wichtig sind und ihre Arbeit immer transparenter geworden ist, bleiben Defizite bei Offenheit und Transparenz im Rat und auch erhebliche Defizite bei der Mittelausstattung der Parlamentsmitglieder in Bezug auf das Personal, das sie bei ihren Aufgaben unterstützt. Für die Demokratie in Europa ist es wichtig, dass das Parlament zum Mittelpunkt der demokratischen Debatte wird und dass es als Institution und seine Mitglieder besser ausgestattet sind. Die Ressourcen für zentrale Forschungs- und Budgetkontrolldienste des US-Kongresses

---

101 Citizens' Dialoguesand Citizens' Consultations. Progress report, 11.12.2018, verfügbar unter <https://ec.europa.eu/commission/sites/beta-political/files/eu-progress-report-consultations-111218_en.pdf> (zuletzt besucht am 28.2.2020).

102 Siehe die in Fn. 39 gennannte Empfehlung der Kommission von 2018 zur Europawahl 2019, Erwägungsgrund 8.

und die Ausstattung der Büros der US-Parlamentarier mit Personal und Finanzen bleiben ein guter Vergleichsmaßstab.

Was die Kommission betrifft, so muss sie weiterhin auf das zunehmende Ungleichgewicht zwischen den Interessen eingehen, die sich eine Präsenz in Brüssel und eine intensive Lobbyarbeit leisten können, und denen, die dies nicht können. Es muss noch viel mehr getan werden, um den Bürgern nicht nur allgemeine Dialoge zu ermöglichen, sondern auch, um aktiv das Interesse an spezifischen Rechtsvorschriften zu wecken und sie aufzufordern, in den Dialog einzutreten und gegebenenfalls die zu diesem Zweck erforderliche Unterstützung zu leisten.

Transparenz bei Konsultationen und Dialogen reicht nicht aus; die Kommission muss in allen Politikbereichen besser werden, um aktiv nach einem ausgewogenen Bild der Anliegen und Interessen zu suchen und die Ergebnisse der Konsultation proaktiv auszugleichen, wenn sie von einem Unterschied in den Mitteln derjenigen beeinflusst werden, die von den betreffenden Politiken betroffen sind.

Konsultationen, die im Prozess korrekt sind, können in der Demokratie kontraproduktiv sein, wenn die Menschen erkennen, dass die Komplexität des Prozesses oder der Substanz es ihnen einfach nicht erlaubt, sinnvoll teilzunehmen. Daher ist es wichtig, dass die Kommission eine Kultur des Komplexitätsabbaus und der besseren Zugänglichkeit von Konsultationen auch für diejenigen entwickelt, die nicht die Initiative ihrerseits ergreifen, um Beiträge zu liefern, sondern die aktiv abgeholt und eingeladen werden müssen. Dies erfordert insbesondere eine größere menschliche Anstrengung der Kommission und eine Praxis des sinnvollen Engagements im Dialog auf allen Ebenen sowie eine ernsthafte und regelmäßige Überprüfung, ob die elektronischen Formen der öffentlichen Konsultation tatsächlich einen sinnvollen Dialog überhaupt ermöglichen.

Die Einbeziehung des Kollegiums und aller Ebenen des Personals der Kommission in eine Suche nach einem sinnvollen Dialog und einer Konsultation mit der Öffentlichkeit von Beginn des Mandats an wird wiederum auch die Sensibilität für öffentliche Interessen auf allen Ebenen erhöhen und damit die Fähigkeiten der Kommission insgesamt vom „technokratischen Charisma" (ein geflügeltes Wort der ehemaligen Generalsekretärin *Katharine Day*) auf mehr politische und technokratische Weisheit ausweiten, die die Kommission als Institution für ihren Erfolg benötigt.

Alle EU-Institutionen müssen darauf achten, dass sie nicht von kommerziellen Beratungsfirmen dominiert werden, sondern sich aktiv um Beiträge unabhängiger Wissenschaftler bemühen, wo immer sie existieren. Die Frage der Unabhängigkeit der Wissenschaft ist der Schlüssel zur Demokratie, nicht nur die Unabhängigkeit gegenüber dem Staat (siehe Ungarn), sondern auch gegenüber kommerziellen Interessen. Es ist wichtig, dass die EU-Politik zur Sicherung der Unabhängigkeit der Wissenschaft beiträgt und dass die Kommission in allen Politikbereichen die öffentlichen Konsultationen durch einen regelmäßigen, an öffentlichen Interessen orientierten und pflegenden Dialog mit unabhängigen Wissenschaftlern ergänzt.

E. Inspirationsquellen und möglicher Inhalt einer Europäischen Demokratiecharta

I. Verfassungsrecht und -praxis der EU und der EU-Mitgliedstaaten

Bevor wir uns der Frage nach den Quellen für die Arbeit an einer Europäischen Demokratiecharta zuwenden, lassen Sie uns klarstellen, dass die Arbeit an der EUDC selbst eine wichtige Inspirationsquelle für das praktische Verständnis und Lernen über Demokratie sein wird. Diese Entdeckungs- und Vergleichsreise wird, wie im Falle der Konventionen über die Verträge und der Grundrechtecharta, ein Schlüsseleffekt der Arbeit an einer EUDC sein, zunächst informell, dann auf der Ebene der EU-Institutionen und schließlich, falls erforderlich, in einem Konvent, der einen Text für eine mögliche Vertragsänderung vorbereitet. Sie wird eine breite Debatte und Reflexion einleiten und als solche bereits dem Zweck dienen, die Demokratie zu stärken, indem sie viele in den gemeinsamen Prozess der Entdeckung, des Lernens und der konstitutionellen Debatte einbezieht. Dies ist der Hauptzweck der ersten Phase der Arbeit an der EUDC.

Ob Vertragsänderungen in der immer demokratischeren Europäischen Union in Form der rechtlichen Eingliederung der EUCD in die Verträge notwendig sind, oder eine chirurgische, kleinere Intervention, die sich beispielsweise nur auf die Governance der Eurozone und einige andere Fragen wie die Wirksamkeit von Artikel 7 EU beschränkt, ausreicht, kann heute offenbleiben. Das eine schließt auch das andere im Laufe der Zeit nicht aus.

Die Arbeit an der EUDC wird Anlass sein, Fragen wie den Nutzen der repräsentativen Demokratie in einer immer komplexeren Welt und auf der Ebene der Europäischen Union (im Vergleich z. B. zur Schweiz) bis hin zur Relevanz der Entwicklung von Technologien für Demokratie zu diskutieren und welche Auswirkungen sie auf die Formulierung von Regeln für Demokratie und demokratische Praxis haben können.

Wichtig ist jedoch, nicht aus dem Auge zu verlieren, dass viele der oben diskutierten Herausforderungen für die Demokratie in Europa und in den Mitgliedstaaten auf der Ebene des Sekundärrechts angegangen werden können und keine Vertragsänderung erfordern. Es ist von entscheidender Bedeutung, dass die Arbeit an diesen Herausforderungen sowie das allgemeine Mainstreaming aller Politiken für Demokratie durch die Kommission parallel zu den Vorbereitungsarbeiten für die EUDC erfolgen. Und wieder werden die Debatten über die EUDC die Entdeckung solcher Möglichkeiten zur Stärkung der Demokratie in Europa, auf EU-Ebene und in den Mitgliedstaaten durch Sekundärrecht anregen.

Was nun die Inspirationsquellen betrifft, so wäre ein erster Schritt der Arbeit einfach die Sammlung von Informationen über die verschiedenen Texte und Praktiken der Demokratie in der EU und in den Mitgliedstaaten. Auf der Ebene der EU gibt es detaillierte Texte über die Demokratie im Bereich der internationalen Beziehungen und der Entwicklungshilfe sowie Bewertungen der Beitrittsländer, und der Inhalt der Verträge und des für die Demokratie relevanten Sekundärrechts wird im Falle der Institutionen durch interinstitutionelle Vereinbarungen und Geschäftsordnungen sowie durch die Praxis näher erläutert. Es gibt auch eine wichtige Rechtsprechung des Gerichtshofs über das demokratische Prinzip, wie beispielsweise über die Grenzen der delegierten Rechtsetzung und damit das Wesentlichkeitsprinzip auf EU Ebene.[103]

Die Arbeit an der EUDC wird daher in erster Linie zunächst ein Werk der Sammlung, Kodifizierung und Konsolidierung auf der Ebene der EU sein.

Hinzu kommen ähnliche Texte und Praktiken sowie Urteile, die viel umfangreicher und ausführlicher über die Demokratie und ihre Grundsätze auf der Ebene der Mitgliedstaaten sind. Die Lehren der vergleichenden Verfassungsstudien und des vergleichenden Wahlrechts und Parlamentsrecht werden wichtige Beiträge leisten müssen, auch zu den gemeinsamen Praktiken der Mitgliedstaaten und zu besten Praktiken.

Es wird sicherlich auch in der vergleichenden Geschichte der Verfassungsgebung und den Materialien, die die Vorbereitungsarbeiten und Debatten für wichtige Verfassungen der Mitgliedstaaten und Drittländer mit großer Geschichte der Demokratie, wie die der Vereinigten Staaten, dokumentieren, wichtige Erkenntnisse geben.

---

103 Siehe EuGH, *Europäisches Parlament gegen Rat*, C-355/10, EU:C:2012:516, Rn. 64 ff., mit weiteren Präzedenzfällen und *Digital Rights Ireland*, C-293/12 und C-594/12, EU:C:2014:238, Rn. 54 ff.

Und es ist möglich, sich auf ein neueres Material zu stützen, nämlich universelle und regionale Demokratie-Dokumente, auf die wir uns nun konzentrieren werden.

II. Beispiele für universelle und regionale Demokratie-Dokumente

Die massiven Menschenrechtsverletzungen - insbesondere während des Zweiten Weltkriegs – waren der Hintergrund für die Annahme der Allgemeinen Erklärung der Menschenrechte durch die UN-Generalversammlung im Jahr 1948. In den folgenden Jahrzehnten entstanden viele regionale Menschenrechtskonventionen, in Europa die EMRK. In ähnlicher Weise lässt sich feststellen, dass die weltweiten Herausforderungen an die Demokratie nach 1990 in vielen Regionen der Welt zur Verabschiedung einer Reihe von Demokratie-Dokumenten geführt haben. Insgesamt gibt es mehr als ein Dutzend vollwertiger Demokratie-Chartas.

Die Existenz der oben beschriebenen vielfältigen Herausforderungen rechtfertigt es, unsere Aufmerksamkeit auf einige dieser wegweisenden Dokumente der Demokratie zu lenken, die ähnliche Herausforderungen angehen. Im Großen und Ganzen gibt es zwei Arten von universellen und regionalen Demokratie-Dokumenten. Erstens gibt es diejenigen, die einen umfassenden Ansatz haben, der viele Themen kombiniert, die direkt für die Demokratie relevant sind. Die zweite Gruppe umfasst konkrete themenbezogene Demokratietexte, die sich mit sehr spezifischen Themen befassen, wie beispielsweise den Rechten und Pflichten der Opposition im Parlament oder den Kriterien für freie und faire Wahlen. Für diese Analyse ist die erste Gruppe besonders interessant.[104] Zu dieser Kategorie gehört beispielsweise die „Allgemeine Erklärung zur Demokratie" (1997) der Interparlamentarischen Union (IPU), die die gemeinsamen Bestrebungen der internationalen parlamentarischen Gemeinschaft formuliert.

Darüber hinaus gibt es auch sehr prominente Texte zur regionalen Demokratie. Auf dem afrikanischen Kontinent ist die „Afrikanische Charta für Demokratie, Wahlen und Regierungsführung", die am 30. Januar 2007 von der Versammlung der Afrikanischen Union (AU) in Addis Abeba (Äthiopien)

---

104 Alle auf den folgenden Seiten genannten Dokumente sind in *Ehm/Walter* (Hrsg.), International Democracy Documents - A Compilation of Treaties and Other Instruments, 2015 gedruckt.

verabschiedet wurde, sicherlich die wichtigste. Es handelt sich um einen formellen internationalen Vertrag, der am 15. Februar 2012 in Kraft getreten ist und derzeit für 31 AU-Mitgliedstaaten verbindlich ist.[105] Definitiv weniger bekannt als die AU-Demokratiecharta, aber dennoch von hoher subregionaler Bedeutung sind das „Protokoll A/SP1/12/01/01 über Demokratie und Good Governance" (2001) der Wirtschaftsgemeinschaft Westafrikanischer Staaten (ECOWAS) sowie die „Internationale Konferenz über das Protokoll über Demokratie und Good Governance in der Region der Großen Seen" (2006), die am 20. Februar 2008 bzw. 21. Juni 2008 in Kraft getreten sind. Außerdem sind diese beiden Protokolle rechtsverbindliche Instrumente im Zusammenhang mit der Demokratie. Eine dominante Gründungsidee für die Annahme dieser Dokumente der afrikanischen Demokratie war sicherlich die Stabilisierung der oft zerbrechlichen afrikanischen Demokratien. Diese Interpretation spiegelt sich auch in der vierten Präambel des ICGLR-Demokratieprotokolls (International Conference on the Great Lakes Region) wider, das „*die aufgelaufenen Defizite in Sachen Demokratisierung*" als „*Ursprung der Konflikte in der Region der Großen Seen*" bezeichnet.

Weitere Beispiele für regionale Dokumente finden sich in Amerika. Unter den verbindlichen Vertragsinstrumenten sind insbesondere vier Dokumente hervorzuheben, die sich speziell mit dem Thema Demokratie befassen. Der erste ist der „Rahmenvertrag über die demokratische Sicherheit in Mittelamerika", der 1995 vom Zentralamerikanischen Integrationssystem (SICA) verabschiedet wurde. Der zweite wichtige Vertrag ist das „Protokoll von Ushuaia über das demokratische Engagement im südlichen Gemeinsamen Markt, der Republik Bolivien und der Republik Chile" von 1998. Drittens ist in diesem Zusammenhang das so genannte Zusatzprotokoll zum Cartagena-Abkommen „ANDEAN Community Commitment to Democracy" vom 10. Juni 2000 zu erwähnen, das in der Tat dem Ushuaia-Protokoll sehr ähnlich ist. Schließlich gehört das „Zusatzprotokoll zum Verfassungsvertrag der Union der Südamerikanischen Nationen über die Verpflichtung zur Demokratie" von 2010 zu den „Vertragsdokumenten", die am 19. März 2014 in Kraft getreten sind und – wie andere oben genannte Texte – das Engagement der Organisation für die Demokratie und ihre Verurteilung aller verfassungswidrigen Mittel zum Sturz der Regierung bekräftigen. Obwohl es sich bei

---

105 Siehe die Liste der Länder, die die Afrikanische Charta über Demokratie, Wahlen und Regierungsführung am 10.5.2018 unterzeichnet und ratifiziert haben sowie beigetreten sind, die unter <https://au.int/sites/default/files/treaties/36391-sl-african_rehabilitation_institute_ari_1.pdf> (zuletzt besucht am 28.2.2020) verfügbar ist.

diesen vier Dokumenten um echte internationale Verträge handelt, ist das beliebteste, wichtigste und umfassendste Demokratie-Dokument über den amerikanischen Doppelkontinent die „Interamerikanische Demokratische Charta", die am 11. September 2001 von einer Sondersitzung der Generalversammlung der Organisation Amerikanischer Staaten (OAS) in Lima, Peru, angenommen wurde. Nicht zuletzt kann ein weiteres Beispiel für ein „umfassendes Demokratie-Dokument" genannt werden, nämlich die „SAARC-Charta[106] der Demokratie" vom Februar 2011.[107]

Bei diesen Dokumenten muss jedoch betont werden – obwohl es sich bei sieben von ihnen um klassische internationale Verträge und nur bei drei um rein soft-lawische Ansätze zur Demokratie politischer und nicht rechtlicher Art handelt –, dass es die offene Frage der Umsetzung gibt und dass diese Dokumente natürlich in unterschiedlichen kulturellen Kontexten interpretiert werden müssen. Daher ist Vorsicht geboten und eine zu optimistische Bewertung ihrer praktischen Auswirkungen sollte vermieden werden.

Abgesehen davon behandeln diese zehn Dokumente, die das Hauptthema „Demokratie" haben, beispielsweise – meist in einzelnen Kapiteln oder Abschnitten – die folgenden Themen: (1) Definition der Demokratie, (2) demokratische Institutionen, (3) die internationale Dimension der Demokratie, (4) das Dreieck aus Demokratie, Rechtsstaatlichkeit und Menschenrechten, (5) Förderung einer demokratischen Kultur/Bildung, (6) demokratische Wahlen, (7) Wahlbeobachtung, (8) Sofortmaßnahmen und Sanktionen bei Bedrohung oder Zusammenbruch der Demokratie, (9) die Rolle der Streitkräfte, der Polizei und der Sicherheitskräfte in einer Demokratie und (10) einige endgültige Klauseln.[108]

III. Möglicher Inhalt einer Europäischen Demokratiecharta

Die beschriebenen Herausforderungen für die Demokratie in Europa und die bloße Existenz der oben genannten Demokratiedokumente in anderen Regionen der Welt sind Grund genug, die Schaffung einer EUDC in Betracht zu ziehen. Diese Frage ist umso verständlicher, wenn man bedenkt, dass das einzige EU-Dokument, das sich ausschließlich mit der Demokratie auf

106 SAARC steht für „South Asian Association for Regional Cooperation", eine politische und wirtschaftliche internationale Organisation mit acht Ländern, die am 8.12.1985 gegründet wurde.

107 Für weitere Hintergrundinformationen zu diesen Dokumenten siehe *Ehm/Walter* (Fn. 104), S. 253 ff.

108 Zu einigen dieser Themen siehe auch *Ehm/Walter* (Fn. 104), S. 12 ff.

höchster Ebene befasst, die „Erklärung zur Demokratie" ist, die vom Europäischen Rat in Kopenhagen vom 7. bis 8. April 1978 angenommen wurde und nur sechs Absätze umfasst. Eine naheliegende Erklärung für dieses eher moderate Ergebnis ist, dass das Tätigkeitsfeld der EU – im Vergleich zu allen anderen internationalen Organisationen – sehr breit ist und dass die Verträge natürlich zahlreiche praktische Bestimmungen von praktischer Relevanz für eine funktionierende Demokratie enthalten, die, wie vorstehend erläutert, weiter im Sekundärrecht spezifiziert sind. Der Grundsatz der Demokratie ist daher nicht nur in Artikel 2 EUV und seinen „Bestimmungen über die demokratischen Grundsätze" (Titel II, Artikel 9-12), sondern auch in den Bestimmungen über die Organe in den Verträgen, der Charta und im Sekundärrecht ausdrücklich festgelegt.

Die EUDC könnte dazu beitragen, die vielen Herausforderungen für die Demokratie auf EU-Ebene, in den Mitgliedstaaten und drittens in den Beziehungen zwischen der EU und den Mitgliedstaaten wirksam anzugehen. Was die in der dritten Gruppe aufgeworfenen Fragen betrifft, so stellt sich die zentrale Frage, ob die EUDC, ohne die Aufteilung der Zuständigkeiten zwischen der EU und den Mitgliedstaaten zu berühren, einen Mehrwert schaffen könnte, indem sie Grundsätze und Prozesse festlegt, wie demokratische Prozesse auf beiden Ebenen unter gegenseitiger Achtung und im Rahmen der bestehenden Kompetenzverteilung gestaltet werden können, um eine praktische Konkordanz anstelle von Konkurrenz zu erreichen. Ein gemeinsames Interesse sollte hier bestehen, denn die Demokratie sollte auf allen Ebenen gestärkt werden und es handelt sich bei der Stärkung der Demokratie keineswegs um ein Nullsummenspiel zwischen verschiedenen Ebenen der Politik.

Vor diesem Hintergrund werden im folgenden Teil einige ausgewählte Elemente diskutiert, die ein solches Dokument zusätzlich zu den bereits diskutierten behandeln könnte.

Was den Inhalt einer EUDC betrifft, so sollte der Ausgangspunkt eine Bestimmung sein, die die Kernelemente und den gemeinsamen Nenner der europäischen Demokratie, die auf Artikel 2 EUV aufbauen, präzise definiert. Im Allgemeinen bezieht sich der Begriff „Demokratie" auf die Beteiligung der Bürger an politischen Entscheidungen und sein Kern basiert auf dem Konsens. Eine praktikable *Definition von Demokratie* ist etwas, das in vielen der oben genannten Dokumente oft fehlt[109], was bereits zeigt, wie schwierig es ist, alle unterschiedlichen Vorstellungen zu konsolidieren. Ein Ausgangspunkt für die Suche nach einer europäischen Definition von Demokratie

109 Siehe auch *Ehm/Walter* (Fn. 104), 12 ff.

könnte jedoch ihr wesentliches Element sein, d. h. die „Mehrheitsregel", die in den ersten Präambelentwurf der Europäischen Verfassung aufgenommen wurde[110] und die sich auf europäischer Ebene sowohl auf eine Mehrheit der Mitgliedstaaten als auch auf eine Mehrheit der Bevölkerung stützen muss, um auch dem föderalen Charakter der EU Rechnung zu tragen (derzeit 55 bzw. 65 Prozent – siehe Artikel 16 EUV).

Darüber hinaus sollte man den internationalen Kernkonsens zu diesem Begriff berücksichtigen. Ein vergleichender Blick auf alle relevanten internationalen Demokratie-Dokumente zeigt sechs allgemeine Prinzipien für eine demokratische Regierung: (1) Menschenrechte, (2) freie und faire Wahlen, (3) Rechtsstaatlichkeit, (4) ein Mehrparteiensystem, (5) Gewaltenteilung und (6) eine unabhängige Justiz.[111] Mit einer solchen „Skelettstrukturdefinition" konnte sich die EU jedoch nie zufriedengeben und muss – auch aufgrund ihres Selbstverständnisses – darüber hinausgehen. Gleichzeitig muss betont werden, dass diese Grundsätze bereits äußerst vage und offen für unterschiedliche Interpretationen sind.[112] Allerdings gibt es, wie bereits erwähnt, in diesen Bereichen einen erheblichen Bestand an Konkretisierungen durch Sekundärrecht, Praxis und Rechtsprechung.

Auf der anderen Seite brauchen wir auch eine allgemein verständliche Definition, die zu den Menschen spricht und integrativ ist. Ein paradigmatischer Satz dafür ist, dass die Demokratie geschützt ist, solange sie *„eine soziale Struktur* ist, *die offen für Veränderungen und Neuerungen* ist und *dennoch ihren eigenen Grundcharakter bewahrt*".[113] Durch die Festlegung der Mindestanforderungen für eine funktionierende pluralistische Demokratie könnte die Definition als neuer rechtlicher Maßstab für den Gerichtshof dienen, um mögliche Bedrohungen der Demokratie zu bewerten, und somit die Fähigkeit der EU stärken, durch das Konzept der Wahrung des Grundcharakters einen

---

110 Nach *Thucidides* Bericht über die Epitaphy-Rede des *Perikles* (Geschichte, II, 37). Es ist bedauerlich, dass dieser grundlegende und symbolische Hinweis aus dem endgültigen Text gestrichen wurde, weil die größeren Staaten befürchten, von den zahlreichen kleineren an den Rand gedrängt zu werden, sowie weil die kleineren Staaten befürchten, dass ihre Bürger von den Bürgern der größeren Mitgliedstaaten überstimmt werden (siehe *Triantafyllou*, La Constitution de l'UE 2015).

111 *Ehm/Walter* (Fn. 104), 22.

112 Für eine ähnliche Schlussfolgerung siehe *Petersen*, Demokratie als teleologisches Prinzip, 2009, S. 124 ff.

113 *Barbu*, Democracy and Dictatorship: Their Psychology and Patterns of Life, 1956, S. 4.

wirksamen und gleichberechtigten Schutz der Demokratie in allen Mitgliedstaaten zu gewährleisten.[114] Es könnte der konkrete Ausdruck dafür sein, dass die EU zu einem demokratischen Verfassungssystem heranreift, das auf gemeinsamen EU-Werten basiert.

Die Funktionsweise des EP könnte durch politische Praxis auf der Grundlage bestehender Regeln verbessert werden, indem stabile demokratische Mehrheiten durch die Entwicklung einer Koalitionsvertragskultur gewährleistet werden, die besser in der Lage ist, Kompromisse mit dem Rat auszuhandeln.

Die Verwendung der Schwelle für die Sitzverteilung auf nationaler Ebene kann als wichtiges Mittel in diesem Sinne dienen.

Von den 28 Mitgliedstaaten haben nur 12 eine Wahlschwelle für die Sitzverteilung im EP festgelegt,[115] und in einigen wird sie vor den nationalen Gerichten angefochten – mit unterschiedlichen Ergebnissen. Am 26. Februar 2014 hatte das Bundesverfassungsgericht die Mindestschwelle von 3 Prozent für verfassungswidrig befunden,[116] während das tschechische Bundesverwaltungsgericht in einem Urteil vom 1. Juni 2015 die geltende Schwelle von 5 Prozent bestätigte.[117] Auch das italienische Verfassungs-gericht wurde aufgefordert, über die Rechtmäßigkeit der 4-Prozent-Marke bei den Wahlen zum EP zu entscheiden. Der Fall ist noch anhängig.

Es versteht sich von selbst, dass die Förderung dieser Schwelle angesichts der bedeutenden Rolle, die das Parlament jetzt bei der Gewährleistung einer stabilen Exekutive durch die Wahl des Präsidenten und der Kommission, aber auch durch seine Kontrollbefugnis und durch seine Mitentscheidungs- und Haushaltsbefugnisse spielt, immer wichtiger wird. Es ist jetzt nicht mehr richtig zu sagen, dass es in der Praxis keine Notwendigkeit für eine Schwelle gibt, da das Parlament nicht die Funktion hat, eine stabile Exekutive zu wählen und zu unterstützen.

Das EP hat seine eigenen Überlegungen zur Reform des Wahlrechts der EU im Hinblick auf die „Europäisierung" der Europawahlen und das Ziel

---

114 Siehe Ideen für eine analoge Funktion einer möglichen „Copenhagen Charter", zitiert in *Bugarič*, Protecting Democracy and the Rule of Law in the European Union: The Hungarian Challenge, Juli 2014, LEQS Paper No. 79/2014, S. 30-31.

115 Die Schwellenwerte liegen meist zwischen 2% und 5%. Siehe *Panizza*, The European Parliament: Electoral Procedures, Fact Sheets on the European Union 2019 S. 2., verfügbar unter <https://www.europarl.europa.eu/ftu/pdf/en/ FTU_1.3.4.pdf> (zuletzt besucht am 28.2.2020).

116 BVerfG, Urteil vom 26.2.2014, 2 BvE 2/13 u.a. - 2 BvR 2220/13.

117 Pressemitteilung (auf Tschechisch), Aktenzeichen: Pl. ÚS 14/14.

einer stärkeren Harmonisierung der Wahlsysteme in den Mitgliedstaaten angestellt.[118] Während viele dieser Überlegungen in der letzten Änderung des Wahlgesetzes von 1976 im Jahr 2018 nicht aufgegriffen wurden, bleiben viele für die zukünftige Arbeit an der EUDC gültig.

Um das EP zum Kern einer echten europäischen parlamentarischen Demokratie zu machen, wird es unvermeidlich sein, die Mitentscheidungen noch weiter zu erhöhen und dieses Verfahren zum Normalfall zu machen.

Einige behaupten, dass das EP das Recht haben sollte, allein Gesetzesinitiativen zu ergreifen (wie in den Mitgliedstaaten, wo das Recht der Gesetzesinitiative in der Regel Parlament und Exekutive zusteht). Das Argument ist, dass die Gesetzesinitiative des EP notwendig ist, um die Macht des Rates auszugleichen und seine – politischen – Initiativen zu korrigieren. Darüber hinaus bietet sie allen Fraktionen des EP die Möglichkeit, ihre eigene politische Orientierung zu betonen.[119] Die Realität zeigt jedoch, dass Gesetzgebungsinitiativen der Mitgliedstaaten im Rat, in den wenigen Gebieten, wo sie möglich waren, etwa im Bereich Innen und Justiz, selten waren. Und noch seltener war ihr Erfolg.

Die Gemeinschaftsmethode, der unabhängigen Europäischen Kommission, die nur dem europäischen Interesse verpflichtet ist, ein Initiativmonopol zu übertragen, hat sich bewährt. Mit den Befugnissen der Mitentscheidung, der Haushaltsgenehmigung und Haushaltskontrolle, der Ernennung, Kontrolle und Sanktion der Kommission hat das Parlament die Befugnis, um sicherzustellen, dass die Kommission ihrer Ausrichtung folgt, auch bei wichtigen Gesetzesinitiativen. Die Konzentration der Gesetzgebungsinitiative in der allein dem gemeinsamen Interesse verpflichteten Kommission, die über politische und dauerhafte technokratische Kompetenz mit entsprechender Kontinuität und Unabhängigkeit verfügt, ist gleichwohl von Vorteil.

Eine weitere Änderung, die im Hinblick auf die Stärkung der europäischen Demokratie in Betracht gezogen werden könnte, betrifft das Auswahlverfahren für Parteikandidaten zur Wahl in das EP. Es besteht die Auffassung, dass nationale Politiker Druck auf die Mitglieder des Europäischen Parlaments (MdEPs) ausüben können, die „die schwächsten Glieder" sein können, insbesondere in Fällen, in denen Plätze auf der Liste von den Parteiführern als „Geschenke" vergeben werden.[120]

---

118 Siehe den Bericht des Sonderausschusses der AFCO, Brüssel, 1.10.2015, 12501/15, abrufbar unter <http://data.consilium.europa.eu/doc/document/ST-12501-2015-INIT/en/pdf> (zuletzt besucht am 28.2.2020).

119 European Commission for Democracy through Law (Venice Commission), Report on Legislative Initiative, 30.9.2008, Study No. 446 / 2007, siehe S. 2.

120 Siehe *Priestley* (Fn. 40), S. 4.

Ein Weg, den es zu erkunden gilt, wäre, eine „normale" politische Karriere für die Abgeordneten zu ermöglichen, die nicht, wie gegenwärtig, in der Regel im EP endet. MdEPs sollten die Möglichkeit haben, in die Kommission zu wechseln, so wie nationale Abgeordnete ihr Geschäft in der Politik in Parlamenten erlernen, bevor sie, wenn ihre Kompetenz gebraucht wird, Funktionen in der Exekutive übernehmen, auch unterhalb der Ebene eines Ministers. Die Befugnisse des Präsidenten bei der Auswahl der Mitglieder der Kommission und die organisatorischen Befugnisse innerhalb des derzeitigen Personalstatuts für die Organe würden es ermöglichen, eine klare Ausrichtung umzusetzen, dass ein bestimmter Prozentsatz der Mitglieder des Kollegiums Erfahrung im Europäischen Parlament haben muss und dass es in jeder Generaldirektion und/oder jedem Kabinett mindestens einen politischen Beamten geben muss, also auf Direktorenebene oder darüber, mit Hintergrund im EP, der nach dem Vorbild der Parlamentarischen Staatssekretäre in Deutschland arbeitet. Ein solches Vorgehen würde für die Kommission ein wichtiges politisches Kapital schaffen, die Beziehung zum Parlament stabilisieren und als Trickle-Down-Effekt höchstwahrscheinlich das Interesse an einer Karriere als MdEP erhöhen, verglichen mit der gegenwärtigen Situation, in der die Mitgliedschaft im Europäischen Parlament oft – wenn auch viel weniger als in der Vergangenheit – das Ende einer politischen Karriere ist. Es wäre auch ein gewisses Gegengewicht zu der zunehmenden Präsenz von Beamten mit starkem Hintergrund in der nationalen Regierung, also auf der Exekutiv- und Mitgliedstaatsebene, und nicht auf der EU- und Parlamentsseite, im Personal der Kommission und des EADS.

Auch bei einigen der seit langem diskutierten klassischen Themen, wie der Transparenz des Rates und der Rolle der europäischen politischen Parteien, könnte der EUDC-Prozess hilfreich sein. Man kann sich sehr gut vorstellen, dass eine EUDC nie Gesetz wird, sondern bestimmte bewährte Praktiken kodifiziert, wie z. B. in Bezug auf Spitzenkandidat oder in den gerade genannten Bereichen, und damit einen wichtigen Beitrag zur Stabilisierung der Demokratie in Europa leistet. Dasselbe könnte für die Demokratie in den Mitgliedstaaten gelten, für die die EUDC bereits von Nutzen sein könnte, wenn es sich nur um eine Hilfe bei der Interpretation der Bedeutung von Demokratie in Artikel 2 EUV handelt, und dies nicht nur bei den Verfahren nach Artikel 7 EUV.

In akademischen Kreisen wurde viel darüber diskutiert, wie die derzeitigen Befugnisse der EU zur Wahrung der Rechtsstaatlichkeit, der Demokratie und der Grundrechte weiter verfeinert und gestärkt werden können. So soll beispielsweise eine „*Kopenhagen Kommission*" eingerichtet werden, die kontinuierlich Demokratie und Rechtsstaatlichkeit in den Mitgliedstaaten bewerten soll.[121] Ein weiterer Vorschlag besteht darin, den nationalen Gerichten in einer Situation, in der die Menschenrechte in dem jeweiligen Mitgliedstaat systematisch verletzt werden (was immer schwerwiegende Auswirkungen auf die Demokratie haben wird), zu gestatten, den Gerichtshof der EU (EuGH) aufzufordern, die Rechtmäßigkeit nationaler Regeln im Lichte von Artikel 2 EUV zu prüfen.[122] Es gibt noch viel mehr Vorschläge zu diesem Thema, die von den radikalsten bis zu den am wenigsten weitreichenden reichen.[123]

Ein detaillierter „*EUDC-Demokratie-Schutzmechanismus*" könnte schließlich Artikel 7 EUV ergänzen und seine Anwendbarkeit erweitern. Aufgrund der Tatsache, dass in einigen EU-Mitgliedstaaten so genannte „antidemokratische Stück für Stück Taktiken" angewandt werden, sollte dieser Mechanismus unter anderem anwendbar sein, wenn eine kritische Masse einzelner antidemokratischer Maßnahmen überschritten wurde ("*Critical Mass Theory*"). Wenn die Schlussfolgerung gezogen wird, dass eine kritische Masse erreicht ist, oder eben auch schon vorher, auf dem Weg dorthin, könnte eine Verwarnung ausgesprochen und gegebenenfalls mit Sanktionen belegt werden.

Die Behandlung dieser Fragen in einem EUDC würde das Bewusstsein schärfen und einen positiven Druck erzeugen. Gleichzeitig würde es bedeuten, mit den Hausaufgaben zu beginnen, die ohnehin erledigt werden müssen, aber auf integrierte Weise und mit Blick auf das Gesamtbild und nicht durch Schließen von Lücken und Handeln nur in Notfällen.

---

121 Siehe *Müller*, Safeguarding Democracy within the EU. Brussels and the Future of Liberal Order, Februar 2013, Transatlantic Academy Paper Series, 2012-2013 Paper Series, No. 3.

122 *Von Bogdandy u.a.*, Reverse Solange – Protecting the essential of fundamental rights against EU Member States, Common Market Law Review 2012, Bd. 49, S. 489 ff.

123 Für einen Überblick siehe nur *Kochenov/Pech*, Wahrung der Rechtsstaatlichkeit in der EU: Zum „Vor-Artikel-7-Verfahren" der Kommission als zaghaftem Schritt in die richtige Richtung, 12.5.2015, Richtlinienpapier der Robert-Schuman-Stiftung 356, 7 ff.

F. Schlussfolgerungen und Ausblick: Mehr Demokratie in Europa und eine EU-Demokratiecharta wagen

In seiner berühmten Rede vor dem Deutschen Bundestag 1969 sagte der damalige Bundeskanzler *Willy Brandt*: *„Wir wollen mehr Demokratie wagen"*.[124] Die Rede von Bundeskanzler *Brandt* kam zu einer Zeit, als der Rechtsextremismus zunahm. Erstmals seit Kriegsende ist es einer rechtsextremen Partei, der NPD, mit 4,3 Prozent der Stimmen nur sehr knapp nicht gelungen, in den Deutschen Bundestag einzutreten. Im Zusammenhang mit der ersten großen Wirtschaftskrise 1966/1967 ähnelte die politische Landschaft teilweise der heutigen. Das Versprechen von Bundeskanzler *Brandt*, mehr Demokratie zu wagen, kam als Antwort auf die deutsche Studentenbewegung der 1960er Jahre, als die Studenten begannen, gegen die ihrer Meinung nach autoritären Strukturen des deutschen Staates und die Diskrepanzen zwischen dem rasanten Wachstum der deutschen Wirtschaft und dem Reichtum nach den Kriegen im Vergleich zur Stagnation sozialer Werte zu protestieren. Die Studenten forderten mehr individuelle Rechte und Sozialdemokratie. Dies führte zu einer Reform der politischen Strukturen und des Bildungssystems, zu mehr Mitbestimmung an den Universitäten und in der Wirtschaft, zur Emanzipation der Frauen und zum Bruch mit traditionellen autoritären Bildungsstrukturen. Nachdem die Studentenbewegungen 1968 ihren Höhepunkt erreicht hatten, gelang es der neuen sozialliberalen Koalitionsregierung, die Bewegung auf mehreren Ebenen zu kanalisieren. Die Regierung hat viele prodemokratische Reformen in verschiedenen Lebensbereichen auf den Weg gebracht. Das Wahlalter wurde 1972 von 21 auf 18 Jahre herabgesetzt. Es wurden mehr Universitäten gegründet und viele Reformen eingeleitet. Die Studierenden erhielten mehr Beteiligung und Selbstbestimmung in den universitären Strukturen. Mit einer Reform des Betriebsverfassungsgesetzes im Jahr 1972 erhielten die Arbeitnehmer mehr Mitbestimmungsrechte. Ein weiterer großer Sprung für die Arbeitnehmerrechte wurde mit der Einführung des Mitbestimmungsgesetzes 1976 vollzogen, das sicherstellte, dass die Demokratie nicht direkt vor der Tür der großen Unternehmen endet. Das Gesetz wurde vom Bundesverfassungsgericht im selben Jahr als verfassungsrechtlich angesehen, obwohl es sehr umstritten war.[125] Das Gericht bestätigte den Grundsatz der Mitbestimmung und führte damit den Ge-

124 Regierungserklärung von Bundeskanzler *Willy Brandt* vor dem Deutschen Bundestag in Bonn am 28.10.1969.

125 BVerfGE 50, 290.

danken der wirtschaftlichen Neutralität der Verfassung und der Gleichstellung von Kapital und Arbeit ein. In den 1970er Jahren wurden antidemokratische Tendenzen und allgemeine Unzufriedenheit von der deutschen Regierung mit der Wiederbelebung des demokratischen Geistes in allen Gesellschaftsschichten und in vielen sektoralen Politikbereichen, von der Wirtschaft bis hin zur Bildung, sehr erfolgreich bekämpft. Die Politik bestand nicht nur darin, individuelle Rechte zu schaffen, sondern auch darin, Organisationsstrukturen zu schaffen, die es den Menschen ermöglichen, diese Rechte gemeinsam auszuüben oder die Ausübung an die so neu geschaffenen Organe wie Betriebsräte oder Studentenräte zu delegieren. Es wurden Wege des Engagements für die Menschen eröffnet, die mehr waren als nur die Konsultation oder die Ausübung von Schutzrechten. Diese Strukturen schufen ein neues Machtgleichgewicht in der Gesellschaft und ermutigten die Menschen, sich auf unterschiedliche Weise an demokratischen Prozessen zu beteiligen. Europa kann aus dieser Geschichte der Demokratie ebenso viel lernen wie aus der Geschichte der Weimarer Republik und ihres Niederganges.

Die Frage der Machtverhältnisse stellt sich heute neu. Die Machtkonzentration in den Händen einiger weniger digitaler Mega-Unternehmen ist eine Herausforderung für die Demokratie, die mit unterschiedlichsten Instrumente angegangen werden kann. Aber wir müssen auch die empirische Realität zur Kenntnis nehmen: Bei Menschen, die Mitbestimmungsrechte in ihrer Arbeit haben, ist die Wahrscheinlichkeit geringer, dass sie in Wahlen für Populisten mit autokratischen Tendenzen stimmen werden. Die Ausweitung der Mitbestimmung in Europa als sichtbare Steigerung der Demokratie in Europa wäre eine logische Initiative, die auch dem sozialen Frieden und der Produktivität zuträglich wäre.

Europa muss heute „mehr Demokratie wagen" und auf dem Weg zu einer wehrhaften Demokratie bleiben, wie damals bei *Brandt* „Mehr Demokratie wagen" und „Wehrhafte Demokratie" Hand in Hand gingen, ohne allerdings die Fallstricke dieser Kombination zu ignorieren.[126]

---

126 Eine Leitaktion der Wehrhaften Demokratie unter Willy Brandt war die umstrittene Anordnung gegen Radikale von links und rechts im öffentlichen Dienst vom 28.1.1972, abrufbar unter <https://www.1000dokumente.de/index.html? c=dokument_de&dokument=0113_ade&object=context&l=de> (zuletzt besucht am 8.7. 2020); Siehe dazu Wissenschaftlicher Dienst des Deutschen Bundestages, Parlamentarische und zivilgesellschaftliche Initiativen zur Aufarbeitung des sogenannten Radikalenerlasses vom 28. Januar 1972, WD 1 - 3000 - 012/17 und in jüngster Zeit die Übersetzung von „Wehrhafte Demokratie" als „militante Demokratie" in der

Wie in der Zeit von Brandt sind auf Seiten der nächsten Kommission nun starker politischer Wille, Führungsstärke und Innovationsbereitschaft notwendig, um das Engagement der Juncker-Kommission für Demokratie mit einer Vielzahl neuer Aktionen zu verstärken. Diese Maßnahmen sollten ein allgemeines Demokratie-Mainstreaming und ein eigenes Aktionsprogramm für die Demokratie umfassen, das im Rahmen des Mandats umgesetzt werden soll.

Die Kommission könnte bei dieser Arbeit auch auf die Ergebnisse des jährlichen Kolloquiums der Grundrechtskommission im November 2018 zurückgreifen, das sich auf das Thema „Demokratie in der EU" konzentrierte. Das Kolloquium bekräftigte, dass die Demokratie ein zentraler Wert ist, der der Europäischen Union und allen ihren Mitgliedstaaten gemeinsam ist, und es wurde untersucht, wie das demokratische Engagement in der Europäischen Union und den europäischen Gesellschaften erneuert werden kann.[127]

Sie könnte sich auch auf die vom Europäischen Parlament (EP) am 10. Juni 2015 angenommene nichtlegislative Entschließung stützen, in der die Kommission aufgefordert wird, *„[....] einen Vorschlag für die Einrichtung eines EU-Mechanismus für Demokratie, Rechtsstaatlichkeit und Grundrechte [....] vorzulegen, um eine unparteiische Vorgehensweise durchzusetzen, jährliche Bewertung der Lage der Grundrechte, der Demokratie und der Rechtsstaatlichkeit in allen Mitgliedstaaten [....] und [....], um bestehende Lücken zu schließen und eine automatische und schrittweise Reaktion auf Verletzungen der Rechtsstaatlichkeit und der Grundrechte auf der Ebene der Mitgliedstaaten [....] zu ermöglichen.*"[128]

Aber die neue Kommission sollte auch die Arbeit an einer Europäischen Charta der Demokratie mit der bewährten Methodik, die zur Annahme der

---

Pressemitteilung des Bundesverfassungsgerichts über einen Beschluss zur Abweisung von Verfassungsbeschwerden gegen Vereinsverbote. Dieser Beschluss erzählt zum Teil die Geschichte der Wehrhaften Demokratie und deren Fehlen in der Weimarer Republik, BVerfG, Pressemitteilung Nr. 69/2018 vom 21.8.2018 zum Beschluss vom 13.7.2018, 1 BvR 1474/12, 1 BvR 57/14, 1 BvR 57/14, 1 BvR 670/13.

127 <https://ec.europa.eu/info/events/annual-colloquium-fundamental-rights/2018-annual-colloquium-fundamental-rights-2018-nov-26_en> (zuletzt besucht am 28.2. 2020).

128 Entschließung des Europäischen Parlaments vom 10. Juni 2015 zur Lage in Ungarn, (2015/2700(RSP)), P8_TA-PROV(2015)0227, Situation in Ungarn, Rn. 12; siehe auch Pressemitteilung des EP, Ungarn: Parlament verurteilt Premierminister Orbáns Erklärungen zur Todesstrafe, 10.06.2015, abrufbar unter <https://www.europarl.europa.eu/news/de/press-room/20150605IPR63112/ungarn-parlament-verurteilt-premierminister-orbans-erklarungen-zur-todesstrafe> (zuletzt besucht am 28.2.2020).

Charta der Grundrechte geführt hat, vorantreiben, um ein umfassendes Dokument zu erstellen, das ein klares und sichtbares Bekenntnis der EU zu demokratischen Werten enthält und die Herausforderungen an die Demokratie in der EU, in den Mitgliedstaaten und zwischen ihnen angeht und den europäischen Rechtsrahmen auf lange Sicht potenziell ergänzt.

Dies wäre kein Neuanfang, sondern ein wichtiger Beitrag zur Stärkung der Demokratie in Europa, basierend auf der großen Erfolgsgeschichte des Fortschritts der Demokratie und im Lichte der Betonung, die Präsident *Juncker* auf einer Union des demokratischen Wandels und der Demokratie als einer Priorität der Europäischen Kommission legt

Europäische Bürgerschaft – und wie sie sich artikulieren kann

Michael Zürn

A. Einleitung

Zwei Indikatoren politischer Artikulation laufen seit Anfang der 1990er Jahre in zwei unterschiedliche Richtungen. Zum einen ging die Beteiligung an den Wahlen zum Europäischen Parlament seit Anfang der 1990er Jahre zurück. Obgleich die Kompetenzen des Europäischen Parlaments in dieser Zeit deutlich zunahmen, haben sich dessen wachsenden Einflusschancen nicht in eine steigende Wahlaktivität übersetzt. Erst bei der Europawahl im Jahre 2019 ist die Beteiligung wieder auf ca. 50 Prozent angestiegen. Ausschlaggebend dafür war aber weniger die Bedeutung des Europäischen Parlaments, sondern die gewachsene Umstrittenheit der EU als Ganzes innerhalb einiger der größeren Mitgliedsstaaten wie Polen, Frankreich, Spanien und Deutschland. Dort ist die Wahlbeteiligung weit überdurchschnittlich angewachsen.[1]

Das verweist auf die Bedeutung eines zweiten Indikators für politische Artikulation: die Politisierung der EU und ihrer Entscheidungen.[2] Sie wird gemessen durch a) die Sichtbarkeit der EU in den Medien, b) die Anzahl der an diesen Debatten beteiligten Akteure und c) das Ausmaß der Umstrittenheit.[3] Es zeigt sich, dass europäische Institutionen und Politiken in der öffentlichen Debatte im Vergleich zu allen anderen Themen an Bedeutung gewonnen haben. Dabei sprechen nicht mehr nur die Regierungen über Europa, sondern zunehmend auch andere, oft kritische Akteure wie die Opposition oder gesellschaftliche Gruppen. Zudem lässt sich eine wachsende Polarisierung der

---

1 Europäisches Parlament, Ergebnisse der Europawahl 2019, https://europawahlergebnis.eu/wahlbeteiligung/ (zuletzt eingesehen am 7.1.20).

2 *Zürn*, Zur Politisierung der Europäischen Union, Politische Vierteljahresschrift 47 (2) (2006), 242; *Hooghe/Marks*, A Postfunctionalist Theory of European Integration: From Permissive Consensus to Constraining Dissensus, British Journal of Political Science 39 (1) (2009), 1; *de Wilde/Zürn*, Can the Politicization of European Integration Be Reversed?, JCMS 50 (S1) (2012), 137 .

3 *Rauh/Zürn*, Zur Politisierung der EU in der Krise, in: Heidenreich (Hrsg.), Krise der europäischen Vergesellschaftung?, 2014, S. 121-45.

Positionen nachweisen. Es gibt nach wie vor viele Befürworter europäischer Politiken und Institutionen, aber eben auch viele Gegner. Ein Blick auf die Entwicklung dieser Prozesse seit 1990 zeigt, dass mit jedem Integrationsschub die Politisierung zugenommen hat. Danach ging die Politisierung vorübergehend zurück; der nächste Höhepunkt lag dann höher als der vorhergehende. Diese Entwicklung begann mit der Ratifikation der Maastricht Verträge 1992/1993, gefolgt vom Amsterdamer Vertrag 1997, der Osterweiterung im Jahre 2004, dem Verfassungsvertrag und Scheitern desselben 2005 und schließlich, 2009, der Finanzkrise und der damit verbundenen Stärkung der europäischen Institutionen. In all diesen Fällen erlebten wir, dass gemessen an den zuvor genannten Indikatoren, Europa deutlich stärker politisiert wurde und somit auch viel mehr Teil der politischen Auseinandersetzung geworden ist. Ein anderes Indiz für die wachsende Politisierung der EU ist die Wahlbeteiligung bei den beiden Referenden zur britischen Mitgliedschaft in der EU. Beim ersten Referendum 1975 lag die Beteiligung 8,8 Prozent unter der Beteiligung an der nachfolgenden nationalen Wahl. Im Falle des Referendums 2016 lag die Beteiligung 6,1% darüber.

Abbildung 1: Gesellschaftliche Politisierung der Europäischen Union und Beteiligung an Europawahlen

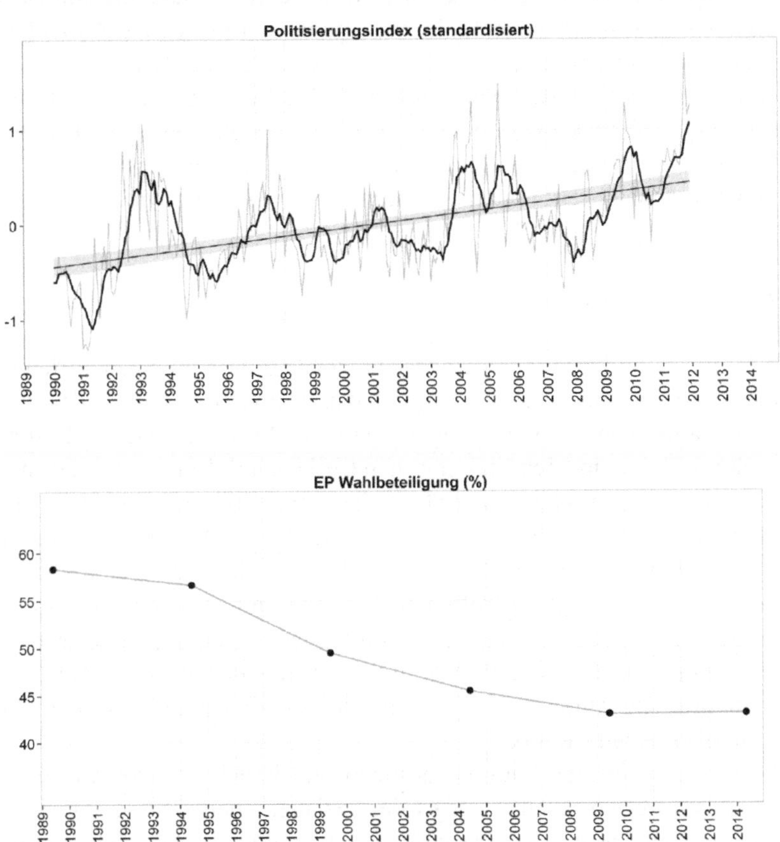

Quelle: *Rauh/Zürn,* Die Politisierung der Europäischen Union als Chance nutzen, integration 39 (1) (2016), 3-14 (8).

Im Ergebnis zeigt sich eine bemerkenswerte Schere zwischen dem Wunsch nach politischer Beteiligung, wie er in der Politisierung zum Ausdruck kommt, und der realen Beteiligung bei den Europawahlen. Ich deute diese im Folgenden als Ausdruck eines gewachsenen Partizipationsinteresses, das sich jedoch aufgrund der faktischen Abwesenheit einer Wahl bei den Wahlen zum Europäischen Parlament nicht äußern kann. Es ist also – so meine These – das fehlende Angebot der politischen Partizipation auf der europäischen

Ebene, das diese Schere verursacht und im Ergebnis zu einer Krise der europäischen Integration geführt hat.[4]

Im Folgenden möchte ich diese These weiter entfalten und ihre politischen Implikationen ausbuchstabieren. Dabei argumentiere ich, dass das fehlende Angebot an politischer Partizipation dazu führt, dass die angebotenen Legitimationsnarrative der EU nicht erfolgreich sein können. Die daraus entstehende Legitimationskrise kann nur bewältigt werden, wenn die EU auf die Politisierung mit einem institutionellen Angebot reagiert, das die Politisierung produktiv aufgreift und in die europäischen Institutionen hineinträgt.

B. Legitimationsprobleme der EU

Die EU ist ein politisches System, das bindende Entscheidungen treffen und bindende Interpretationen vornehmen kann. Teilweise geschieht das durch die Delegation von Kompetenzen an autonome Instanzen wie die Europäische Kommission und den Europäischen Gerichtshof. Eine andere Form der Ausübung von politischer Autorität ist die Mehrheitsentscheidung. Auch in diesem Falle werden politische Entscheidungen getroffen und Interpretationen vorgenommen, die mit dem Anspruch der kollektiven Verbindlichkeit auftreten, ohne dass alle betroffenen Parteien damit einverstanden zu sein brauchen.[5] Einige der wichtigsten Politikfelder mit ausgeprägten europäischen Kompetenzen und Autoritäten sind die Handelspolitik, die Geld- und Fiskalpolitik, die Agrarpolitik, die Umwelt- und Konsumentenschutzpolitik und die Bürgerrechtspolitik.

Wer aber politische Autorität ausüben und kollektiv verbindliche Entscheidungen treffen möchte, bedarf der sozialen Anerkennung, dass er ein Recht dazu hat. Dieses Recht erwirbt sich die politische Autorität einerseits durch einen Akt der Delegation. Darüber hinaus bedarf es der permanenten Reproduktion der Anerkennung, dass dieses Recht auch angemessen ausge-

4 *Banchoff/Smith* (Hrsg.), Legitimacy and the European Union: The Contested Polity, 1999; *Schmidt, V.*, Democracy and Legitimacy in the European Union Revisited: Input, Output and "Throughput", Polit. Stud. 61 (1) (2013), 2.

5 *Hooghe/Marks*, Delegation and Pooling in International Organizations, Rev. Int'l Org. 10 (3) (2015), 305.

übt wird. Deswegen hat schon *Max Weber* treffend beobachtet: Das Entstehen von Autorität ist „normalerweise“ mit dem „stetigen Versuch verbunden, den Glauben an ihre ‚Legitimität‘ zu erwecken und zu pflegen.“[6]

Der Versuch den Glauben an die Legitimität zu erwecken und zu pflegen ist aber nicht immer erfolgreich. Die Bemühungen und Strategien der Legitimation können also scheitern bzw. in unterschiedlichem Maße erfolgreich sein. Im Falle der EU scheinen die Legitimationsbemühungen tatsächlich nur mäßig erfolgreich. In mancherlei Hinsicht zeigt sich, dass mit der Zunahme der politischen Autorität der EU – *ceteris paribus* – nicht nur die Politisierung zunimmt, sondern gleichzeitig auch die soziale Anerkennung der EU als legitime Autorität abnimmt. [7]

Ein dafür sicherlich bestenfalls nur grober Indikator sind die vom Eurobarometer über Zeit erhobenen Einstellungen zur EU-Mitgliedschaft.[8] In der unten abgebildeten Darstellung wird die Nettozustimmung, d.h. Zustimmungsquote abgezogen durch diejenigen, die die EU-Mitgliedschaft ablehnen, verdeutlicht. Es zeigt sich, dass die Zunahme und Ausweitung der politischen Autorität seit den 1990er Jahren legitimatorisch nicht hinreichend gedeckt ist und seitdem die Kurve – trotz aller Schwankungen – nach unten zeigt. Auffallend ist zudem, dass sich der Durchschnittswert in den Mitgliedsländern der EU gar nicht so sehr von dem der häufig als besonders europafreundlich porträtierten Deutschen unterscheidet. Die entsprechende Linie verläuft ungefähr parallel und auf ähnlichem Niveau. Interessanterweise zeigen auch die Zahlen für Großbritannien, dass die Einstellungen parallel zu den anderen Ländern verlaufen, aber eben deutlich darunter, so dass dort seit 2009 erstmals wieder seit den 1980er Jahren diejenigen eine Mehrheit darstellen, die der EU-Mitgliedschaft negativ gegenüberstehen.[9] Entscheidend für meine Argumentation ist aber, dass die Zunahme der politischen Autorität

---

6 *Weber*, Kapitel III. Typen der Herrschaft, in: Borchardt/Hanke/Schluchter (Hrsg.), Max Weber Gesamtausgabe I/23. Wirtschaft und Gesellschaft: Soziologie, 2013, S. 449–591, (451); siehe auch *Barker*, Legitimating Identities: The Self-Presentations of Rulers and Subjects, 2001, und *Forst*, The Right to Justification: Elements of a Constructivist Theory of Justice, New Directions in Critical Theory, 2011, für die Ausformulierung des Zusammenhangs.

7 Vgl. zu dieser These auch *Tallberg/Zürn*, The Legitimacy and Legitimation of International Organizations: Introduction and Framework, Rev. Int'l Org. 14 (4) (2019), 581.

8 *Rauh*, A Responsive Technocracy? EU Politicisation and the Consumer Policies of the European Commission, 2016.

9 *Hobolt*, The Brexit Vote: A Divided Nation, a Divided Continent, J. Eur. Pub. Pol'y 23 (9) (2016), 1259.

der EU seit den späten 1980er Jahren mit einem gewissen *time lag* zu geringeren Zustimmungswerten geführt hat. Vor dem Hintergrund der Weberschen Autorität-Legitimität-Verbindung kann das durchaus als missratene Legitimation und zurückgehender Legitimitätsglauben gedeutet werden.

Abbildung 2: Einstellung zur EU-Mitgliedschaft über Zeit

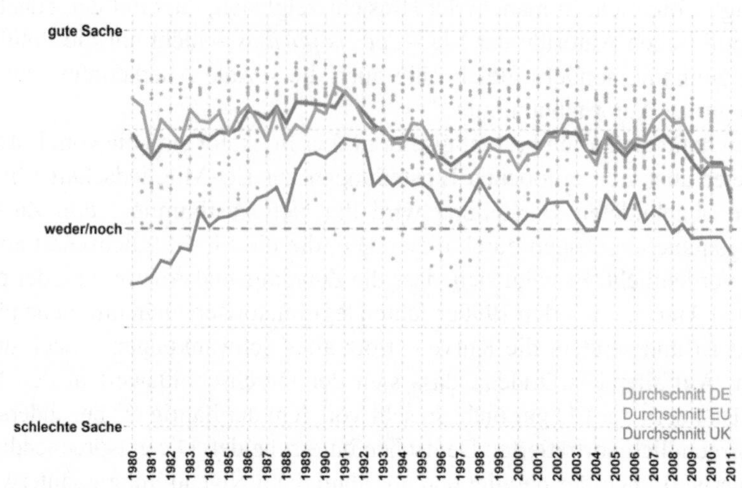

Quelle: Standard Eurobarometer Wellen EB13-EB76.3 via GESIS/ZACAT, 2017.

C. Erfolgreiche Legitimationsnarrative

Was zeichnet aber erfolgreiche Legitimation in der modernen Welt aus? Vieles spricht dafür, dass der Legitimitätsglaube zunimmt, wenn die Wahrnehmung einer neutralen bzw. unparteiischen Ausübung von Autorität vorherrscht, die durch ein Narrativ mit zustimmungsfähigen Visionen und Entscheidungsprozeduren unterlegt ist. Erfolgreiche Legitimationsnarrative beruhen also einerseits auf einem gehaltvollen Narrativ der Herrschaftsbegründung und andererseits einer Ausübung von politischer Autorität, die nicht als Ausdruck einer selektiven Interessenrepräsentation gedeutet werden kann.[10]

Dabei muss die unparteiische Ausübung von Herrschaft immer gegeben sein. Ohne sie schwindet der Legitimitätsglaube unweigerlich. Nehmen wir

10 *Zürn*, A Theory of Global Governance: Authority, Legitimacy, and Contestation, 2018, S.62-104.

das moderne Ägypten als Beispiel: *Gamal Abdel Nasser* stürzte 1952 König *Faruk I.* und etablierte eine von oben durchgeführte Modernisierung Ägyptens, nachdem er den Machtkampf gegen seinen ursprünglichen Revolutionspartner General *Agib* erfolgreich bestand. Er führte Ägypten autokratisch auf eine Weise, die die Balance zwischen Moderne und islamischer Tradition zu halten versuchte. Dieses Regime hat in den 1960er Jahren ein hohes Maß an Legitimität in der ägyptischen Gesellschaft erzeugen können, was nicht zuletzt auch am inneren Kohäsionseffekt des Konfliktes mit Israel lag. Sein Nachfolger *Answar as-Sadaat* konnte auf dieser Grundlage Ägypten sogar zu einem Friedensvertrag mit Israel führen. Als sich aber unter dessen Nachfolger *Husni Mubarak* der Eindruck verfestigte, dass das politische System Ägyptens mit Hilfe von Korruption und Patronage nur noch die Interessen der herrschenden Klasse bedient, brach das Regime zusammen. Das Beispiel zeigt, dass der Gehalt des Herrschaftssystems und seine Gesetze nicht gerecht oder neutral zu sein brauchen, um Legitimitätsglauben zu erzeugen. Die Ausübung der Autorität und die Anwendung der Gesetze müssen allerdings unparteiisch und unvoreingenommen erscheinen. Dabei befördert die rechtliche Verfassung politischer Institutionen die unparteiische Herrschaftsausübung. Sie ist fundamental für den Legitimitätsglauben in politische Autoritäten.

Rechtliche Verfasstheit und *impartiality* allein genügen jedoch nicht; sie sind notwendig aber nicht hinreichend. Es muss noch etwas Anderes dazukommen: ein Narrativ, welches überzeugend die Notwendigkeit und Wünschbarkeit einer politischen Autorität und des Herrschaftssystems begründet. Das ist ein anderer Maßstab als ihn normative Legitimitäts-theorien anlegen. Aus der normativen Perspektive bedarf es nämlich einer wahrhaft gerechten und demokratischen Ordnung, um Legitimität beanspruchen zu können. Der Legitimitätsglauben der Herrschafts-unterworfenen ist oft weniger streng. So verweist die Geschichte politischer Herrschaft auf eine Reihe unterschiedlicher Narrative mit unterschiedlicher normativer Gültigkeit, die erfolgreich Legitimitätsglauben begründen können. Da ist zunächst das in der normativen Theorie hervorgehobene *Partizipationsnarrativ* zu nennen, demzufolge diejenigen, die von einer Entscheidung betroffen sind, auch die Möglichkeit haben sollen, diese Entscheidung durch Partizipation, repräsentative Organe und öffentliche Deliberationen zu beeinflussen. Ein weiteres Rechtfertigungsnarrativ kann als rechtlich-liberal bezeichnet werden *(rechtlich-liberales Narrativ)*. Es beruht auf der gerichtlichen Absicherung von Individualrechten, der Rechtsgleichheit und guter Entscheidungsverfahren. Davon kann man das *Fairnessnarrativ* unterscheiden. Es hat eine starke *Output*-Dimension und hebt darauf ab, dass in der Gesellschaft die Verteilung von Gütern aller Art in einer Art und Weise erfolgt, die als gerecht bzw. *fair* wahrgenommen werden. Andere *Output*-Narrative, die diesem begründungslogisch ähneln, sind das *Wachstums- und Friedensnarrativ. Output*-Narrative bauen v.a. auf die Erreichung von Zielen, die mehrheitlich getragen werden und sind weniger an Entscheidungsprozeduren interessiert. Das *technokratische Narrativ* liegt dazwischen. Es setzt auf Expertise und auf die Überzeugungskraft des faktisch Notwendigen. Es entzieht sich offener Auseinandersetzungen über die Ziele einer Gesellschaft und geht davon aus, dass die Lösung von Problemen den Kern der Politik ausmacht. Es ist in einer modernen Gesellschaft ein nicht unerheblicher Bestandteil erfolgreicher Legitimation. Funktionstüchtige politische Institutionen beruhen immer auch auf der Anerkennung epistemischer Autoritäten, über deren Urteile keine Einzelfallprüfung vorgenommen wird. Zudem gibt es das *traditionale Narrativ*, das heutzutage häufig weniger pathetisch als in der Vergangenheit mit dem Verweis auf ewige Praktiken daherkommt. Vielmehr beruht es oft auf einem pragmatischen *„Don't touch a running system!"*. Schließlich sind noch *agonale Legitimationsnarrative* zu nennen, die auf den relativen Status oder Bedeutungsgewinn einer Nation oder Gruppe im Vergleich zu anderen abzielen. In diesen Fällen dient ein externer (oder manchmal auch interner) Feind und Gegner dazu, Unterstützung und Akzeptanz zu generieren. Dazu zählen verschiedene Manifestationen des Nationalismus und insbesondere solche Narrative, die die Herrschaft als notwendige Voraussetzung zur Abwehr äußerer Bedrohungen begründen. Alle diese Legitimationsnarrative waren in der Vergangenheit in unterschiedlichen Mischungen und Kontexten zumindest hin und wieder erfolgreich. Sie haben in Verbindung mit der unparteiischen Herrschaftsausübung unter bestimmten Rahmenbedingungen einen hinreichenden Legitimitätsglauben erzeugt.

D. Legitimationsnarrative in der EU

Politische Autorität wird in der EU durch das Zusammenspiel drei institutioneller Säulen ausgeübt.[11] Zum einen gibt es die supranationalen Institutionen, insbesondere die Kommission, den Europäischen Gerichtshof und die Europäische Zentralbank. Sie alle dienen häufig als Projektions-flächen für Kritik,

11 *Barnard/Peers* (Hrsg.), European Union Law, 2017; *Hix/Hoyland*, The Political System of the European Union, 2011; *Diez/Wiener*, European Integration Theory, 2009.

welche die EU als eine herzlose und überbürokratisierte Angelegenheit porträtiert. Gleichwohl kann ihnen attestiert werden, dass sie gemeinwohlorientiert und rechtskonform agieren. Selbiges trifft allerdings nicht immer auf die zweite institutionelle Säule zu. Der Europäische Rat kann sich zwar auf die Legitimation (mehr oder weniger) demokratischer Regierungen berufen, er hebelt insbesondere in Krisensituationen oder bei Verhandlungsblockaden aber auch gerne die bürokratische und legale Logik der supranationalen Verfahren aus. Solche „politischen Kompromisse" tragen oftmals die Handschrift der Regierungschefs der größten Mitgliedsstaaten. Diese institutionell beförderte Ungleichheit unterläuft nicht selten das Gebot zur unparteiischen Anwendung von Regeln. Die dritte institutionelle Säule schließlich, ist das Europäische Parlament. Dieses Parlament besitzt inzwischen bemerkenswerte Kompetenzen. Seine größte Schwäche ist jedoch die vergleichsweise lose Anbindung an die Wählerinnen und Wähler. Zwar können die Europawahlen umstandslos als freie Wahlen bezeichnet werden, bei der auch alle wahlberechtigten Bürgerinnen und Bürger eine Stimme haben (wenn auch keine ganz gleiche), aber die Wählerinnen und Wähler sind sich häufig im Unklaren darüber, welchen genauen Effekt ihre Stimme eigentlich hat. Sie vergeben die Stimme an eine nationale Partei, die wiederum in europäischen Parteienfamilien zusammenarbeitet, deren politische Positionen im Wahlkampf unklar bleiben und auch nicht mit Gesichtern verbunden werden. Dieses Ankopplungsdefizit wird im Rahmen der Diskussion über die sog. Spitzenkandidaten thematisiert. Das Problem der mangelnden Wahloptionen bei den Europawahlen wird durch zwei Plakate der CDU und der SPD während des Wahlkampfes aus dem Jahre 2014 eindrücklich illustriert:

Abbildung 3: Wahlplakate der CDU und SPD zur Europawahl 2014

Quelle: privat.

Das beschriebene institutionelle Arrangement führt zu einer Dominanz des technokratischen Legitimationsnarratives. Dafür gibt es mehrere Gründe. Zum einen beruhen die Entscheidungen der supranationalen Gesichter vorrangig auf Expertise; sie üben primär eine epistemische Autorität aus. Zum anderen kann das Partizipationsnarrativ nicht wirklich überzeugen. Die tatsächlichen Effekte eines gesetzten Kreuzes bei der Europawahl sind unklar und sie werden auch nach wie vor nicht mit der Kommissionspräsidentin in Verbindung gebracht. Zudem erschwert die Vielzahl der institutionellen Akteure es, ein *Output*-Narrativ zu etablieren. In der Vergangenheit wirkte das Friedensnarrativ der Gründungsväter und darauffolgend das Wachstumsnarrativ, für das insbesondere *Jacques Delors* stand. Aber der Fokus auf ein übergeordnetes Ziel des europäischen Projektes scheitert heute häufig an der Kakophonie der EU und ihrer 27 Mitgliedsländer sowie einem unübersichtlichen Institutionensystem. In diesem Sinne war die Erweiterung der EU ihrer eigenen Legitimation kaum dienlich; sie hat die Fokussierung auf ein gemeinsames Narrativ aller Mitgliedsstaaten erschwert. Übrig bleibt die technokratische Begründungslogik, gepaart mit einem ordentlichen Schluck aus der Flasche des rechtlich-liberalen Narratives.

Die Unfähigkeit der EU ein überzeugendes Narrativ zu entwickeln, spiegelt sich auch in einer Studie wider, die *Christian Rauh* vorgelegt hat.[12] Demnach nimmt die Komplexität der Sprache der nationalen Parlamentarierinnen und Parlamentarier in Deutschland, Spanien, den Niederlanden und Großbritannien deutlich zu, wenn sie über EU-Angelegenheiten sprechen. Der einfachste Maßstab dafür ist ein von Linguisten entwickelter „*reading-ease score*" für die Schwierigkeit von Redebeiträgen. Es lässt sich zeigen, dass in den Redepassagen, in denen die EU erwähnt wird, dieser Maßstab in allen Parlamenten deutlich nach oben schießt. Technokratische Legitimation ist wortaufwändig, nicht einfach zu verstehen und bei ausgeprägter Autorität zumeist nicht erfolgreich.

Abbildung 4: Komplexität von EU-bezogener politischer Kommunikation

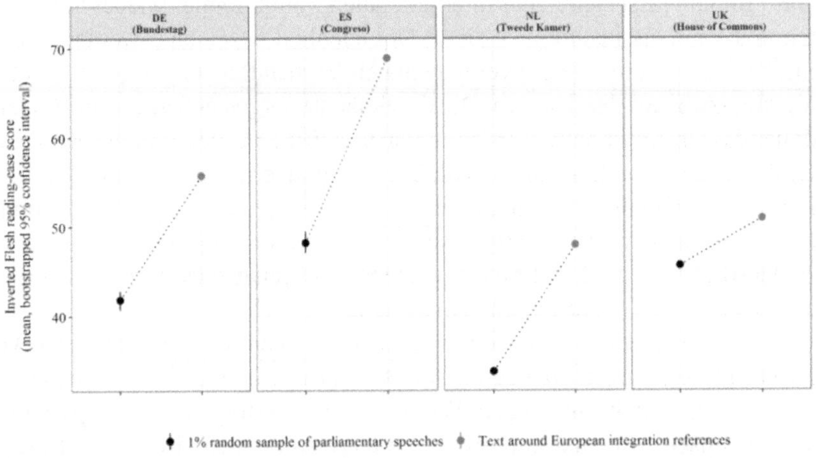

Quelle: *Rauh* (Fn. 12).

Das technokratische Legitimationsnarrativ überfordert jedoch das Ausmaß an politischer Autorität, das in der EU ausgeübt wird. Politische Entscheidungen mit starken (re)distributiven Effekten, wie etwa in der Finanzkrise oder auch im Falle der Agrar- und Strukturpolitik und die Positionierung der EU bei wertebasierten Auseinandersetzungen, überfordern das technokratische Narrativ, das am besten bei der Identifikation von angemessenen Maß-

12 *Rauh*, Is Europe That Hard to Explain, 2019, https://ordersbeyondborders.blog.wzb.eu/2019/07/30/is-europe-that-hard-to-explain/ (zuletzt eingesehen am 7.1. 2020).

nahmen vor dem Hintergrund geteilter Ziele funktioniert und Legitimität stiftet. Wenn die Ziele selbst Gegenstand der Politik werden, dann kann das technokratische Legitimationsnarrativ nur selten erfolgreich sein. Der Verdacht kann sich dann schnell ausbreiten, dass technokratische Entscheidungen nur ein Deckmantel zur Durchsetzung der Interessen mächtiger Staaten und/oder kosmopolitischer Eliten in Europa sind. Dieser Verdacht greift besonders schnell um sich, wenn gleichzeitig Entscheidungen im Europäischen Rat die gleichmäßige Anwendung der Regeln unterlaufen, indem den starken und besonders einflussreichen Staaten Sonderrechte eingeräumt werden. Wie beispielsweise die nächtlichen Sitzungen in Brüssel während der Finanzkrise gezeigt haben, führt der intergouvernementale Entscheidungsmodus angesichts einer fortgeschrittenen Integration bei unterschiedlich starken Mitgliedsstaaten dazu, dass sich der Starke durchsetzt und Sonderrechte erwirkt. Das Problem lässt sich in der internationalen Politik immer wieder beobachten und kann als institutionalisierte Ungleichheit bezeichnet werden.[13] Der Starke wird sich in intergouvernementalen Verhandlungen aufgrund des Einigungs-zwanges durchsetzen. Die Großmächte sorgen außerdem im Vorfeld dafür, dass institutionelle Vorrichtungen bestehen, die die Stimme ebendieser Großmächte besonders stark macht. Der Intergouvernementalismus läuft also immer auch Gefahr, die Unparteilichkeit der EU bei der Autoritätsausübung zu unterminieren. Das Ergebnis wenig erfolgreicher Legitimationsnarrative ist der Rückgang des Legitimitätsglaubens. Und genau diesen Prozess musste die EU seit den 1990er Jahren beobachten.

Eine naheliegende Lösung der wachsenden Schere von beanspruchter Autorität und erfolgreichen Legitimationsnarrativen könnte in der Reduktion der politischen Autorität liegen. Diese Strategie verfolgen die Europaskeptiker. Demnach sollte der konsensuale Intergouvernemental-ismus in Europa wieder gestärkt und nur solche Regeln erlassen werden, denen auch alle Regierungen zustimmen. Vieles allerdings spricht gegen eine solche Strategie. Gerade in der Finanzkrise hätte ein Warten auf solche konsensuale Entscheidungen mit Sicherheit zum Zusammenbruch geführt. Zudem lassen sich viele der grundlegenden und existentiellen Probleme des Kontinents auf der Grundlage des Konsensprinzips kaum lösen. Das würde nicht nur die realen Probleme deutlich verschärfen. Dem Legitimitätsglauben würde es auch nur wenig nützen. Denn es lässt sich immer wieder beobachten, dass Blockadepolitiken einzelner Staaten gerne als Problem der EU gedeutet werden. Es war nach einer solchen Logik dann scheinbar die EU, die keine Entscheidung

---

13 *Zürn*, Institutionalisierte Ungleichheit in der Weltpolitik. Jenseits der Alternative „Global Governance“ versus „American Empire“, PVS 48 (4) (2007), 680.

zustande gebracht hat. Was die EU daher braucht, ist ein erfolgreiches Narrativ. Ein solches Narrativ fehlt.

E. Kann die EU erfolgreiche Narrative entwickeln?

Kann man sich am Schreibtisch erfolgreiche politische Narrative ausdenken? Dass dies nicht einfach ist, zeigt der Roman *Die Hauptstadt* von *Robert Menasse*[14], welcher 2017 den deutschen Buchpreis erhielt. Dieser Roman handelt vom Scheitern einer Jubiläumsfeierkonzeption der EU-Kommission. Die beiden Protagonisten *Fenia Xenopoulous* und *Martin Susmans* entwickeln das „*Jubilee Project for the Commission*", das auf das „Nie wieder Auschwitz"-Narrativ baut. Dieses Narrativ steht in Verbindung mit dem Friedensnarrativ, zielt aber darüber hinaus auf die Überwindung der europäischen Nationalstaaten in einer starken supranationalen EU ab. Denn „Nie wieder Auschwitz" zu Ende gedacht beinhalte die Überwindung der Nationen und des Nationalismus. Diese Position hat in der gegenwärtigen Debatte zur Reform der EU wortstarke Unterstützerinnen.[15] Es war daher gar nicht erst notwendig, falsche Zitate von *Walter Hallstein* als Begründungsnarrativ anzubieten.

Menasses Geschichte zeigt uns auch, dass ein Narrativ nicht aus der Abteilung für politisches Marketing kommen darf. Es geht nicht um *irgendein* Narrativ; es geht vielmehr um eine angemessene Legitimation, die auf gemeinsamen Überzeugungen beruht und durch die politische Praxis gedeckt sein muss. Um jedoch erfolgreich sein zu können, muss ein Legitimationsnarrativ mehrere Bedingungen erfüllen. Es muss wie gesagt der entsprechenden politischen Autorität einen sozialen Zweck zuschreiben (Bestandsgrund) und eine angemessene Verfahrenslogik entwickeln, die den Eindruck der Unparteilichkeit erweckt. Diese beiden Komponenten müssen zudem hinreichende Entsprechungen in der politischen Praxis aufweisen.

Wie kann vor diesem Hintergrund ein erfolgreiches Legitimationsnarrativ für die EU aussehen? Welche Maßnahmen und institutionellen Reformen wären dafür notwendig? Meine Argumentation läuft im Ergebnis darauf hinaus, dass die Legitimation der EU nur dann dauerhaft gelingen kann, wenn die europäischen Bürgerinnen und Bürger in die Lage versetzt werden, sich

---

14 *Menasse*, Die Hauptstadt, 2017.

15 *Guerot*, Warum Europa eine Republik werden muss!, 2016; *Varoufakis*, And the Weak Suffer What They Must?, 2016.

auch europapolitisch zu artikulieren und es gelingt die eingangs skizzierte Artikulationsschere zu schließen.

Das weitere Setzen auf Technokratie und Individualrechte ist jedoch der bequeme Weg. Es wird auch sicherlich immer zahlreiche Entscheidungen geben, die auf diesem Wege erfolgreich zu begründen sind. Allerdings wird es als systematisches und übergeordnetes Narrativ nicht tragfähig sein, weil es genau das als gegeben annimmt, was zunehmend umstritten ist. Es ist ebendiese Begründung aller Formen der politischen Herrschaft über Individualrechte und technokratische Notwendigkeiten, welcher ein relevanter Teil der Bevölkerung kritisch gegenübersteht. Diese Kritik an den technokratischen und kosmopolitischen Eliten liegt dem Aufstieg des autoritären Populismus und des *Brexits* sowie letztlich der generellen Legitimationskrise zugrunde.[16] Technokratische Begründungen sind längst überlastet für das Ausmaß der Autorität, welches die EU ausüben kann. Tradition oder auch Manipulation werden auch nicht dafür geeignet sein, die EU zu legitimieren. Die EU ist zu jung dafür und in der Gegenüberstellung von nationalen und europäischen Traditionen werden die europäischen Traditionen immer verlieren.

Es sind daher drei Narrative, die stärker entwickelt werden müssten. Das Fairnessnarrativ ist eines davon. Eine wesentliche Begründung der Herrschaftsansprüche der EU steht in enger Verbindung mit diesem Narrativ und zwar, ohne dass wir zwingend umfangreiche Transferzahlungen über nationale Grenzen hinweg benötigen. Ohne die EU kann es nämlich im Zeitalter der Globalisierung langfristig keinen europäischen Wohlfahrtsstaat geben. Wer, wenn nicht die EU kann die globalen Unternehmen wie *Apple* und *Google* und die mobilen Superreichen in Zukunft noch besteuern? Ohne Kapitalsteuern und ohne die Besteuerung derjenigen Individuen, die von der Europäischen Integration besonders profitieren, wird der Wohlfahrtsstaat langfristig leiden.[17] Solange es also keine effektiven Steuerregime auf globaler Ebene gibt, muss und kann die EU zumindest partiell diese Leistung erbringen. Das Narrativ lautet dann, dass die EU die Voraussetzungen für den Erhalt der europäischen Wohlfahrtsstaaten schaffen kann. Wenn es dann

16 *Zürn*, How the Taming of the Class Conflict Produced Authoritarian Populism, Items: Insights from the Social Sciences, https://items.ssrc.org/how-the-taming-of-the-class-conflict-produced-authoritarian-populism/ (zuletzt eingesehen am 7.1.20); *de Wilde et al.* (Hrsg.), The Struggle Over Borders: Cosmopolitanism and Communitarianism, 2019.

17 *Dietsch/Rixen*, Global Tax Governance: What It is and Why It Matters, in: Dietsch/Rixen (Hrsg.), Global Tax Governance: What is Wrong With It and How to Fix It, 2016, S.1-24.

noch gelingt, dringend notwendige Investitionsprogramme auf der europäischen Ebene zu koordinieren, dann schwächt es die Kritiker, die die EU allzu gerne als neoliberales Programm karikieren.

Ein weiteres *Output*-Narrativ, das Friedensnarrativ, ist nicht obsolet, es muss nur erweitert werden. Das Binnenverständnis des Friedensnarratives (kein Krieg in Europa) muss um eine Außendimension (der Schutz Europas in einer garstigen Welt) ergänzt werden. In diesem Sinne könnte auch das agonale Narrativ genutzt werden. Wie jedes agonale Narrativ birgt es Gefahren der Selbstverstärkung. Die Gefahr eines ungebremsten europäischen Regionalchauvinismus ist aber gering. Vielmehr muss die Diktion „wir brauchen ein starkes Europa, um die europäischen Werte im Weltmaßstab besser verteidigen und durchsetzen zu können", eine entsprechende realpolitische Grundierung erst noch erhalten. Das Narrativ wird immer mal wieder aufgerufen; *Helmut Schmidt* und *Joschka Fischer* versuchten es beispielsweise nach vorne zu schieben. Es ist aber bis dato kaum durch politische Praktiken gedeckt.

Im Vordergrund muss aber etwas Anderes stehen. Europa muss nicht nur wehrhaft, sondern auch streitbar werden. Ausgangspunkt dieser Überlegung ist die eingangs dargelegte Schere zwischen Politisierung und Wahlbeteiligung. Demnach gilt es auch die Artikulationsmöglichkeiten für europäische Bürgerinnen und Bürger und mithin das partizipative Narrativ zu stärken. Die Schere hat viel damit zu tun, dass es zwar die Parlamentswahlen gibt, dass aber diejenigen, die wählen nicht den Eindruck haben, dass sie zwischen tatsächlichen Alternativen wählen. Sie wissen nicht, was konkret sie mit Blick auf die europäische Politik wählen, wenn sie wählen. Um das zu ermöglichen, muss der politische Wettbewerb zwischen unterschiedlichen Programmen und Politiken auch auf der europäischen Ebene gestärkt werden und somit den Bürgerinnen und Bürgern mehr „*voice*" gegeben werden. Wer keine Möglichkeit für „*voice*" hat – das hat uns schon *Albert Hirschmann* gelehrt – kann im Falle der Unzufriedenheit mit einer Institution und deren Maßnahmen nur noch zwischen Loyalität und Austritt wählen.[18] Wer gegen eine bestimmte europäische Politik ist, muss die Möglichkeit haben, diese zu ändern,

---

18 *Hirschmann* schreibt: „Members of an organization, whether a business, a nation or any other form of human grouping, have essentially two possible responses when they perceive that the organization is demonstrating a decrease in quality or benefit to the member: they can *exit* (withdraw from the relationship); or, they can *voice* (attempt to repair or improve the relationship through communication of the complaint, grievance or proposal for change). However, the interplay of loyalty can affect the cost-benefit analysis of whether to use exit or voice. Where there is loyalty

sonst wird er oder sie langfristig zum Gegner der EU. Dies kann verhindert werden, indem die Möglichkeit der Opposition, die Möglichkeit der Auseinandersetzung über eine angemessene europäische Politik, entsteht und damit die Möglichkeit für politischen Wettbewerb geschaffen wird.

F. Was kann den politischen Wettbewerb in der EU stärken?

Um das Partizipationsnarrativ zu ermöglichen, scheinen mir mehrere institutionelle Reformen notwendig. Zum einen deutet die Debatte über die sogenannten Spitzenkandidaten und Kandidatinnen in die richtige Richtung. Wahlen sind nur dann Wahlen, wenn man mit vertretbarem Aufwand wissen kann, welcher Inhalt tatsächlich in einer „Verpackung" enthalten ist. Es muss also von vornherein feststehen, wer genau die Kandidierenden für die Kommission sind und für welche Position diese stehen. Erst dann kann eine Europawahl eine Wahl zwischen unterschiedlichen europäischen Positionen sein und erst dann kann das Gefühl entstehen, „ja, dieses Mal habe ich verloren, aber nächstes Mal kann ich gewinnen". Politischer Wettbewerb in den europäischen Institutionen ist die institutionelle Grundvoraussetzung, um ein partizipatorisches Narrativ wirklich überzeugend zu machen. Wichtig ist dabei, dass es nicht um bloße Gesichter geht, wie die Debatte über die Spitzenkandidierenden hin und wieder nahelegt. Es geht um die Positionen und Überzeugungen, die hinter den Gesichtern stehen und um die verlässliche Übersetzung der mit einer Wahl verbundenen politischen Präferenz in die europäischen Entscheidungsverfahren. Dieser demokratische Zweck ist jedoch hinter lediglich freundlichen Gesichtern, deren konkrete politische Programme und Ziele kaum erkennbar sind und die nachher einfach im zwischenstaatlichen Verhandlungspoker ersetzt werden können, nicht zu erreichen. In letzter Konsequenz bedarf es daher transnationaler Wahllisten und damit der Notwendigkeit der europäischen Parteienfamilien sich vorab auf ein Programm zu einigen. Auch bedarf es des Verzichts des Europäischen Rates im Nachhinein am Wahlergebnis herumzudoktern.

---

to the organization (as evidenced by strong patriotism politically, or brand loyalty for consumers), exit may be reduced, especially where options to exit are not so appealing (small job market, political or financial hurdles to emigration or moving)." Abwanderung und Widerspruch: Reaktionen auf Leistungsabfall bei Unternehmungen, Organisationen und Staaten, Schriften zur Kooperationsforschung, 1974.

Eine solche Forderung ist weitreichend, aber nicht exzentrisch. Selbst im europaskeptischen Großbritannien hat *Robert Cooper* in einem internen Papier der *Blair*-Administration zur Überwindung des Euroskeptizismus in Großbritannien bereits 1998 geschrieben:

> „The problem with the European institutions is that we have given them wide ranging powers – probably too wide ranging – but none of us trust them. We deal with this by making sure that the European Union is weak. Good management consists of giving organisations clear and limited tasks, giving them full authority to carry them out and making them bear the consequence of getting this wrong. In Europe, we have done exactly the opposite."[19]

Vor diesem Hintergrund schlägt er eine „gewählte Kommission" vor. Die Kommission muss demnach ihre Ideen und Überzeugungen vor den Wählern vertreten. Es geht also nicht um Gesichter, wie *Juncker* und *Schulz* argumentierten. Es geht um konkurrierende politische Programme der Kommission, die von unterschiedlichen Kandidierenden sowie Parteien in einem Wahlkampf vertreten werden müssen. Es geht um die Zuschreibung von bestimmten Politiken und Programmen zu individuellen Gesichtern und es geht um politische Verantwortung. Nur wenn dies gegeben ist, wird die Wahl zur Wahl.

Nach meinen Informationen war *Tony Blair* von den Vorschlägen *Robert Coopers* angetan. Die Mehrheit seiner Berater brachte ihn jedoch von diesem Weg ab. Das geschah vermutlich nicht zuletzt deshalb, weil *Robert Cooper* seine Position mit aller Konsequenz vertrat: „My preference is for direct election of a slate of commissioners in a Europe-wide election, perhaps concurrent with EP elections."[20] Der entscheidende Begriff ist dabei *europaweite* Wahlen. Europaweite Wahlen beinhalten transnationale Wahllisten und den Zwang, die Debatten aus dem nationalen Kontext zu lösen. Dann geht es zwingenderweise in den Wahlkämpfen nicht nur um das nationale Interesse oder um die Frage, ob die nationale Regierung abgestraft werden muss. Vielmehr müssen dann Argumente dazu vorgetragen werden, was der richtige Weg für Europa ist. Es geht dabei um die Denationalisierung der öffentlichen Debatten.

---

19 *Cooper*, Typescript, 1998, S. 6.
20 Ebd. S. 7.

Gemäß dieser Logik sollte man darüber hinaus auch an europaweite Referenden denken.[21] Das vorrangige Ziel solcher Referenden sollte die Beförderung einer europäischen Debatte sein. Die Rede vom Fehlen eines europäischen Demos sollte uns nicht an der Konstruktion eines solchen Demos hindern. Natürlich sind und bleiben Referenden ein heikles Thema. Verteilungsfragen müssen außen vor sein, kleinteilige Themen ebenso. Aber die Abstimmung über konstitutionelle Fragen – etwa zu neuen Verträgen – sollte als Möglichkeit bedacht werden. Viel besser also eine europaweite Abstimmung als einige wenige Abstimmungen in einzelnen Ländern.

Eine weitere institutionelle Änderung wäre in diesem Zusammenhang ebenfalls zu diskutieren. *Vivien Schmidt* schreibt in ihrem Buch zur europäischen Legitimationskrise: „At the height of the Eurozone crisis, major decisions affecting millions of Europeans were taken behind closed doors by EU policy-makers with little attempt to consult the people through the normal political channels – and the policies didn‘t work“.[22] Über den Nachsatz lässt sich sicherlich streiten. Darüber, dass es sich bei diesen nächtlichen Verhandlungen um eine Art der Selbstermächtigung einiger mächtigen Länder handelte hingegen kaum. Ich will auch gar nicht abstreiten, dass es bei den „inkompletten“ europäischen Verträgen[23] immer Situationen geben kann, in denen schnelles und koordiniertes Handeln zwischen den Staaten zur obersten Raison werden muss. Dafür muss es aber Verfahren jenseits der Selbstermächtig geben, die gerichtlich überprüft werden können. Eine europäische Notstandsgesetzgebung würde den Anschein der Beliebigkeit abbauen und die mächtigen Mitgliedsstaaten zugleich formal ermächtigen und informell beschränken.[24]

Mein Fazit lautet: Die EU steckte schon einmal in einer tiefen Sinn- und Legitimationskrise. In den 1980er Jahren machte das Wort von der Eurosklerose die Runde. Mit der Schaffung des EU-Binnenmarktes gab Europa damals eine beeindruckende Antwort und erwuchs wieder zu einer innovativen und dynamischen Wirtschaftsregion. Heute befindet sich die EU wieder an einer Weggabelung. Und wieder ist die Intensivierung von Wettbewerb die richtige Antwort. Dieses Mal geht es aber um die Ermöglichung des politischen Wettbewerbs.

---

21 *Zürn*, Regieren jenseits des Nationalstaats, 2. Aufl., 2004, Kap. 8.

22 *V. Schmidt,* Politicization in the EU: Between National Politics and EU Political Dynamics, J. Eur. Pub. Pol'y 26 (7) (2019), 1018.

23 Zu inkompletten Verträgen vgl. *Seabright*, Accountability and Decentralisation in Government: An Incomplete Contracts Model, Eur. Econ. Rev. 40 (1) (1996), 61.

24 *Kreuder-Sonnen*, Emergency Powers of International Organizations: Between Normalization and Containment, 2019.

Von der „Freizügigkeit der Wanderarbeitnehmer“ zur Unionsbürgerschaft und zurück?

Astrid Wallrabenstein

A. Einleitung: Verschiedene Dreikläge

Die Ankündigung des Kolloquiums intoniert für die Unionsbürgerschaft den Dreiklang von Freizügigkeit, sozialen Rechten und politischem Status – in dieser Reihenfolge. Das Programm sah zunächst Erörterungen zum politischen Status und anschließend zu Mobilität und Migration ohne (Binnen-) Grenzen vor. Im musikalischen Bild ließen sich also die Quinte und die Tonika bereits hören. Ob das Stück der Unionsbürgerschaft in strahlendem Dur oder verhaltenem Moll erklingt, wird sich aber erst bei der Terz entscheiden, also bei dem zweiten Ton: den sozialen Rechten.

Daher soll im Folgenden (B.) zunächst die Geschichte der sozialen Rechte in Europa erzählt werden. Sie lässt sich als eine Entwicklung lesen, die recht kontinuierlich und seit den 1990er Jahren rasant auf eine auch besonders durch soziale Rechte gekennzeichnete Unionsbürgerschaft hinführt, aber in den letzten ca. fünf Jahren eine deutliche Kehrtwende vollzogen hat. Um im musikalischen Bild zu bleiben: zunächst Dur, dann Moll vielleicht.

Auf dieser Grundlage soll dann (C.) der Zustand der Unionsbürgerschaft heute bewertet werden. Richtschnur hierfür ist die Bürgerschafts-Konzeption des britischen Soziologen *T.H. Marshall.*[1] Denn sie unterscheidet zwischen bürgerlichen, politischen und sozialen Rechten, also sehr ähnlich zum eingangs erwähnten Dreiklang, nur in einer anderen Reihenfolge. Es geht hier jedoch nicht darum, einen synästhetischen Faden fortzuspinnen und darüber zu sinnieren, welche Harmonien sich durch die unterschiedliche Reihung der drei Bürgerschaftsdimensionen ergeben, sondern um eine letztlich nüchterne Analyse der Entwicklung der Unionsbürgerschaft.

---

1 *Marshall*, Citizenship and Social Class, 1950.

B. Die Geschichte der sozialen Rechte in Europa

I. Grundlegungen

Die Geschichte der sozialen Rechte in Europa beginnt unmittelbar mit der Geschichte der europäischen Wirtschaftsgemeinschaft.

1. Wanderarbeitnehmer: Koordinierung des sozialen Schutzes und Gleichstellung bei sozialen Rechten

Gerade die Ermöglichung und Verwirklichung von Wanderarbeitnehmermobilität war einer der Anstöße zur Gründung der über die Europäische Gemeinschaft für Kohle und Stahl hinaus gehenden Europäischen Wirtschaftsgemeinschaft (EWG).[2] Entsprechend wurden bereits 1958 die Verordnungen Nr. 3 und 4 verabschiedet,[3] mit denen die sozialen Rechte der Wanderarbeitnehmer zwischen den Vertragsstaaten koordiniert wurden.[4] Im Kern werden die Vertrags- bzw. Mitgliedstaaten verpflichtet, ihre jeweils geltenden Sozialrechtsregime auch auf Wanderarbeitnehmer anzuwenden, wie wenn es sich um „eigene", „inländische" Arbeitnehmer handeln würde. Im Ausland stattfindende Sachverhalte müssen danach ebenso behandelt werden wie Inlandssachverhalte. Namentlich soziale Anwartschaften, die im Ausland erworben wurden, müssen berücksichtigt werden[5] und Aufenthalt oder Wohnsitz im Ausland müssen leistungsunschädlich sein[6].

Parallel zu diesem Koordinierungsansatz enthielten die Verordnungen zur Verwirklichung der Wanderarbeitnehmerfreizügigkeit – VO Nr. 15 aus dem

---

2 Vgl. die Deklaration von Messina vom 3.6.1955.

3 Verordnung Nr. 3 über die Soziale Sicherheit der Wanderarbeitnehmer vom 25.9.1958, ABl. Nr. P 30 vom 16.12.1958, S. 561 und Verordnung Nr. 4 zur Durchführung und Ergänzung der Verordnung Nr. 3 über die Soziale Sicherheit der Wanderarbeitnehmer vom 3.12.1958, ABl. Nr. P 30 vom 16.12.1958, S. 597; gestützt auf Art. 51 EWG-Vertrag (1957).

4 Vgl. *Glootz*, Alterssicherung im Europäischen Wohlfahrtsstaat, 2005, S. 167 ff.; s. auch *Cornelissen*, in: Eichenhofer (Hrsg.), 50 Jahre nach ihrem Beginn – Neue Regeln für die Koordinierung sozialer Sicherheit, 2009, S. 17 (20 f.).

5 „Zusammenrechnung von Zeiten" bzw. Totalisierung: heute Art. 48 lit. a) AEUV bzw. Art. 6 Verordnung (EG) 883/2004 und anschließende Berechnung pro rata temporis bzw. Proratisierung (heute insb. Art. 52 Verordnung (EG) 883/2004).

6 „Exportierbarkeit": heute Art. 48 lit. b) AEUV bzw. Art. 7 Verordnung (EG) 883/2004.

Jahr 1961[7] und anschließend Verordnung (EWG) 38/64[8] – ein Diskriminierungsverbot aufgrund der Staatsangehörigkeit, das in Art. 7 Abs. 2 Verordnung (EWG) 1612/68[9] zu dem wirkmächtigen Recht auf die gleichen sozialen und steuerlichen Vergünstigungen wie für die inländischen Arbeitnehmer erweitert wurde. Zielrichtung dieser Bestimmung sind damit (auch)[10] die staatlichen Sozialleistungen neben den ursprünglich beschäftigungsakzessorisch verstandenen Leistungen der in Verordnung Nr. 3 koordinierten Systeme der sozialen Sicherheit.[11] Die Gleichstellung der Wanderarbeitnehmer mit Inländern war damit grundsätzlich umfassend angelegt. Es kam dadurch letztlich nicht darauf an, ob eine Sozialleistung in einem Mitgliedstaat als beitragsfinanzierte Sozialversicherung oder steuerfinanzierte Sozialleistung oder Steuervergünstigung ausgestaltet war.

Dies war Ende der 1960er Jahre in zweierlei Hinsicht zukunftweisend. Zum einen stand mit der Erweiterung der EWG um Dänemark, Irland und das Vereinigte Königreich – sowie zu dieser Zeit auch erwogen um Norwegen und Schweden – die Einbeziehung von Wohlfahrtsstaatssystemen an, die grundlegend anders konzipiert waren als die kontinentalen, „bismarckschen“ Sozialversicherungssysteme. Anstatt Leistungen der sozialen Sicherheit an das Beschäftigungsverhältnis anzuknüpfen und grundsätzlich beitragsfinanziert zu denken, knüpfen in den sogenannten *Beveridge*-Systemen Leistung wie Finanzierung an Wohnsitz oder Aufenthalt an. Sollte die Erweiterung gelingen, war also eine systemübergreifende Koordinierung notwendig, bei der der gleiche Zugang zu Sozialleistungen eine zentrale Rolle spielen musste. Aber auch ohne diese Erweiterungsfrage war zum anderen die

---

7 Verordnung Nr. 15 über die ersten Maßnahmen zur Herstellung der Freizügigkeit der Arbeitnehmer innerhalb der Gemeinschaft vom 16.8.1961, ABl. Nr. P 57 vom 26.8.1961, S. 1073.

8 Verordnung Nr. 38/64/EWG vom 25. März 1964 über die Freizügigkeit der Arbeitnehmer innerhalb der Gemeinschaft, ABl. Nr. P 62 vom 17.4.1964, S. 965.

9 Verordnung (EWG) Nr. 1612/68 vom 15. Oktober 1968 über die Freizügigkeit der Arbeitnehmer innerhalb der Gemeinschaft, ABl. Nr. L 257 vom 19.10.1968, S. 2.

10 Zum Verhältnis der Verordnung (EWG) 1612/68 zur Verordnung (EWG) 1408/71 vgl.: EuGH, *Kommission/Luxemburg*, C-111/91, Slg. 1993, I-817; *Hendrix*, C-287/05, Slg. 2007, I-6909; für die heutigen Nachfolgeregelungen s. u.

11 Grundlegend EuGH, *Cristini/S.N.C.F.*, C-32/75, Slg. 1975, S. 1085, Rn. 10/13: der Begriff „soziale Vergünstigungen“ in Art. 7 Abs. 2 Verordnung (EWG) 1612/68 kann „nicht einschränkend ausgelegt werden. […] [Sein] sachlicher Anwendungsbereich [ist] in der Weise abzugrenzen […], dass er alle sozialen und steuerlichen Vergünstigungen umfasst – ob diese nun an den Arbeitsvertrag anknüpfen oder nicht“. (s. dazu auch noch u.). Vgl. außerdem EuGH, *Hoecks*, C-249/83, Slg. 1985, S. 972 und *Scrivener*, C-122/84, Slg. 1985, S. 1027.

Gleichstellung nach Art. 7 Abs. 2 Verordnung (EWG) 1612/68 ebenso für die „alten" EWG-Staaten von Bedeutung, da neue soziale Leistungen häufig steuerfinanziert ausgestaltet wurden und nicht als Sozialversicherungsleistungen, auf die die Koordinierungsverordnung zunächst ausgelegt war.[12]

Die überarbeitete Koordinierungsverordnung VO (EWG) 1408/71[13], die die Verordnung Nr. 3 ersetzte, ging ebenfalls davon aus, dass für die Frage, ob eine Sozialleistung ihrem Anwendungsbereich unterfällt, also eine Leistung der Systeme der sozialen Sicherheit ist, die Finanzierungsform unmaßgeblich ist. Dementsprechend entwickelte sich die Einbeziehung sogenannter besonderer beitragsunabhängiger Leistungen in das Koordinierungsregime.[14]

2. Ziele für Arbeitnehmerfreizügigkeit: Migrationsneutralität und Integration

Das übergeordnete Ziel dieser Entwicklung war die Verwirklichung der Arbeitnehmerfreizügigkeit. Bald waren auch Grenzgänger und Saisonarbeiter sowohl von der Sozialrechtskoordinierung[15] als auch von den Gleichstellungsansprüchen der Verordnung (EWG) 1612/68 erfasst. Konkreter lassen sich Motive und Ziele in einer Matrix schematisieren. Auf der Achse der Motive lässt sich zwischen „ordnungspolitischen" und individuellen Motiven unterscheiden und auf der Achse der Ziele zwischen Migrationsneutralität und Integration.

12 Als Beispiel hierfür, zur „Exportierbarkeit", s. etwa EuGH, *Meints/Minister van Landbouw, Natuurbeheer en Visserij*, C-57/96, Slg. 1997, I-6708 (s. dazu auch u.).

13 Verordnung (EWG) Nr. 1408/71 vom 14. Juni 1971 zur Anwendung der Systeme der sozialen Sicherheit auf Arbeitnehmer und Selbständige sowie deren Familienangehörige, die innerhalb der Gemeinschaft zu - und abwandern, ABl. Nr. L 149 vom 5.7.1971, S. 2.

14 Ausführlicher hierzu vgl. *Wallrabenstein*, in: Schlachter/Heinig (Hrsg.), Europäisches Arbeits- und Sozialrecht (EnzEuR Bd. 7), 2016, § 22, Rn. 12 m. w. N.

15 Verordnung Nr. 36/63/EWG vom 2. April 1963 über die Soziale Sicherheit der Grenzgänger, ABl. Nr. P 62 vom 20.4.1963, S. 1314 und Verordnung Nr. 73/63/EWG vom 11. Juli 1963 zur Änderung und Ergänzung verschiedener Bestimmungen der Verordnungen Nr. 3 und Nr. 4 (Saisonarbeiter und sonstige Arbeitnehmer, die nicht in dem Land wohnen, dessen Rechtsvorschriften für sie gelten), ABl. Nr. P 112 vom 24.7.1963, S. 2011.

Ziele \ Motive	**„ordnungspolitisch"**	**individuell**
Migrations-neutralität	Keine Wettbewerbsverzerrung durch (Aus-)Nutzung von „Migrationsgewinnen"	Keine Hemmnisse für Migrationsent-scheidung / Keine Nachteile durch Migration
Integration	Binnenmarkt = effiziente Arbeitskraftallokation	Chancengleichheit in der neuen Gesellschaft

In „ordnungspolitischem" Kontext stellt die Arbeitnehmerfreizügigkeit ein wesentliches Element des Binnenmarktes dar, das einerseits Chancen, nämlich eine effiziente Allokation der Arbeitskraft, bietet und andererseits sicherstellt, dass Unternehmen nicht die Möglichkeit haben, durch die gezielte Nutzung von Migrationseffekten Wettbewerbsvorteile zu generieren. Zur Erklärung mancher Rechtsentwicklung ist diese institutionelle Perspektive aufschlussreich. Für die Entwicklung der Unionsbürgerschaft ist aber die individuelle Perspektive maßgeblich. Eine migrationsneutrale Gestaltung sozialer Rechte zielt aus dieser Blickrichtung darauf zu verhindern, dass ein Um-/Wegzug nachteilige Auswirkungen hat und daher die individuelle Entscheidung gegen eine erwogene Migration ausfällt.[16] In konsequenter Anwendung der Grundfreiheitsdogmatik sind umgekehrt positive Anreize, die zur Migration veranlassen, für das europäische Recht unschädlich. Genau dies scheint aber in jüngster Zeit nicht mehr zu gelten – hierzu jedoch später. Außerdem besteht das Ziel der europäischen Sozialrechtsgestaltung, namentlich das Diskriminierungsverbot, darin, Arbeitsmigranten in der neuen, durch die Arbeitsmigration vorgegebenen Gesellschaft die gleichen Chancen zu gewähren, wie sie vergleichbare Arbeitnehmer in dieser Gesellschaft haben. Poin-

16 Daher genügt für den Anwendungsbereich der Arbeitnehmerfreizügigkeit bereits die Verlegung des Wohnortes in einen anderen Staat, als den „eigenen", in dem ein Staatsangehöriger weiter erwerbstätig ist, vgl. etwa EuGH, *Hendrix*, C-287/05, Slg. 2007, I-6909, ausführlicher *Rixen*, in: Schlachter/Heinig (Hrsg.), Europäisches Arbeits- und Sozialrecht (EnzEuR Bd. 7), 2016, § 34, Rn. 18 ff.

tierter ausgedrückt stellt sich dieses europäische Modell der Arbeitnehmerfreizügigkeit gegen eine rein innerstaatliche und wirtschaftliche Sicht wie die der frühen Gastarbeiterpolitik, die Migranten ausschließ-lich als Arbeitskräfte wahrnahm und in keiner Hinsicht von einem Integrationsbedarf ausging.

II. Dynamik

Es ist daher nicht überraschend, dass die Verwirklichung des Integrationsziels der gesellschaftlichen Chancengleichheit stark durch Entscheidungen des EuGH initiiert und geprägt ist. Für viele Entscheidungen war der Integrationsgedanke zentral, wie er etwa in der Rs. *Di Leo* formuliert wurde.

> In dem Verfahren ging es um die BAföG-Beschränkung, dass ein Auslandsstudium nicht gefördert wird, wenn es im Herkunftsstaat erfolgt. Ein Studium etwa in Italien war dadurch für Deutsche förderfähig, für Kinder italienischer Arbeitnehmer jedoch nicht. Dies war für den EuGH unvereinbar mit der Chancengleichheit in der neuen Gesellschaft. Wörtlich heißt es:
>
> „[Es] ist darauf hinzuweisen, dass die Verwirklichung der von der VO Nr. 1612/68 bezweckten Freizügigkeit der Arbeitnehmer in Freiheit und Menschenwürde es erforderlich macht, die bestmöglichen Bedingungen für die Integration der Familie des EG-Arbeitnehmers im Aufnahmeland zu schaffen. Damit eine solche Integration gelingen kann, ist es unerlässlich, dass das Kind des EG-Arbeitnehmers, der mit seiner Familie im Aufnahmemitgliedstaat wohnt, die Möglichkeit hat, sein Studium unter den gleichen Bedingungen zu wählen wie das Kind eines Staatsangehörigen dieses Staates.“[17]

Gerichtlicher Klärungsbedarf bestand in zahlreichen Konstellationen, in denen entweder kein Beschäftigungsverhältnis des (bis dahin) Arbeitnehmers mehr bestand, oder in denen nicht der Arbeitnehmer, sondern seine ebenfalls freizügigkeitsberechtigten Familienangehörigen soziale Rechte beanspruchten.

1. Freizügigkeit und Gleichstellung nach und zwischen Erwerbstätigkeit

Angesichts der Entwicklung insbesondere in den 1980er Jahren, in der Arbeitslosigkeit zu einem strukturell zum Arbeitsmarkt gehörenden Phänomen

---

17 EuGH, *Di Leo/Land Berlin*, C-308/89, Slg. 1990, I-4204, Rn. 13.

geworden war, erstreckte der EuGH den Gleichstellungsanspruch auch auf soziale Vergünstigungen, auf die es in Lebenssituationen nach dem Verlust einer Beschäftigung ankommt.

Konkret an die Arbeitslosigkeit gekoppelt war etwa in der Rs. *Meints* eine Entschädigungsleistung bei Agrarflächenstilllegung, auf die der EuGH Art. 7 Abs. 2 Verordnung (EWG) 1612/68 anwandte, weil sie in „unauflöslichem“ Zusammenhang mit der Arbeitnehmereigenschaft des Berechtigten stand.[18]

Bereits zuvor hatte der EuGH in der Rs. *Lair* den Anspruch auch auf BAföG während einer Zeit der Nichtbeschäftigung erstreckt, weil „mit der Arbeitnehmereigenschaft zusammenhängende Rechte“ keine Kontinuität zwischen der vorherigen Beschäftigung und der Leistung voraussetzten, sondern weit zu verstehen seien und auch berufliche Umschulungen erfassten.[19] Zur Verhinderung von Missbrauch dürfe der Mitgliedstaat aber eine Berufstätigkeit von einer bestimmten Mindestdauer verlangen.

Am gleichen Tag entschied der EuGH in der Rs. *Brown* aber auch, dass der Gleichstellungsanspruch gemäß Art. 7 Abs. 2 Verordnung (EWG) 1612/68 nicht aus einem Arbeitsverhältnis abgeleitet werden kann, das als studiumsvorbereitendes Praktikum absolviert wird und das ein Studierender nur deshalb erhalten hat, weil er bereits die anschließende Hochschulzulassung besitzt.[20]

Es zeigt sich, dass die Arbeitnehmereigenschaft den zentralen Status darstellt, der dann, wenn er einmal erworben ist, weitreichende Integration und soziale Teilhabe gewährt.

2. Freizügigkeit und Gleichstellung für Familienangehörige

Für die sozialen Rechte wohl noch wirkungsvoller war die Einbeziehung der Familienangehörigen sowohl in die Freizügigkeit als auch in die Gleichstellungsgebote. Schon die ersten Verordnungen wiesen durch die Einbeziehung der Familienangehörigen über die Gruppe der Wanderarbeitnehmer hinaus. Normativ sah Art. 12 Verordnung (EWG) 1612/68 für Kinder von Wanderarbeitnehmern gleichen Zugang zu Schul- und Berufsausbildungsangeboten im Aufenthaltsstaat vor. Der EuGH hat schon früh auch darüber hinaus eigene soziale Rechte dieser Familienangehörigen hinzugefügt.

---

18 EuGH, *Meints/Minister van Landbouw, Natuurbeheer en Visserij*, C-57/96, Slg. 1997, I-6708, Rn. 39-41.

19 EuGH, *Lair/Universität Hannover*, C-39/86, Slg. 1988, S. 3190.

20 EuGH, *Brown/Secretary of State for Scotland*, C-197/86, Slg. 1988, S. 3237.

1973 entschied er in der Rs. *Michel S.*, dass für Kinder mit Behinderungen das Recht auf gleichen Zugang zu Unterricht und Berufsausbildung gemäß Art. 12 Verordnung (EWG) 1612/68 auch Maßnahmen der Teilhabe (so würden sie heute genannt) umfasst.[21]

Dass hierzu auch finanzielle Förderleistungen zählen, klärte der EuGH 1974 in der Rs. *Casagrande*, weil das bayerische Ausbildungsförderungsgesetz seine Leistungen auf Deutsche, heimatlose Ausländer und Asylberechtigte begrenzte.[22]

1975 folgte in der Rs. *Cristini* die Herleitung sozialer Rechte von Familienangehörigen unmittelbar aus Art. 7 Abs. 2 Verordnung (EWG) 1612/68. Da die Verordnung (EWG) 1251/70[23] Arbeitnehmern und ihren Familienangehörigen auch nach Beendigung der Beschäftigung ein dauerhaftes „Verbleiberecht" einräumte, könnten Familienangehörige nach dem Tod des Arbeitnehmers die gleichen sozialen Rechte beanspruchen, die der Arbeitnehmer zu Lebzeiten hätte beanspruchen können.[24]

Allerdings präzisierte der EuGH später (1987) in der Rs. *Lebon*, dass sich die Leistung, die Familienangehörige geltend machen, als soziale Vergünstigung für den Arbeitnehmer verstehen lassen muss, was voraussetzt, dass bei erwachsenen Familienangehörigen der Arbeitnehmer tatsächlich Unterhalt gewährt und damit die Sozialleistung auch seine Situation erleichtert.[25]

3. Kinder als „Anker" für Aufenthaltsrecht und Sozialleistungen

Besonders weitreichend wirkte sich das Recht auf Zugang zu Schule und Ausbildung für die Kinder des Wanderarbeitnehmers aus, das in Art. 12 Verordnung (EWG) 1612/68 garantiert war. In drei Schritten entwickelte der EuGH aus dem Recht auf Bildungsteilhabe ein umfassendes Recht auf soziale Leistungen.

Zunächst gestand der EuGH in der Rs. *Echternach und Moritz* dem Kind eines Wanderarbeitnehmers nach dem Wegzug der Familie ein eigenständiges Aufenthaltsrecht

21 EuGH, *Michel S./Fonds national de reclassement social des handicapés*, C-76/72, Slg. 1973, S. 458.

22 EuGH, *Casagrande/Landeshauptstadt München*, C-9/74, Slg. 1974, S. 774; ebenso für eine ähnliche französische Regelung EuGH, *Alaimo/Préfet du Rhône*, C-68/74, Slg. 1975, S. 110.

23 Verordnung (EWG) Nr. 1251/70 vom 29. Juni 1970 über das Recht der Arbeitnehmer, nach Beendigung einer Beschäftigung im Hoheitsgebiet eines Mitgliedstaats zu verbleiben, ABl. Nr. L 124 vom 30.6.1970, S. 24.

24 EuGH, *Cristini/S.N.C.F.*, C-32/75, Slg. 1975, S. 1085, Rn. 14/18.

25 EuGH, *CPAS de Courcelles/Lebon*, C-316/85, Slg. 1987, S. 2832.

bis zum Abschluss seines Studiums zu.[26] Denn mit dem Schulabschluss, den *Moritz* im Beschäftigungsstaat seiner Eltern erworbenen hatte, konnte er sein Studium nicht im neuen Wohnstaat der Familie fortsetzen.

Sodann leitete der EuGH in der Rs. *Baumbast und R* aus diesem auch eigenständig fortbestehenden Aufenthaltsrecht der in diesen Fällen noch minderjährigen, schulpflichtigen Kinder, ein akzessorisches Aufenthaltsrecht für das Elternteil ab, auf dessen tatsächliche Fürsorge die Kinder angewiesen sind.[27] Dies ist insbesondere für Eltern relevant, die selbst die Staatsangehörigkeit eines Nicht-EU-Staates besitzen.[28] Aber im Grundsatz kann auch Eltern, die Staatsangehörige eines Mitgliedstaates sind, ein Aufenthaltsrecht durch ihr Kind vermittelt werden.[29] In der Rs. *Baumbast und R* stellte der EuGH aber für den Vater nicht hierauf, sondern auf die Unionsbürgerschaft ab. Dies dürfte zum einen den faktischen Grund gehabt haben, dass der deutsche Vater die meiste Zeit im Ausland tätig war und nur wenige Monate im Jahr bei seiner deutsch-kolumbianischen Familie im Vereinigten Königreich verbrachte und daher für die tatsächliche Fürsorge der Kinder entbehrlich war. Zum anderen wollte der EuGH damit auch gerade die Stärke der Unionsbürgerschaft als freizügigkeitsbegründenden Status demonstrieren (hierzu sogleich unter III.).

Im dritten Schritt folgerte der EuGH in der Rs. *Teixera* dann aus den Aufenthaltsrechten bis zum Ausbildungsabschluss die Gleichstellung beim Zugang zu Existenzsicherungsleistungen.[30] Andernfalls wäre faktisch der Verbleib der Kinder bis zum Schulabschluss gescheitert, weil im konkreten Fall die alleinerziehende Mutter dreier Kinder nicht erwerbstätig war.

An dieser Entwicklung zeigt sich besonders deutlich, wie ernst es dem EuGH mit dem Integrationsversprechen für Wanderarbeitnehmer *und* ihre Familienangehörigen war. Kinder von Wanderarbeitnehmern sollen nicht das Risiko tragen, dass eine von ihren Eltern getroffene Migrationsentscheidung sie nachteilig trifft. Vielmehr sollen sie bis zu ihrer eigenen wirtschaftlichen Selbständigkeit die gleichen sozialen Chancen haben, wie die Kinder der Gesellschaft, in der sie leben.

---

26 EuGH, *Echternach u.a./Minister van Onderwijs en Wetenschappen*, C-389/87 u. 390/87, Slg. 1989, S. 723.

27 EuGH, *Baumbast und R*, C-413/99, Slg. 2002, I-7091.

28 EuGH, *Ruiz Zambrano*, C-34/09, Slg. 2011, I-1177; st. Rspr., vgl. aktuell EuGH, *NA*, C-115/15, EU:C:2016:487.

29 Vgl. *Wallrabenstein*, JZ 2016, 109.

30 EuGH, *Teixera*, C-480/08, Slg. 2010, I-1107.

III. Quantensprung

Mit dem Vertrag von Maastricht und der dort begründeten Unions-bürgerschaft, womöglich aber ebenso auch bestärkt durch die Verwirklichung eines europäischen Binnenraumes durch den Abbau der Binnengrenzkontrollen und der daraus folgenden europäischen Kompetenzen für Migrationspolitik insgesamt, erfuhr die europäische Rechtsprechung zu sozialen Rechten in den 1990er und 2000er Jahren geradezu einen Quantensprung.

1. Gleichstellung der Unionsbürger und Unionsbürgerschaft als „grundlegender Status"

Signalwirkung kam dabei zunächst der Entscheidung in der Rs. *Martinez Sala* zu.[31]

> Die nach Darlegung des Vorlagegerichts rechtmäßig in Deutschland lebende *Martinez Sala* – sie war seit ihrem 12. Lebensjahr in Deutschland, in den letzten Jahren vor der Geburt ihres Kindes nur selten erwerbstätig und bezog Sozialhilfe – erhielt kein Erziehungsgeld, weil sie keinen förmlichen Aufenthaltstitel besaß. In geradezu schnippischer Weise führt der EuGH vor, dass die aufwendigen Antworten auf die Fragen, ob *Martinez Sala* Arbeitnehmerin i. S. d. Verordnung (EWG) 1612/68 oder i. S. d. Verordnung (EWG) 1408/71 sei, schlicht überflüssig sind, wenn die Rechtmäßigkeit ihres Aufenthalts unstreitig ist. Denn in diesem Fall gelten die Vertragsbestimmungen über die Unionsbürgerschaft, zu der auch das Diskriminierungsverbot aufgrund der Staatsangehörigkeit zählt. Daher sei es unionsrechtswidrig, von ihr formale Aufenthaltstitel zu verlangen, die von deutschen Staatsangehörigen nicht gefordert werden.
>
> Ähnlich gelagert war die Situation in der Rs. *Grzelczyk.*[32] Ihm stand jedenfalls ein Aufenthaltsrecht als Student aufgrund der Richtlinie 93/96/EWG[33] zu. Auf dieses Aufenthaltsrecht gestützt, griff der EuGH auf die Unionsbürgerschaft als „dem grundlegenden Status der Angehörigen der Mitgliedstaaten" zurück und wandte deshalb das Diskriminierungsverbot des EG-Vertrages an. Hiergegen verstoße die belgische Regelung, dass für Existenzminimumsleistungen Angehörige anderer Mitgliedstaaten in den persönlichen Anwendungsbereich der Verordnung (EWG) 1612/68 fallen, also Arbeitnehmer oder deren Familienangehörige sein müssen. Darauf, dass *Grzelczyk* wegen bisheriger Erwerbstätigkeit womöglich auch Arbeitnehmer i. S. d. Verordnung (EWG) 1612/68 war, kam es deshalb nicht mehr an.

---

31 EuGH, *Martinez Sala/Freistaat Bayern*, C-85/96, Slg. 1998, I-2691.

32 EuGH, *Grzelczyk*, C-184/99, Slg. 2001, I-6193.

33 Richtlinie 93/96/EWG vom 29. Oktober 1993 über das Aufenthaltsrecht der Studenten, ABl. Nr. L 317 vom 18.12.1993, S. 59.

Die Aussage, dass mit der Einführung der Unionsbürgerschaft als grundlegendem Status die Fokussierung auf die Arbeitnehmereigenschaft zur Begründung von (sozialer) Gleichstellung verzichtbar wurde, wurde als starkes Signal wahrgenommen, dass der EuGH seine Rolle als Motor der Integration auch – gerade – für die junge Europäische Union angenommen hatte und ausüben wollte. Jedenfalls in Deutschland stand daher in den 2000er Jahren außer Zweifel, dass Unionsbürger in praktisch allen Belangen deutschen Staatsangehörigen gleichgestellt seien.

2. Rückwirkung auf Arbeitnehmerfreizügigkeit für Arbeitsuchende

Die dem Unionsbürgerstatus nun geradezu nachgeordnete Rolle der „alten" Arbeitnehmerfreizügigkeit thematisierte der EuGH 2004 in der Rs. *Collins*.[34]

> Der amerikanisch-irische Staatsangehörige *Collins* kehrte nach 17 Jahren in den USA in das Vereinigte Königreich zurück, um Arbeit zu suchen. Die Beihilfe für Arbeitsuchende wurde ihm versagt, weil er sich erst zur Arbeitssuche hierher begeben hatte und daher nicht seinen gewöhnlichen Aufenthalt (*habitual residence*) im Vereinigten Königreich habe. Der EuGH sah hierin ein zulässiges Kriterium, um die tatsächliche Verbindung zum räumlichen Arbeitsmarkt (*genuine link between applicant and the geographic employment market*) zu prüfen, die ihrerseits legitim sei, um den Arbeitnehmerstatus festzustellen, der für soziale Vergünstigungen i. S. v. Art. 7 Abs. 2 Verordnung (EWG) 1612/68 Voraussetzung ist.

Nicht das Ergebnis, sondern seine Herleitung war bemerkenswert. Denn der EuGH stützte seine Überlegung nicht auf die primärrechtliche Verankerung der Arbeitnehmerfreizügigkeit, nach der geklärt war, dass Arbeitsuchende zwar ein Aufenthaltsrecht aber keine sozialen Gleichstellungsrechte genießen. Stattdessen griff der EuGH auch hier aufgrund des Aufenthaltsrechts, das zur Arbeitssuche bestand, auf den Unionsbürgerstatus und dessen allgemeines Diskriminierungsverbot zurück. Dadurch unterwarf der EuGH die sekundärrechtliche Einschränkung des Gleichstellungsrechts gemäß Art. 7 Abs. 2 Verordnung (EWG) 1612/68 einer primärrechtlichen Rechtfertigungsprüfung.

Auf diese Weise zog der EuGH dogmatische Konsequenzen aus dem grundlegenden Status der Unionsbürgerschaft. Zugleich legte er einen

34 EuGH, *Collins*, C-138/02, Slg. 2004, I-2703.

Grundstein dafür, wie Differenzierungen zumindest bei arbeitsmarktbezogenen Leistungen gerechtfertigt werden können. Denn eine tatsächliche Verbindung zum räumlichen Arbeitsmarkt darf gefordert werden, und hierfür taugliche Leistungsvoraussetzungen dürfen etabliert werden.

3. Koordinierungsverordnung, Freizügigkeitsrichtlinie

Im Jahr der *Collins*-Entscheidung und gemeinsam am gleichen Tag wurden die neue Koordinierungsverordnung VO (EG) 883/2004,[35] die die bisherige Verordnung (EWG) 1408/71 aktualisierte, und die Freizügigkeitsrichtlinie RL 2004/38/EG[36] verabschiedet, die die bisher personengruppenspezifischen Freizügigkeitsrichtlinien sowie einen Teil der Freizügigkeitsverordnungen zu einem einheitlichen Freizügigkeitsregime zusammenführte. Auch sie waren durchgehend von der Zielsetzung getragen, nicht mehr die Arbeitnehmereigenschaft, sondern allgemein die Unionsbürgerschaft zum konzeptionellen Ausgangspunkt zu nehmen und Differenzierungen zwischen erwerbstätigen und nicht-erwerbstätigen Unionsbürgern erst auf nachgeordneter Stufe vorzunehmen.

Die Schwachstelle dieser Kodifikationen lag aber darin, dass nicht hinreichend klar herausgearbeitet war, welche Bedeutung die Rechtmäßigkeit des Aufenthalts für die Gleichbehandlungsrechte hat.

In der Sozialrechtskoordinierung kann der rechtmäßige Aufenthalt an drei unterschiedlichen Stellen von Bedeutung sein. Zunächst kann das Erfordernis des rechtmäßigen Aufenthalts eine einseitige Kollisionsnorm darstellen. Es würde dann regelmäßig von Art. 11 Verordnung (EG) 883/2004 verdrängt und der Staat wäre auch ohne rechtmäßigen Aufenthalt zuständig.[37]

35 Verordnung (EG) Nr. 883/2004 vom 29. April 2004 zur Koordinierung der Systeme der sozialen Sicherheit, ABl. Nr. L 166 vom 30.4.2004, S. 1.

36 Richtlinie 2004/38/EG vom 29. April 2004 über das Recht der Unionsbürger und ihrer Familienangehörigen, sich im Hoheitsgebiet der Mitgliedstaaten frei zu bewegen und aufzuhalten, zur Änderung der Verordnung (EWG) Nr. 1612/68 und zur Aufhebung der Richtlinien 64/221/EWG, 68/360/EWG, 72/194/EWG, 73/148/EWG, 75/34/EWG, 75/35/EWG, 90/364/EWG, 90/365/EWG und 93/96/EWG, ABl. Nr. L 158 vom 30.4.2004, S. 77.

37 Dieses Verständnis legte die Kommission dem Vertragsverletzungsverfahren gegen das Vereinigte Königreich C-308/14 zugrunde, in dem die Kommission argumentierte, dass das Erfordernis des rechtmäßigen Aufenthalts nicht den Vorgaben des Art. 11 der Verordnung (EG) Nr. 987/2009 vom 16. September 2009 zur Festlegung der Modalitäten für die Durchführung der Verordnung (EG) Nr. 883/2004 über die

Auf der nachgelagerten Stufe der anzuwendenden Leistungsvoraussetzungen sind Anforderungen an den rechtmäßigen Aufenthalt sodann diskriminierend, da sie nur für Unionsbürger aus anderen Mitgliedstaaten, aber nicht für die eigenen Staatsangehörigen Hindernisse darstellen können.[38] Schließlich kann der rechtmäßige Aufenthalt als Leistungsbedingung verstanden werden, die einen Export verhindert, was grundsätzlich verboten, aber bei den besonderen beitragsunabhängigen Leistungen gemäß Art. 70 Abs. 4 Verordnung (EG) 883/2004 zulässig ist. Ein Mitgliedstaat, der Leistungen an den rechtmäßigen Aufenthalt knüpfen will, handelt daher nur dann im Einklang mit der Koordinierungsverordnung, wenn die Leistung als beitragsunabhängige Leistung einzustufen ist. Je nach koordinierungsrechtlicher Verortung des rechtmäßigen Aufenthalts, ergeben sich also unterschiedliche Folgerungen für seine Zulässigkeit. Während die Verordnung (EG) 883/2004 für die kollisionsrechtliche Frage des zuständigen Staates und für die leistungsrechtliche Frage der Exportierbarkeit Antworten bereit hält,[39] steht für die Frage zulässiger Leistungsvoraussetzungen nur das allgemeine Diskriminierungsverbot des Art. 4 zur Verfügung. Ohne spezifischere und konkretere Aussagen des Koordinierungsrechts blieb so Raum für politische Bestrebungen, Sozialleistungen an den rechtmäßigen Aufenthalt zu knüpfen.

Anders setzt die Freizügigkeitsrichtlinie schon in ihrem Ausgangspunkt beim rechtmäßigen Aufenthalt an. Ihre erste Aufgabe besteht schließlich darin, die Bedingungen, unter denen ein rechtmäßiger Aufenthalt besteht, zum Ausdruck zu bringen. Dadurch ist der Wegfall der Rechtmäßigkeit sowie die sich daran anschließenden Regelungsmöglichkeiten der Mitgliedstaaten elementarer Bestandteil der Richtlinie selbst. Offen bleibt jedoch, wie sich die Gleichstellungsrechte, also die Konkretisierung des primärrechtlichen Diskriminierungsverbots, zur Rechtmäßigkeit des Aufenthalts verhalten.

Koordinierung der Systeme der sozialen Sicherheit, ABl. Nr. L 284 vom 30.10.2009, S. 1, zur Bestimmung des Wohnortes entspreche, der für die allgemeinen Kollisionsregeln des Art. 11 Verordnung (EG) 883/2004 maßgeblich sei, EuGH, *Kommission/Vereinigtes Königreich*, C-308/14, EU:C:2016:436, Rn. 28-32. Der EuGH ist dieser kollisionsrechtlichen Sicht auf das Erfordernis des rechtmäßigen Aufenthalts nicht gefolgt, ebd., Rn. 62-73.

38 Der EuGH hat darin nur eine mittelbare Diskriminierung gesehen, EuGH, *Kommission/Vereinigtes Königreich*, C-308/14, EU:C:2016:436, Rn. 77-79. Dies ist dogmatisch nicht erklärbar, zur Kritik s. *O'Brien*, CMLRev. 53 (2016), 209 (226 ff.); *Shuibhne*, MJ 6 (2016), 908; *Eichenhofer*, ZESAR 2017, 46 (48), sondern dem Anliegen geschuldet, die Rechtfertigung der Diskriminierung zu ermöglichen.

39 Art. 11 Verordnung (EG) 883/2004, bei dessen Wohnsitzanforderungen es nicht auf den rechtmäßigen, sondern den gewöhnlichen Aufenthalt ankommt, vgl. Art. 11 Verordnung (EG) 987/2009 bzw. Art. 70 Abs. 4 Verordnung (EG) 883/2004.

Art. 24 Richtlinie 2004/38/EG, der die Gleichbehandlung umfasst, gibt hierüber keine Auskunft. Stattdessen greift sein Abs. 2 nur die von der dargestellten Rechtsprechung angedeutete Möglichkeit auf, bei bestehendem Aufenthaltsrecht zwischen Unionsbürgern mit unterschiedlicher Begründung dieses Aufenthaltsrechts zu differenzieren. Während des unionsrechtlichen Kurzaufenthaltsrechts, das praktisch bedingungsfrei ist, müssen die Mitgliedstaaten keine Gleichstellung bei der Sozialhilfe einräumen. Ebenso müssen sie während des Aufenthaltsrechts zur Arbeitssuche, das aus der primärrechtlichen Arbeitnehmerfreizügigkeit folgt, keine Sozialhilfe gewähren. Drittens können schließlich Studienbeihilfen auf Unionsbürger mit Daueraufenthaltsrecht beschränkt werden. Für den Fall, dass das Aufenthaltsrecht weggefallen ist, regelt die Richtlinie aber nichts zur Frage der Diskriminierungsverbote.

IV. Umkehrung

1. Rechtmäßiger Aufenthalt als Voraussetzung für Gleichbehandlung

Die also von beiden Regelungsregimen offen gelassene Frage, welche Gleichstellungsrechte Unionsbürger ohne Aufenthaltsrecht besitzen, wurde deshalb durch Vorlagefragen vor den EuGH getragen.

Zunächst hatte der EuGH in der Rs. *Brey* zu entscheiden, ob die österreichische Rentenaufstockung an einen rechtmäßigen Aufenthalt anknüpfen dürfe.[40] Der EuGH sah dies als zulässig an, wenn damit im Einzelfall ein angemessenes Ergebnis erzielt werde. In dieser Kurzform lässt sich darin eine Fortführung der Rechtsprechung in der Rs. *Collins* erkennen, weil die Angemessenheit im Einzelfall letztlich davon abhängt, welche Verbindung zwischen Antragsteller und Aufenthaltsstaat besteht.

Fragestellung, Begründung und Rezeption gingen aber in eine andere Richtung. Denn das rechtspolitische Anliegen des Verfahrens bestand darin, die offen gelassene Frage zu entscheiden, ob unionsrechtliche Gleichstellungsrechte auch gelten, wenn kein rechtmäßiger Aufenthalt besteht.

Dies verneinte der EuGH in der Rs. *Dano*.[41] Das vorlegende deutsche Gericht (1. Instanz) konstruierte hierfür in sachlicher wie rechtlicher Hinsicht einen Sachverhalt,

40 EuGH, *Brey*, C-140/12, EU:C:2013:565.

41 EuGH, *Dano*, C-333/13, EU:C:2014:2358.

nachdem die Klägerin kein Aufenthaltsrecht habe und das deutsche Recht den Leistungsanspruch an einen rechtmäßigen Aufenthalt knüpfe. Letzteres entsprach damals schlicht nicht dem Normtext (§ 7 Abs. 1 S. 2 SGB II a. F.) und ersteres war mindestens unklar. Gleichwohl konnte der EuGH auf diese Vorlage hin entscheiden, dass ohne ein Recht zum Aufenthalt kein Diskriminierungsschutz besteht.[42]

Das Echo hierauf war geteilt. Einerseits wurde kritisiert, dass die Unionsbürgerschaft wohl schwerlich einen grundlegenden Status darstellen kann, wenn er abhängig davon ist, dass ein Aufenthaltsrecht besteht.[43] Denn solange ein Staatsangehöriger eines Mitgliedstaates diesen nicht verlässt, „aktiviert" er seinen Unionsbürgerstatus nicht. Wenn es aber für diese „Aktivierung" nicht ausreicht, sich in einen anderen Mitgliedstaat zu begeben, sondern wenn hierfür weitere Voraussetzungen erforderlich sind, wie Erwerbstätigkeit oder das Verfügen über ausreichende Existenzmittel, dann bleibt all denen, die diese ökonomischen Voraussetzungen nicht erfüllen, der „grundlegende" Unionsbürgerstatus dauerhaft verschlossen.[44]

Andererseits wurde diese Ausklammerung derjenigen ohne Aufenthaltsrecht aus dem unionsrechtlichen Gleichstellungsregime aber als konsistent und letztlich pragmatisch sinnvoll angesehen. Schließlich sei eine unbegrenzte Mobilität zu keinem Zeitpunkt konsentiert gewesen. Vielmehr sei die Unionsbürgerfreizügigkeit bereits primärrechtlich unter Bedingungen gestellt.[45]

2. Erwerbstätigkeit als Voraussetzung für Gleichbehandlung

Gewissermaßen spiegelbildlich fiel die Reaktion auf die anschließende Vorlageentscheidung in der Rs. *Alimanovic* aus.[46]

---

42 Ebd., Rn. 69.

43 *Wallrabenstein* (Fn. 29), 120; *Shuibhne*, CMLRev. 52 (2015), 889; *Spaventa*, Earned Citizenship: Understanding Union Citizenship Through its Scope, 2014, einsehbar unter https://papers.ssrn.com/sol3/papers.cfm?abstract_id=2497941 (zuletzt besucht am 2.1.2020); *Düsterhaus*, EuConstLR 11 (2015), 121 (138).

44 Vgl. *Wallrabenstein*, Das Verfassungsrecht der Unionsbürgerschaft, in: FS Brun-Otto Bryde, 2013, S. 741 (757 ff.); *dies.*, ZESAR 2016, 349 (352) m. w. N.; ähnlich *Frings*, Vorgänge 2014, 13; *Kingreen*, NVwZ 2015, 1503; *Farahat*, DLV 2016, 45; *Schreiber*, NZS 2016, 847.

45 i. E., trotz Kritik an der Aussage, dass die Unionsgrundrechte keine Anwendung fänden, *Wollenschläger*, NVwZ 2014, 1628; *Thym*, NJW 2015, 130; *Spiegel*, Sozialrecht aktuell 2015, 51.

46 EuGH, *Alimanovic*, C-67/14, EU:C:2015:597.

Sie betraf Grundsicherungsansprüche einer schwedischen Staatsangehörigen und ihrer teils in Deutschland geborenen Kinder. Nach einigen Jahren in Schweden war die Familie nach Deutschland zurückgekehrt und Mutter sowie älteste Tochter gelegentlich kurzzeitig beschäftigt. Zunächst gewährte Grundsicherung wurde von den Behörden versagt, da das Aufenthaltsrecht allein zum Zweck der Arbeitssuche bestehe, wie es in Art. 24 Abs. 2 Richtlinie 2004/38/EG angelegt war.

Damit der EuGH diesen Ausschluss von sozialen Rechten einer inhaltlichen Rechtfertigungsprüfung unterziehen werde, fragten deutsche Gerichte nach der Vereinbarkeit einerseits mit dem Diskriminierungsverbot der Verordnung (EG) 883/2004 und andererseits mit den primärrechtlichen Diskriminierungsverboten der Art. 45 Abs. 2 i. V. m. Art. 18 AEUV. Die Erwartung, dass der EuGH seine Rechtsprechung in der Rs. *Collins* fortsetzen und zu einem differenzierten Ergebnis kommen würde, bei dem das Maß der tatsächlichen Verbindung zum räumlichen Arbeitsmarkt ausschlaggebend ist,[47] wurden aber enttäuscht. Der EuGH beschränkte sich darauf, einer 1:1-Umsetzung der in Art. 24 Abs. 2 Richtlinie 2004/38/EG eingeräumten Möglichkeit für Leistungsausschlüsse den Rücken zu stärken und nahm insbesondere keine primärrechtliche Rechtfertigungsprüfung vor.[48]

Gleiches gilt für die Rs. *Garcia-Nieto*, die Grundsicherungsleistungen während der ersten drei Aufenthaltsmonate betraf.[49]

Gemeinsam mit seinem Sohn zog ein spanischer Staatsangehöriger mit seiner Lebensgefährtin und der gemeinsamen Tochter nach Deutschland hinterher, nachdem diese Arbeit gefunden hatte. Für die ersten drei Monate seines Aufenthalts versagten ihm die Behörden Grundsicherungsleistungen.

Auch hier bestätigte der EuGH, dass mitgliedstaatliche Regeln, die von der Möglichkeit des Art. 24 Abs. 2 Richtlinie 2004/38/EG Gebrauch machen,

---

47 Diesem Konzept folgten die Schlussanträge des GA *Wathelet* EuGH, *Alimanovic*, C-67/14, EU:C:2015:210; s. aus der Literatur etwa *Fuchs*, ZESAR 201, 95.

48 EuGH, *Alimanovic*, C-67/14, EU:C:2015:597, Rn. 46 f.: Weil das deutsche Arbeitslosengeld II nicht als finanzielle Leistung eingestuft werden könne, die den Zugang zum Arbeitsmarkt erleichtern soll, sei die Frage nicht zu beantworten. Auch wenn denkbar ist, dass hinter dieser Schlussfolgerung der Gedanke steht, dass Art. 45 Abs. 2 AEUV nicht einschlägig sei, erklärt sich damit nicht, warum eine Überprüfung an Art. 18 AEUV nicht in Frage kommt. Dies steht jedenfalls in direktem Gegensatz zu den Aussagen in der Rs. *Collins*, s. o.

49 EuGH, *Garcia-Nieto u.a.*, C-299/14, EU:C:2016:114.

mit dem Sekundärrecht vereinbar sind. Eine Prüfung an primärrechtlichen Gleichbehandlungsgeboten hielt er mit der prozessualen Begründung für entbehrlich, dass das vorlegende Gericht sie nur für den Fall beantwortet wissen wollte, dass das Diskriminierungsverbot des Art. 4 Verordnung (EG) 883/2004 nicht anwendbar ist. Tatsächlich dürfte die Frage aber anders gemeint gewesen sein, was das vorlegende Gericht bei seiner Erklärung zur Erledigung der ersten Frage durch die Rs. *Dano* wohl übersehen hatte.

Nimmt man die im Ergebnis umgekehrte Entscheidung in der Rs. *Gusa*[50] hinzu, wird deutlich, dass für den EuGH bei der Frage, wer sich auf sozialrechtliche Gleichbehandlung berufen kann, die Abgrenzung zwischen Erwerbstätigen und Nicht-Erwerbstätigen die entscheidende Differenzierung ist.

> Denn hier ging es um einen Unionsbürger, der zwar nicht als Arbeitnehmer aber als Selbständiger länger als ein Jahr erwerbstätig war und dann „unfreiwillig" seinen Betrieb aufgeben musste. Er behielt sein Aufenthaltsrecht als Erwerbstätiger und nicht als Arbeitsuchender, sodass sich die Frage nach Leistungsausschlüssen gar nicht stellte.

3. Weitere „unzureichende" Aufenthaltsrechte?

Diesen Gedanken, dass nur Erwerbstätige soziale Gleichstellung beanspruchen können, greifen gegenwärtig die Mitgliedstaaten auf und experimentieren auf nationaler Ebene mit Leistungsausschlüssen für weitere Unionsbürger, die zwar ein Aufenthaltsrecht besitzen, aber nicht erwerbstätig sind.

> Der Oberste Gerichtshof Österreichs hält das Aufenthaltsrecht von Familienangehörigen, die in gerade aufsteigender Linie mit einem erwerbstätigen Unionsbürger verwandt sind und von diesem unterhalten werden (Art. 2 Nr. 2 lit. d) Richtlinie 2004/38/EG), für nicht hinreichend, um Sozialleistungen beanspruchen zu können.[51]

Man kann darin ein recht deutliches Petitum für eine Ergänzung der Aufenthaltsrechte erkennen, die nach Art. 24 Abs. 2 Richtlinie 2004/38/EG vom Diskriminierungsschutz ausgenommen sind. Aus europäischer Perspektive

---

50 EuGH, *Gusa*, C-442/16, EU:C:2017:1004.

51 OGH, v. 19.7.2016 – 10 ObS 31/16f.; vgl. *Wallrabenstein*, ZESAR 2018, 357 (361 f.); *dies.*, in SDSRV 68 (2018), 149 (169 f.).

ist daran besonders bemerkenswert, dass ein mitgliedstaatliches Gericht es nicht für nötig erachtet, hierzu den EuGH anzurufen, zumal ein Widerspruch zur Entscheidung in der Rs. *Lebon* klar auf der Hand liegt.

Auf der gleichen Linie liegen die Änderungen des deutschen Gesetzgebers bei den Ausschlüssen von der Grundsicherung Ende 2016.[52] Ausgeschlossen sind seitdem auch Kinder, die ein Aufenthaltsrecht gemäß Art. 10 Verordnung (EU) 492/2011[53] bis zum Abschluss ihrer Ausbildung haben,[54] und ihre Eltern, die ihr Aufenthaltsrecht von ihren Kindern ableiten.[55] Der deutsche Gesetzgeber nimmt sich damit die „Freiheit", die Entscheidung in der Rs. *Teixeira*[56] schlicht zu ignorieren.[57]

Nimmt man beides zusammen, wird die Tendenz deutlich, soziale Gleichstellung auf aktiv Erwerbstätige zu reduzieren. Die Idee von Integration und sozialer Chancengleichheit, die für die Entwicklung der Arbeitnehmerfreizügigkeit so prägend war, ist vollständig ausgeblendet und dem Bestreben geopfert, auch solche Unionsbürger sozial auszuschließen, die nicht wirtschaftlich aktiv und produktiv sind.

Ob an diesem Trend die aktuelle Entscheidung in der Rs. *Bogatu*[58] etwas zu ändern vermag, ist eine interessante Frage.

Die irischen Behörden versagten einem rumänischen Unionsbürger, der zuvor erwerbstätig war, im fraglichen Zeitraum aber beitragsunabhängige Leistungen bei Ar-

52 Gesetz zur Ermittlung von Regelbedarfen sowie zur Änderung des Zweiten und des Zwölften Buches Sozialgesetzbuch, BGBl. 2016 I 3159; verfassungsrechtliche Bedenken äußerten etwa *Devetzi/Janda*, ZESAR 2017, 197 m. w. N.

53 Verordnung (EU) Nr. 492/2011 vom 5. April 2011 über die Freizügigkeit der Arbeitnehmer innerhalb der Union, ABl. Nr. L 141 vom 27.5.2011, S. 1.

54 Zur Eigenständigkeit dieses Aufenthaltsrechts des Kindes von demjenigen eines Elternteils vgl. EuGH, *Ibrahim und Secretary of State for the Home Department*, C-310/08, Slg. 2010, I-1065, Rn. 41.

55 Zu diesem abgeleiteten Aufenthaltsrecht s. o.: EuGH, *Baumbast und R*, C-413/99, Slg. 2002, I-7091 und *Teixeira*, C-480/08, Slg. 2010, I-1107; EuGH, *NA*, C-115/15, EU:C:2016:487.

56 EuGH, *Teixeira*, C-480/08, Slg. 2010, I-1107.

57 Kritisch zahlreiche Sachverständige im Gesetzgebungsverfahren, vgl. BT Ausschuss-Dr. 18(11)851; vgl. auch *Derksen*, info also 2016, 257; *Leopold*, in: Schlegel/Voelzke (Hrsg.), jurisPK-SGB II, § 7, Rn. 99.15 und 99.16; *Becker*, in: Eicher/Luik (Hrsg.), SGB II, § 7, Rn. 50 f.; *Devetzi/Janda* (Fn. 52), 203 ff.; inzwischen liegt dem EuGH unter C-181/19 ein Vorabentscheidungsersuchen vor: LSG Nordrhein-Westfalen vom 14.2.2019 – L 19 AS 1104/18 = NZS 2019, 314.

58 EuGH, *Bogatu*, C-322/17, EU:C:2019:201; vgl. *Schreiber*, ZESAR 2019, 384.

beitslosigkeit bezog, Familienleistungen, die unstreitig zu den koordinierten Leistungen i. S. d. Verordnung (EG) 883/2004 zählen. Die hierfür dem EuGH angebotene Begründung lautete, dass der Wortlaut der Koordinierungsnorm zwar anders als die Vorgängerregelung nicht von „Arbeitnehmer", sondern allgemein von „Person" spreche, dies aber so verstanden werden müsse, dass damit nur Personen gemeint seien, die nach einer Beschäftigung weiterhin eine hiermit in Zusammenhang stehende Geldleistung beziehen. Anders ausgedrückt definierte die irische Regierung die Erweiterung des persönlichen Anwendungsbereichs der Koordinierungsverordnung von Arbeitnehmern zu allgemein Unionsbürgern schlicht weg. Der EuGH ist diesem Ansinnen deutlich entgegengetreten. Die Entscheidung des europäischen Gesetzgebers, Leistungen der sozialen Sicherheit Personen unabhängig davon zu gewähren, ob sie erwerbstätig sind, sei eindeutig.

Da der EuGH hier aber allein mit dem Wortlaut und der Absicht des Gesetzgebers argumentiert, bleibt auch diese jüngste Entscheidung mit dem politischen Ansinnen vereinbar, die personelle Weite der Verordnung (EG) 883/2004 zurückzunehmen, oder zumindest Differenzierungen nach dem Aufenthaltsrecht vorzusehen.

Der 2016 präsentierte Kommissionsvorschlag zur Änderung des Art. 4 Verordnung (EG) 883/2004 sah[59] dies vor.[60] Er griff damit auf, was der EuGH am Vorabend des Brexit-Referendums gewissermaßen dem Vereinigten Königreich bereits in der Rs. *Kommission/Vereinigtes Königreich*[61] angeboten hatte: Die Anknüpfung einer Leistung an ein Recht zum Aufenthalt (*right to reside*), die der EuGH aus Art. 24 Abs. 2 Richtlinie 2004/38/EG heraus- und in Art. 4 Verordnung (EG) 883/2004 hineingelesen hatte, sei auch für andere soziale Leistungen außerhalb der „Sozialhilfe", konkret für Familienleistungen, möglich.[62] Rat und Parlament haben diesen Vorschlag jüngst jedoch gestrichen, sodass die für April geplante Verabschiedung der Änderungen wohl das Diskriminierungsverbot unangetastet lässt. Man darf jedoch annehmen, dass damit die Debatte noch nicht beendet ist.

---

59 In der Legislaturperiode des Europäischen Parlaments bis zum 30.6.2019 wurde der Entwurf nicht umgesetzt.

60 Vorschlag für eine Verordnung des Europäischen Parlaments und des Rates zur Änderung der Verordnung (EG) Nr. 883/2004 zur Koordinierung der Systeme der sozialen Sicherheit und der Verordnung (EG) Nr. 987/2009 zur Festlegung der Modalitäten für die Durchführung der Verordnung (EG) Nr. 883/2004, 13.12.2016, COM(2016) 815 final; hierzu *Felten*, ZESAR 2017, 361.

61 EuGH, *Kommission/Vereinigtes Königreich*, C-308/14, EU:C:2016:436.

62 Anders *Felten* (Fn. 60), 366, der hier eine Ausnahmeentscheidung unter akuter Brexit-Sorge sieht.

C. Von der Unionsbürgerschaft „zurück" oder „wohin"?

Was ergibt sich aus dieser Geschichte der sozialen Rechte für die Unionsbürgerschaft? Ist sie der „grundlegende Status" der europäischen Bürger? Oder – so fragt der Untertitel des Kolloquiums – bleibt eine europäische Bürgerschaft eine Utopie, seit der Einführung der Unionsbürgerschaft so etwas wie ein Wachtraum, mit einer Ahnung davon, dass sie ausgeträumt ist?

Die schon deutlich gewordene kritische Bewertung des Zustands der Unionsbürgerschaft soll abschließend unter Rückgriff auf die eingangs angesprochenen Überlegungen von *T.H. Marshall* erfolgen.

I. Drei Dimensionen von Bürgerschaft

1. *T.H. Marshall*: civil, political and social rights

Citizenship – Bürgerschaft – mit ihren drei Dimensionen der *civil, political and social rights* gilt in *Marshalls* Erklärungsansatz als Motor zur Überwindung sozialer Klassen: Weil bürgerliche Rechte politische Rechte nach sich ziehen und weil politische Rechte soziale Rechte nach sich ziehen, sollen überkommene Klassenunterschiede einer „vor-bürgerschaftlichen" Gesellschaft eingeebnet werden. *Marshall* stützt sich für diese 1950 präsentierte These auf die historische Entwicklung im Vereinigten Königreich.[63] Für den Diskurs über eine europäische Bürgerschaft passt sie nicht als historische Beobachtung, aber als Utopie – ironischerweise eine Transformation, die auch andere historische Beobachtungen der britischen Verhältnisse auf dem europäischen Kontinent durchlaufen haben.

2. Europäische Bürgerschaft und *Marshalls* Ansatz

a) Premature social and underdeveloped political rights

Im real-existierenden Europa unterscheidet sich die Entwicklung einer europäischen Bürgerschaft von der von *Marshall* beschriebenen britischen Entwicklung durch die Reihenfolge der Rechte: In der Europäischen Gemeinschaft und Europäischen Union entwickelten sich die „bürgerlichen" und so-

63 *Marshall* (Fn. 1).

zialen Rechte parallel zueinander und vor allem ohne politische Rechte. Gerade die sozialen Rechte wurden – wie beschrieben – maßgeblich auf dem Rechtsweg durch den EuGH und nicht durch ein politisches europäisches Organ – etwa das Europäische Parlament – ausgebaut. Es ist daher keine Frage der Beliebigkeit, ob soziale bzw. politische Rechte an zweiter oder dritter Stelle genannt werden. Die eingangs anklingende These, soziale Rechte seien die Terz und damit der zweite Ton eines Dreiklangs (zumindest in seiner Grundstellung), unterstellt damit bereits die historische Entwicklung in der Union als den maßgeblichen Bezugsrahmen.

Greift man hingegen *Marshalls* Konzeption auf, lässt sich die Entwicklung einer europäischen Bürgerschaft kritisch bewerten: Die sozialen Rechte waren frühreif, während die politischen Rechte im Wesentlichen erst mit der Unionsbürgerschaft und vor allem unvollständig und begrenzt nachfolgten. Weder hat die Europäische Union umfassende Regelungskompetenzen, insbesondere fehlt ihr die Kompetenz zur Begründung und Gestaltung sozialer Rechte, da die Sozialsysteme weiterhin zu den mitgliedstaatlichen Kompetenzen zählen. Noch hat das Europäische Parlament umfassende Regelungskompetenzen, vielmehr bleibt die europäische Gesetzgebung vom Rat abhängig.

Sozialpolitisch mag die begrenzte Unionskompetenz als Vorteil und Schutz der sozialstaatlichen Errungenschaften angesehen werden. Demokratietheoretisch bleibt aber ein Defizit. Mit der *Marshall*schen Konzeption lässt sich die These aufstellen, dass gerade dieses Defizit politischer Rechte in der Europäischen Union ein Grund dafür ist, dass die frühreifen sozialen Rechte nun wieder „zurückgestutzt" werden: Eine europäische Bürgerschaft kann nicht mehr sein, als Bürgern politische Rechte zustehen. Bleibt die Europäische Union bei den politischen Rechten hinter dem Anspruch einer Demokratie zurück, kann eine europäische Bürgerschaft im Sinne sozialer Gleichheit nicht verwirklicht werden. Hierzu passt, dass der EuGH sich in seinen letzten Entscheidungen immer mehr auf den Willen des Gesetzgebers zurückzieht und sich nicht mehr als Motor einer zu erreichenden Integration versteht.

b) Underdeveloped citizenship and social class

Dieser Gedanke lässt sich noch schärfer umgekehrt formulieren: Während „echte" Bürgerschaft – *citizenship* – nach *Marshall* zur Überwindung sozialer Klassen führt (wie erwähnt ist dies die eigentliche Stoßrichtung des Essays), bringt eine politisch defizitäre, „unechte" Bürgerschaft eben gerade soziale Klassenunterschiede hervor. Tatsächlich lässt sich die neue Entwicklung sozialer Rechte präzise als Entstehung einer europäischen Zweiklassengesellschaft beschreiben.[64]

Das Versprechen unionsbürgerlicher Gleichheit ist an Voraussetzungen geknüpft: Nur Erwerbtätige und solche, die auch ohne Erwerbstätigkeit ihre Existenzgrundlage selbständig sichern können, genießen den Schutz gegen Diskriminierung aufgrund ihrer Staatsangehörigkeit.

Diejenigen, die weder Arbeit noch Geld haben, sind zwar nicht an die Scholle gebunden, sie dürfen ihr Glück auch anderswo versuchen. In diesem Sinne steht ihnen Freizügigkeit zu. Diese Freizügigkeit erschöpft sich aber in der Abwesenheit von Grenzen. Sie endet aber zeitlich nach drei Monaten oder spätestens dann, wenn die Arbeitssuche nicht mehr erfolgversprechend ist. Danach können sie sich, zumindest was soziale Rechte angeht, auch nicht auf die Grundrechte der Unionsbürger berufen. Ihnen stehen womöglich durch das Sekundärrecht oder auch durch das Recht der Mitgliedstaaten gewährte Rechte zu. Aber im europäischen Sinne verfassungsrechtlich, also primärrechtlich fundiert, sind diese Rechte nicht. Jedenfalls verweigert der EuGH hierzu eine Aussage. An der historisch naheliegenden Parallele zur Bauernbefreiung wird deutlich, wie weit dieser Status von dem der Bürgerschaft entfernt ist.[65] Migration dieser „freigesetzten" Menschen gilt als „Sozialtourismus" oder „Armutsmigration", aber nicht als Ausübung europäischer Freizügigkeit.

II. Weniger als Arbeitnehmerfreizügigkeit

Damit kehrt aber auch nicht der Zustand zurück, der vor Einführung der Unionsbürgerschaft bestand. Vielmehr wird neu ausgelotet, wer und ggf. wie lange zum privilegierten Stand der Erwerbstätigen bzw. wirtschaftlich Aktiven zählt. Die beschriebenen Experimente, mit denen verschiedene Mitgliedstaaten Unionsbürger nach dem Verlust ihrer Beschäftigung (wie in der Rs. *Bogatu*) oder Familienangehörige, die dem Aufenthaltsstaat etwas kosten (wie bei der Entscheidung des österreichischen Gerichtshofs und bei dem deutschen Leistungsausschluss für Kinder mit Aufenthaltsrecht bis zum Abschluss ihrer Berufsausbildung und ihren Eltern) ausschließen wollen, zeigen

64 Vgl. bereits *Wallrabenstein* (Fn. 29), 120.
65 Ähnlich *Kingreen* (Fn. 44), 1505: Heimatprinzip der vorindustriellen immobilen Gesellschaft.

dass das Ziel der Integration der Freizügigkeitsberechtigten in die neue Gesellschaft ganz aus dem Blick geraten ist.

Damit kehrt nicht der alte Arbeitnehmer zurück, dessen Mobilität und Integration erwünscht und daher deren Verwirklichung Ziel der Europäischen Union ist. Stattdessen trifft die Formel vom „Marktbürger"[66] den gegenwärtigen Trend besser. Wer am Markt teilnimmt, sich dort eben schon selbständig integriert hat, ist Bürger. Dass er ein Mensch ist, der sozial gleichgestellt und politisch befähigt das „personelle Substrat" einer auf Menschenrechte gestützten Europäischen Union sein soll, scheint zumindest vergessen – hoffentlich aber noch nicht verloren gegangen.

III. Fazit

Wenn die an *Marshall* angelehnte Analyse zutrifft, dann führt der Weg zu sozialen Bürgerrechten zwingend über die politischen Rechte, d. h. eine institutionelle demokratische Reform der Europäischen Union. Die Idee, stattdessen über eine oft gerichtlich vorangetriebene Erweiterung sozialer Rechte eine „volle" Unionsbürgerschaft zu erreichen, der später zur Vollendung der Europäischen Union auch politische Rechte nachfolgen, hat sich als Illusion erwiesen. Ob damit die Unionsbürgerschaft als Utopie entlarvt wurde, oder der andere, demokratische Weg nicht doch realisierbar ist, bleibt eine Glaubensfrage.

---

66 Vgl. *Thym* (Fn. 45), 130; vgl. auch *Steiger*, EuR 2018, 304 (312 f.) m. w. N.

Trends der Personenfreizügigkeit

*Matthias Busse**

A. Einleitung

Die Personenfreizügigkeit ist eine der größten Errungenschaften der Europäischen Integration und man kann ihre Bedeutung für die Europäische Gesellschaft kaum überschätzen. Sie ist nicht nur eine der vier Grundfreiheiten des Europäischer Marktes, sondern eines der beliebtesten Ergebnisse der Europäischen Integration.

Die Personenfreizügigkeit war bereits in den 1950er Jahren eines der Vorhaben der Europäischen Union und die Römischen Verträge von 1957 gaben diese als eines der ambitioniertesten Ziele aus. Der Grundstein der Freizügigkeit der Arbeitnehmer hat 2018 bereits sein 50-jähriges Jubiläum gefeiert. Jedoch erst im Jahr 2004 wurde die Personenfreizügigkeit in der Form, wie sie heute etabliert ist, eingeführt und dennoch ist es für einen Großteil der Bevölkerung heutzutage selbstverständlich, dass es möglich ist, sich in einem anderen EU-Mitgliedstaat niederzulassen und dort einer wirtschaftlichen Tätigkeit nachzugehen oder eine Zukunft aufzubauen.

Die Beliebtheit äußert sich auch in der steigenden Zahl an Personen, die von der Personenfreizügigkeit Gebrauch machen. Dieser steigende Trend löst jedoch Bedenken aus, welchen Einfluss die Personenfreizügigkeit auf die Mitgliedstaaten und deren Bevölkerung hat.

Der folgende Beitrag analysiert die Charakteristiken der „mobilen Bevölkerung“[1], Trends in der Personenfreizügigkeit, Anreize und Hindernisse für die Binnenmobilität und die Frage, wie die Europäische Union versucht, diese zu überwinden. Schlussendlich zeigt dieses Kapitel auf, welchen Nutzen die Bevölkerung, Unternehmen, die Mitgliedstaaten und die Union insgesamt aus der Personenfreizügigkeit ziehen.

---

* *Matthias Busse* arbeitet als Policy Analyst bei dem *European Political Strategy Centre* (*EPSC*). Dieses Kapitel wurde in seiner persönlichen Funktion angefertigt und spiegelt nicht unbedingt die Sichtweise des EPSC wider.

1 Hiermit sind Personen gemeint, die von der Personenfreizügigkeit Gebrauch machen – sowohl EU-Bürger als auch Personen aus einem Drittstaat, die bereits in der EU ansässig sind.

B. Formen der Personenfreizügigkeit

Personenfreizügigkeit wird im Volksmund mitunter als das Recht auf „Binnenmigration“ bezeichnet. Diese Bezeichnung ist im rechtlichen Sinne unangemessen, da EU-Bürger weder „einwandern“ noch „auswandern“ im klassischen Sinn, sondern von ihrer Freizügigkeit Gebrauch machen und dieses Recht geht weit über den Begriff Migration hinaus und ist von diesem zu unterscheiden. Ursprünglich bezog sich die Personenfreizügigkeit in erster Linie auf EU-Bürger, die in einem anderen Mitgliedstaat wirtschaftlich tätig werden wollten. Heutzutage wird die Personenfreizügigkeit als Teil der Unionsbürgerschaft verstanden und ermöglicht es nicht nur wirtschaftlich aktiven Personen, sich in einem anderen EU-Land niederzulassen, sondern der allgemeinen Bevölkerung, gekoppelt an bestimmte Voraussetzungen.

Wenn in diesem Kontext von wirtschaftlich aktiven Personen gesprochen wird, bezieht sich dies mehrheitlich auf Arbeitnehmer, die aus einem EU-Mitgliedsland in ein anderes Mitgliedsland gezogen sind, dort arbeiten und wohnhaft sind. Darüber hinaus profitieren auch Arbeitnehmer von der Personenfreizügigkeit, die in einem Mitgliedstaat wohnhaft sind, aber in einen anderen Mitgliedstaat pendeln, um dort Arbeit zu verrichten – dies sind die sogenannten Grenzarbeiter, die einer besonderen Richtlinie unterstellt sind.

Eine zweite Gruppe setzt sich zusammen aus „entsandten Arbeitnehmern“ und selbstständigen Personen, die Dienstleistungen in einem anderen Mitgliedstaat verrichten und dort lediglich temporär wohnhaft sind. Entsandte Arbeitnehmer fallen unter die sog. Entsenderichtlinie[2] und haben aufgrund der zeitlich begrenzten Dienstleistungserbringung im Ausland und des daran gekoppelten Auslandsaufenthalts das Recht, weiterhin in das Sozialversicherungssystem in ihrem Heimatland einzuzahlen. Diese Gruppe unterliegt zwar rechtlich der Dienstleistungsfreiheit – eine der drei anderen Grundfreiheiten des Europäischen Marktes, dennoch stellt sie praktisch eine Form von Personenmobilität in der EU dar.

2 Richtlinie 96/71/EG des Europäischen Parlaments und des Rates vom 16.12.1996 über die Entsendung von Arbeitnehmern im Rahmen der Erbringung von Dienstleistungen, ABl. Nr. L 18 vom 21.1.1997, S. 1, zuletzt geändert durch die Richtlinie (EU) 2018/957, ABl. Nr. L 173 vom 9.7.2018, S. 16 ff.

Grafik 1: Die verschiedenen Formen der Binnenmobilität

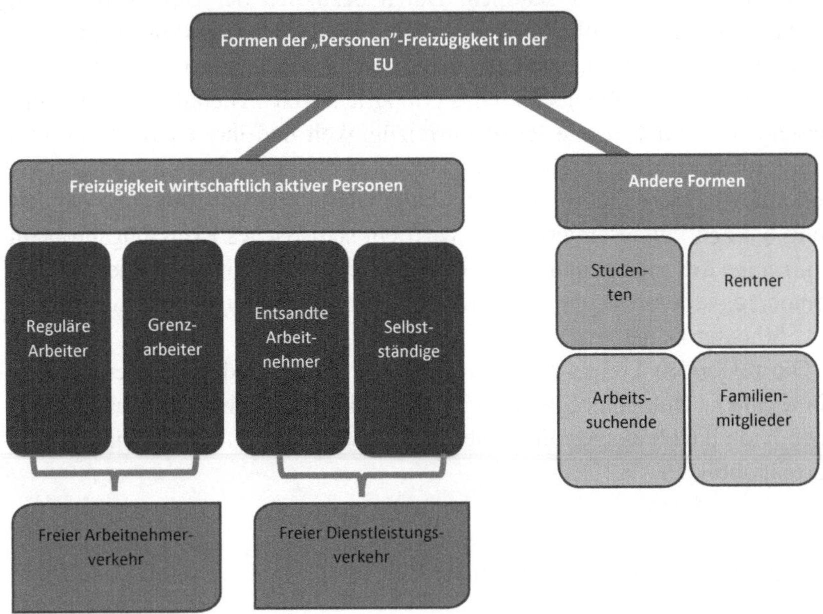

Quelle: Darstellung vom Autor

Die zweite Gruppe von Individuen, die von der Personenfreizügigkeit profitieren, sind Personen, die keiner wirtschaftlichen Tätigkeit nachgehen. Hierunter fallen zum Beispiel Studenten, welche im EU-Ausland studieren – sowohl solche, die einen gesamten Bachelor oder Master absolvieren, als auch solche, die nur ein Erasmussemester ableisten. Rentner, die ihren Lebensabend in einem anderen EU-Mitgliedstaat verbringen, fallen auch unter diese Rubrik. Familienmitglieder von Personen, die im EU-Ausland arbeiten, sowie Personen, die in ein anderes EU-Land ziehen, um dort einen Arbeitsplatz zu suchen, komplettieren diese Gruppe.

Der Übergang von einer dieser Gruppen in eine andere ist selbstverständlich fließend, zum Beispiel im Hinblick auf einen Studenten, der im Anschluss an einen Auslandsaufenthalt in einem Mitgliedstaat der EU dort einer wirtschaftlichen Tätigkeit nachkommt oder ein begleitendes Familienmitglied, welches sich nach einiger Zeit in den Arbeitsmarkt integriert.

C. Personenfreizügigkeit als Randerscheinung oder Massen-Phänomen?

Nationale Statistikämter sammeln Daten bezüglich der Bevölkerung und „Migration“ und ermöglichen es, nicht nur die Gesamttrends zur EU-Binnenmobilität zu analysieren, sondern auch deren Untergruppierungen. Umfragen und Statistiken zur Arbeitserlaubnis ermöglichen einen detaillierten und umfassenden Einblick in die Personenfreizügigkeit und ihre Charakteristiken. Auf der makroökonomischen Ebene basieren die Daten jedoch zum größten Teil auf der Erfassung von Personen durch deren Registrierung und Abmeldung bei den Landesämtern. Dies wirft ein statistisches Erfassungsproblem auf. Einige der oben genannten Gruppen, wie z. B. Arbeitssuchende und Studenten, registrieren sich mitunter nicht, da ihr Aufenthalt nur von kurzer oder unabsehbarer Dauer ist.

Die folgenden Trends basieren somit auf unvollständigen Daten, welche die wirkliche Binnenmobilität der EU-Bevölkerung leicht unterschätzt. Dennoch kann davon ausgegangen werden, dass die Trends die Realität nahezu korrekt abbilden.

I. Ausmaß der Binnenmobilität in der EU

Die Personenfreizügigkeit ist eines der beliebtesten EU-Rechte und wird von einer Vielzahl von EU- Bürgern ausgeübt. Im Jahr 2018 lebten etwa 21,8 Millionen Personen in einem anderen EU-Mitgliedsland als dem, in dem sie geboren wurden. Ein Teil dieser Personen ist jedoch bereits so weit in ihr Empfangsland integriert, dass sie dessen Nationalität angenommen haben. Rund 17,6 Millionen EU-Bürger leben heutzutage in einem anderen EU-Mitgliedstaat, dessen Staatsangehörigkeit sie nicht besitzen.

Zur Einordnung: Dies entspricht etwa der Gesamtbevölkerung der Niederlande. Die 17,6 Millionen gemessen an der Gesamtanzahl der EU-Bevölkerung (ca. 512 Mio. im Jahre 2018) bedeuten, dass knapp über 3,4 % der Bevölkerung in einem anderen EU-Land leben und von der Personenfreizügigkeit Gebrauch machen. Unter Einbeziehung entsandter Arbeitnehmer[3], entsandter Selbstständiger und Grenzarbeiter steigt die Zahl der Binnenmobilität auf über 20 Millionen Personen (siehe Grafik 2).

---

3 Statistiken für entsandte Personen beruhen auf den A1-Dokumenten, die diese Personen einreichen müssen. Da sich der Aufenthalt von entsandten Personen im Durchschnitt auf weniger als ein Jahr beläuft und Personen oft mehrmals im Jahr

Grafik 2: Arten der Binnenmobilität in Zahlen

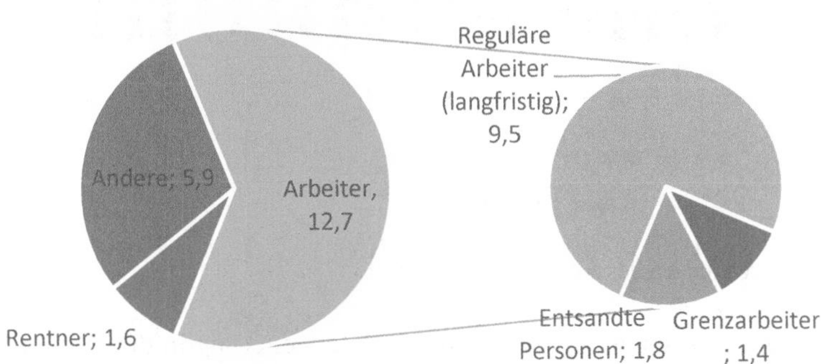

Quelle: Eurostat, Labour Mobility Report 2018 (Angaben in Millionen Personen)

Fast zwei Drittel dieser Personen gehen einer wirtschaftlichen Tätigkeit nach oder sind Arbeitssuchende. Mit knapp 5 % (im Jahr 2018) stellen die mobilen Arbeitskräfte einen nicht unerheblichen Teil der gesamten arbeitenden Bevölkerung der EU (ca. 224 Mio. im Jahre 2018) dar.

Die Zahl der Rentner ist auf über 1,5 Millionen gestiegen, bestehend aus Personen, die bereits in dem jeweiligen Land ihren Lebensunterhalt verdient haben, und solchen, die bei Renteneintritt in ein anderes EU-Mitgliedsland ziehen, z. B. aufgrund niedrigerer Lebenshaltungskosten, des Gesundheitssystems oder des wärmeren Klimas.

Die Anzahl der Personen, die in einem anderen EU-Mitgliedsland leben, ist über die letzten 20 Jahre stetig angestiegen, von 8 Millionen um die Jahrtausendwende auf über 17 Millionen im Jahre 2018. Vergleichsweise hat sich der Anteil der Bevölkerung von 1,5 % auf fast 3,5 % mehr als verdoppelt.

---

entsandt werden, müssen die Daten bereinigt werden. Die 2,8 Millionen A1-Dokumente entsprechen etwa 1,8 Millionen Personen, die über das Jahr entsandt werden.

Grafik 3: Ansteigender Trend der EU-Binnenmobilität

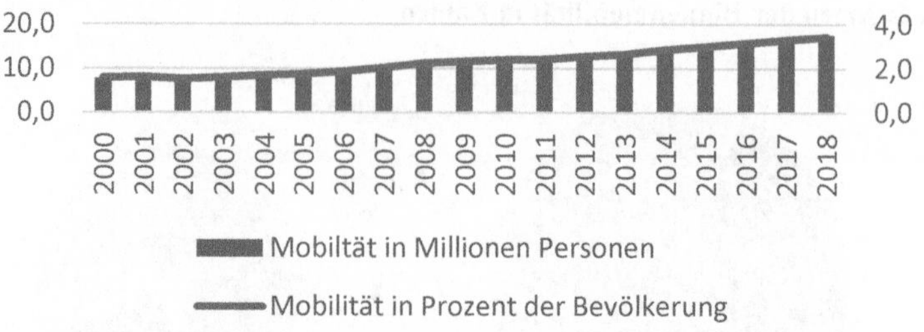

Quelle: Berechnungen des Autors basierend auf Eurostat-Daten

Man könnte vermuten, dass es nach der Osterweiterung in den Jahren 2004 und 2007 einen starken Anstieg geben würde, jedoch war dieser weniger prägnant als erwartet. Dies liegt zum einen daran, dass die wirkliche Öffnung für die Personenfreizügigkeit zugunsten der neuen Mitgliedstaaten nicht von allen alten Mitgliedstaaten direkt gewährt wurde. Regierungen der westeuropäischen Staaten konnten von einer Übergangsphase Gebrauch machen, welche die Freizügigkeit der Personen der neuen Mitgliedsländer für bis zu sieben Jahre aufschob. Deutschland, zum Beispiel, hat die Öffnung für die osteuropäischen Länder, die 2004 beigetreten sind, erst 2011 durchgeführt, wohingegen sich das Vereinigte Königreich noch im Jahr 2004 entschlossen hatte, die Grenzen für die Binnenmobilität aus den Oststaaten zu öffnen. Dies spiegelt sich auch in den Zuwanderungsdaten der beiden Länder wider. Im Vereinigten Königreich stieg die EU-ausländische Bevölkerung nach 2004 drastisch an, was zu diesem Zeitpunkt auch politisch angestrebt wurde. Die britische Regierung sah sich mit einem Fachkräftemangel und geringer Arbeitslosigkeit von unter 5 % konfrontiert. Deutschland wurde zu dieser Zeit als der „kranke Mann Europas“ bezeichnet, kämpfte gegen eine Arbeitslosenrate von über 10 % und entschied sich für eine Übergangsphase. Folglich ist auch erst nach dem Jahr 2011 der Zufluss von EU-Personen merklich angestiegen.

Grafik 4: Binneneinwanderung im Vergleich

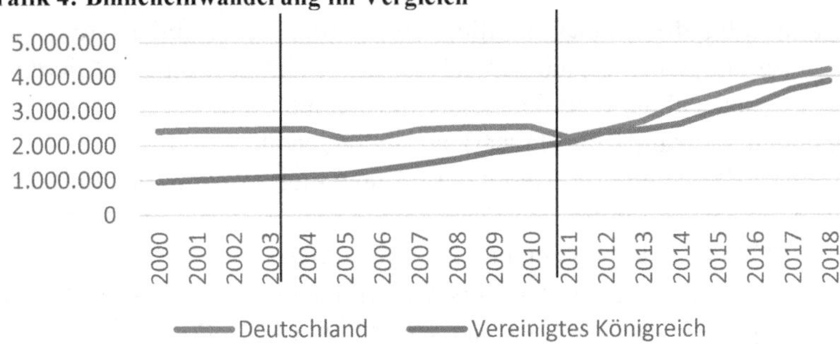

Quelle: Eurostat

Die ca. 20 Millionen stellen den „Bestand“ der Binnenmobilität dar. Dahinter verstecken sich jährliche Bevölkerungsströme in gegenseitige Richtungen. Selbst wenn die Gesamtzahl der Bevölkerung, die in einem anderen EU-Land lebt, stabil bleibt, kann es zeitgleich große Bewegungen geben.

Innerhalb der EU ziehen jährlich fast 0,4 % der EU-Bevölkerung von einem EU-Mitgliedsland in ein anderes – also knapp unter 2 Millionen Menschen pro Jahr. Dieser Anteil hat sich in den letzten zehn Jahren kaum bewegt. Dies heißt jedoch nicht, dass sich der „Bestand“ der mobilen EU-Bürger jährlich um 2 Millionen erhöht, da etwas über die Hälfte der Bewegungen solche Personen ausmachen, die in ihr Heimatland zurückkehren, die sogenannte „Return Mobility“.

Grafik 5: Jährliche Binnenmobilitätsrate (Binnenmobilität in Prozent der EU-Bevölkerung)

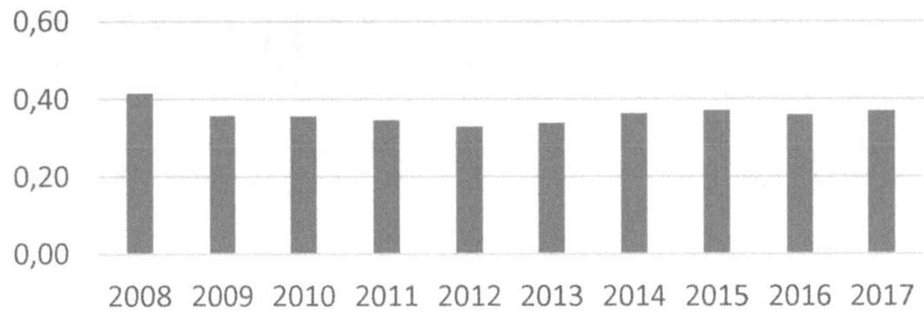

Quelle: Eurostat

II. Binnenmobilität aus Sicht der EU Mitgliedstaaten

Insgesamt folgt die Binnenmobilität einem relativen stabilen steigenden Trend aufgrund von beständigen jährlichen Mobilitätströmen. Allerdings verbergen sich dahinter große Länderunterschiede und geografische Verschiebungen, die zum Teil sehr stark ausgeprägt sind.

Im Jahr 2018 lebten drei Viertel der „Binnenmigranten" in den fünf größten EU-Ländern, angeführt von Deutschland (24 %), dem Vereinigten Königreich (22 %) sowie Spanien (11 %), Frankreich (9 %) und Italien (9 %). Die Verteilung nach Herkunftsland ist ausgeglichener, wo nur Rumänien (20 %) und Polen herausstechen, gefolgt von Italien (9 %), Portugal (7 %) und Deutschland (5 %). Jedoch ergibt sich ein anderes Bild, wenn diese Größen ins Verhältnis zur Bevölkerungszahl gesetzt werden.

Im EU-Durchschnitt sind 3,4 % der Bevölkerung EU-Ausländer, der Großteil dieser Bevölkerung lebt in reicheren westeuropäischen Staaten. Irland, Belgien und Österreich beherbergen den größten Anteil an EU-Ausländern gemessen an der eigenen Bevölkerung (etwa 8-9 %). Das erste Land, welches 2004 der EU beigetreten ist, folgt erst mit etwa 2 %, namentlich Tschechien. Mit Ausnahme von Tschechien und Estland liegt der Anteil der Bevölkerung mit EU-ausländischem Pass in den neuen Mitgliedsländern bei unter 1 %.

Grafik 6: EU-Bürger in anderen EU-Mitgliedstaaten, Anteil an der eigenen Bevölkerung (2018)

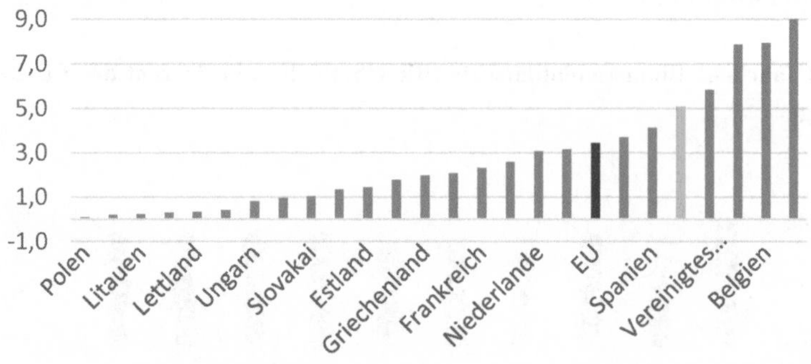

Anmerkung: EU-Kleinstaaten sind zum Zwecke der Sichtbarkeit der übrigen Länder nicht abgebildet; Luxembourg hat z. B. einen Anteil von knapp 40 %.
Quelle: Eurostat

Auch Deutschland liegt markant über dem EU-Durchschnitt mit etwa 5 % der Bevölkerung. Für Deutschland bedeutet dies, dass sich im Jahr 2008 rund 4,2

Millionen EU-Bürger aufgehalten haben, die nicht den deutschen Pass besitzen. 18 % der EU-Ausländer in Deutschland stammen aus Polen, gefolgt von Rumänien und Italien mit je 14 %, sowie 7 bis 8 % aus Kroatien, Griechenland und Bulgarien. Diese sechs Herkunftsländer machen bereits 70 % der EU-Ausländer aus.

Die Aufteilung in Deutschland als Empfangsland lässt bereits auf ein entgegengesetztes Bild in den Herkunftsländern schließen. Gemessen am Anteil der eigenen Staatsbürger, die im EU-Ausland leben,[4] sind die Rumänen am „mobilsten". Ganze 15 % der Rumänen, die in der EU leben, sind nicht in Rumänien registriert, sondern in einem anderen Land der Europäischen Union. In den „Top Ten" der mobilsten Staatsangehörigen sind ausschließlich Länder aus Zentral- und Osteuropa, mit Ausnahme von Irland – wo ein Großteil der Bevölkerung im Vereinigten Königreich lebt.

Deutschland und Frankreich sind jene Nationen, die von der Personenfreizügigkeit am wenigsten Gebrauch machen. Lediglich 1,2 % der Deutschen leben im EU-Ausland.

Grafik 7: Anteil der eigenen Staatsbürger, die in einem anderen EU-Land leben (2018)

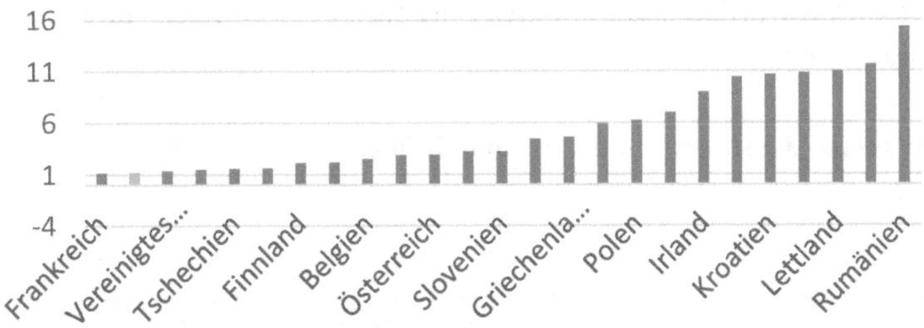

Quelle: Eurostat

Fasst man nun diese beiden Statistiken zusammen, wird klar, dass es zwei große Binnenmobilitätströme innerhalb der EU gibt. Zum einen von Osten nach Westen und einen zweiten innerhalb der westeuropäischen Staaten. Letzterer ist wiederum geprägt von einer Süd-Nord-Dynamik und Bewegungen innerhalb der Hochlohnländer im Westen. Diese Korridore sind aggregiert relativ stabil, aber es gibt immer wieder Verschiebungen aufgrund verschiedener Faktoren, die die Mobilität innerhalb der EU steuern.

---

4 Anteil berechnet als Prozent der eigenen Staatsbürger relativ zu den eigenen Staatsbürgern, die entweder im Heimatland oder in einem EU-Land leben.

D. Anreize zur EU-Binnenwanderung

Es gibt eine Vielzahl von Gründen, warum Personen von einem EU-Land in ein anderes ziehen. Die Anreize, innerhalb der EU umzuziehen, können generell in zwei Rubriken aufgeteilt werden.

Auf der einen Seite stehen soziale und kulturelle Motivationen. Hierunter fallen zum Beispiel die Präferenz zu einem Mitgliedstaat aufgrund von dessen Kultur, Klima u. s. w. Andere Personen folgen der eigenen Familie oder Partnern, die bereits im EU-Ausland leben. Nicht zu vernachlässigen ist der Wunsch nach etwas Neuem oder danach, ein Abenteuer zu wagen.

Auf der anderen Seite zählen hierzu ökonomische Faktoren wie:

- bessere Bezahlung im Ausland (Lohnunterschiede),
- bessere Arbeitsmarktsituation (niedrigere Arbeitslosigkeit),
- bessere Arbeitsbedingungen,
- einfacherer Zugang zum Arbeitsmarkt (Qualifikationen und Jobeinstieg),
- Fachkräftemangel in einem bestimmten Sektor,
- bessere Weiterbildungs- oder Aufstiegschancen und
- ein etabliertes Netzwerk von Landsleuten und Bekannten, die den Jobeinstieg vereinfachen.

Diese Faktoren wurden auch in einer Eurobarometerumfrage am meisten genannt (siehe Grafik 8).

Grafik 8: Was sind die Hauptgründe, warum Sie in einem anderen EU Land arbeiten würden?

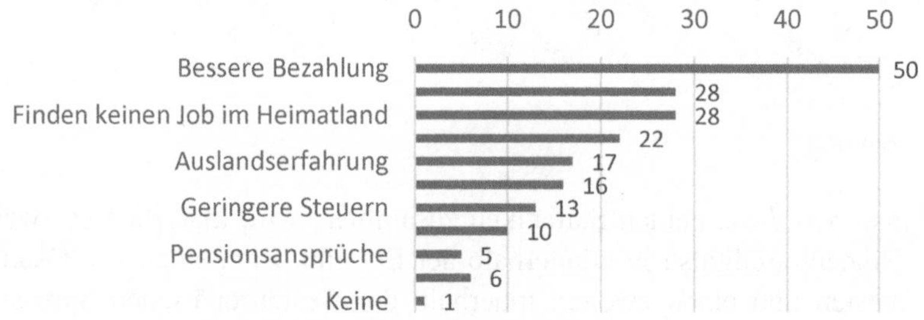

Anmerkung: Mehrfachantworten möglich.
Quelle: *Europäische Kommission*, Special Eurobarometer 398, 2013

In der Realität ist es meist eine Kombination aus zahlreichen Faktoren, die Personen dazu bewegen, ihre Zukunft im Ausland zu suchen. Im Hinblick auf Binnenwanderungen sind jedoch zwei wirtschaftliche Faktoren besonders wichtig: Lohnunterschiede und die Arbeitslosenquote. Die Grafik 9 veranschaulicht, dass Länder mit höherem Lohnniveau den größten Zuwachs an EU-Ausländern (gemessen an der eigenen Bevölkerung) zwischen 2013 und 2018 zu verzeichnen hatten. Die Arbeitslosenquoten in Österreich, Deutschland und dem Vereinigten Königreich lagen auf Rekordtiefstand und schafften einen besonders attraktiven Arbeitsmarkt.

Grafik 9: Korrelation zwischen Lohnniveau und Zunahme an EU-Ausländer im Land

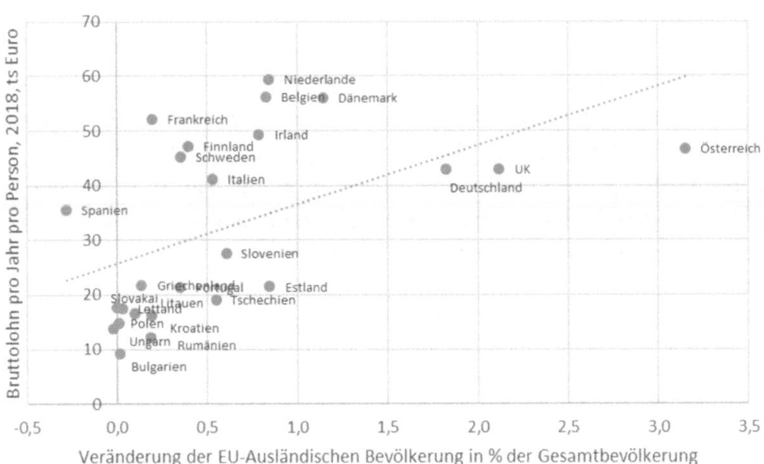

Quelle: Eurostat und AMECO

Die unterschiedliche Arbeitsmarktentwicklung wirkt jedoch meist erst mit Verzögerung. In der Finanz- und Schuldenkrise verzeichnete Spanien und Italien lange Zeit Nettozuflüsse von EU-Bürgern, obwohl die jeweilige Arbeitslosenquote bei 25 % (Italien) und 12,5 % (Spanien) lag. *Barslund* und *Busse* zeigen, dass der Zufluss erst abnahm und EU-Bürger das Land wieder verließen, als Spaniens wirtschaftliche Lage sich verschlechterte und nicht mit einem baldigen Aufschwung zu rechnen war.[5] Erst mit langer Verzögerung begannen auch Spanier in größeren Zahlen Spanien zu verlassen und

5 *Barslund/Busse,* Making the Most of EU Labour Mobility, CEPS Task Force Report 2014.

nach Anstellungen in anderen EU-Mitgliedstaaten zu suchen. Der wirtschaftliche Schock wurde folglich besonders von der Binnenmobilität durch EU-Ausländer gedämpft.

Dies wirft die Frage auf, warum Personen in geringerem Ausmaß von der Binnenmobilität Gebrauch machten, als man zu einem Zeitpunkt erwarten konnte, als die Arbeitsmarktsituation extrem unterschiedlich ausgeprägt war und Lohnunterschiede entsprechende Anreize schufen.

E. Barrieren der EU-Binnenwanderung und EU Initiativen zur Überwindung derselben

Knapp 20 Millionen Menschen leben oder arbeiten in einem EU-Mitgliedsland, dessen Staatsbürgerschaft sie nicht besitzen. Dies sind jedoch nicht einmal 4 % der EU Bevölkerung. Dieser relativ geringe Anteil ist insofern verwunderlich, als 25 % der Menschen in der EU angeben, dass sie sich gut vorstellen können, in den nächsten 10 Jahren in ein anderes EU-Land umzuziehen und dort zu arbeiten (siehe Grafik 10).

Grafik 10: Das Vorhaben zur Binnenmobilität ist durchaus gegeben

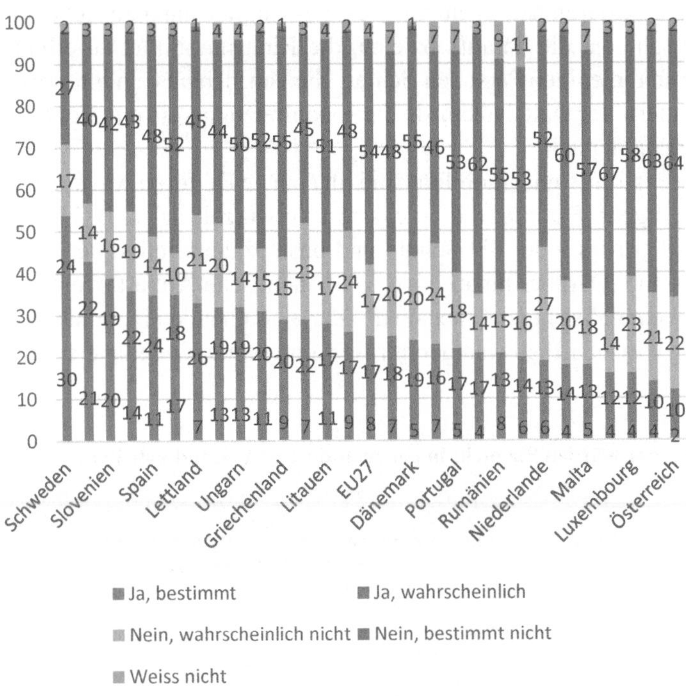

Quelle: *Europäische Kommission*, Special Eurobarometer 398, 2013

In Schweden teilten sogar über 50 % der Befragten mit, dass sie einen solchen Auslandsaufenthalt in den nächsten 10 Jahren für wahrscheinlich oder gesichert halten. Deutschland liegt hingegen auf einem der hinteren Plätze; dort könnten sich nur 16 % der Befragten einen Aufenthalt im Europäischen Ausland gut vorstellen. Mit 67 % verzeichnet Deutschland sogar den größten Anteil der eigenen Bevölkerung, der sich auf keinen Fall vorstellen kann, in den nächsten 10 Jahren im EU-Ausland zu arbeiten. Zu erklären sind diese deutschen Werte mit der niedrigen Arbeitslosigkeit und dem guten Wachstum im Vergleich zu anderen EU-Ländern zum Zeitpunkt dieser Umfrage sowie unter anderem mit dem weniger gut ausgeprägten deutschen Netzwerk im EU-Ausland und den geringeren Sprachkenntnissen, besonders im Hinblick auf fließendes Englisch, z. B. im Vergleich zu Schweden.

Dennoch muss festgestellt werden, dass nur ein Bruchteil von den 25 %, die positiv gestimmt sind bzgl. eines Arbeitsengagements im EU-Ausland, diesen auch verwirklichen. Dies wirft die Frage auf, warum dies nicht geschieht.

Zunächst ist festzustellen, dass die Mehrheit der Europäer keine Intention oder gar Interesse daran hat, in ein anderes EU-Mitgliedsland zu ziehen. Politische Maßnahmen, die darauf abzielen, die Binnenmobilität zu erhöhen, müssen sich an diejenigen Personen richten, die von sich aus ein Interesse an einem Auslandsaufenthalt haben, da Personenfreizügigkeit ein Recht und keine Obligation darstellt.

Ein Hindernis zur Binnenmobilität sind oft soziale Faktoren wie die Rücksicht auf die eigene Familie, die bereits fest verwurzelt ist, z. B. bzgl. der Karriere des Partners, oder die Schule und das soziale Umfeld der Kinder (siehe Grafik 11). Darüber hinaus sind es ökonomische Ankerfaktoren, wie zum Beispiel eine Hauseigentümerschaft oder ausstehende Hypotheken, die einen Umzug wirtschaftlich weniger attraktiv und sehr aufwendig erscheinen lassen.

Grafik 11: Warum würden Sie nicht in einem anderen EU-Land arbeiten?

Anmerkung: Mehrfachantworten möglich.

Quelle: *Europäische Kommission*, Special Eurobarometer 398, 2013

Politischer Handlungsbedarf besteht bei diesen Hindernissen nur sehr indirekt. Dies ist anders bei den folgenden Hindernissen.

Für eine Anstellung in einem anderen Land sind oft Kenntnisse der jeweiligen Landessprache oder zumindest der Brückensprache Englisch erforderlich. Setzen Arbeitsplätze Kundeninteraktionen voraus, so führt die Sprachbarriere zum persönlichen Ausschluss dieser Beschäftigungs-möglichkeiten. Auch die Kommunikation mit Kollegen ist ohne Sprachkenntnisse stark erschwert. Bei internationalen Unternehmen reicht es allerdings oft aus, fließend Englisch zu sprechen, doch auch dies kann eine erhebliche Barriere darstellen. Dies erklärt zum Beispiel auch die höhere Mobilitätsrate zwischen den Staaten der USA, die momentan etwa das Zehnfache der EU ausmacht, also 3 % im Gegensatz zu 0,3 %. Die jährlichen Bewegungen über die inneren Grenzen hinweg entsprechen also der Europäischen Bevölkerung insgesamt, die sich über die Jahrzehnte in der EU angesammelt hat.

Sprachkenntnisse zu fördern ist eine Maßnahme die einen klaren und greifbaren Beitrag zur Mobilität leisten kann. Bildungspolitik fällt in die Kompetenz der Mitgliedstaaten, allerdings hat die EU einige Initiativen und Programme ins Leben gerufen, die zur Überbrückung der Sprachbarriere beitragen. Die bekanntesten sind zum einen die Bologna-Reform (einheitliche Studienprogramme in Form von Bachelor und Master) sowie das Erasmus-Programm, welches es vornehmlich Studenten, aber auch Angestellten von Bildungseinrichtungen und Auszubildenden ermöglicht, im Ausland zu lernen und einen ersten Einblick in das Leben und die Arbeitswelt in anderen EU-Staaten zu gewinnen. *Chevalier* hat gezeigt, dass etwa 20 % der EU-Auslandsstudenten nach ihrem Abschluss in dem Studienland, zumindest für einen gewissen Zeitraum, verweilen. [6]

Jedoch selbst, wenn die Sprachkompetenz vorhanden ist, gibt es oft Kommunikationsprobleme, da Berufe meist mit bestimmten Fachbegriffen und Berufsbezeichnungen verbunden sind. Die *ESCO*-Initiative (*European Skills, Competences, Qualifications and Occupations*) erstrebt eine Klassifikation der verschiedensten Berufe, die es in der EU gibt, sowie die dazugehörigen Fähigkeiten und Qualifikationen. Diese Übersetzungen erleichtern es einem Arbeitssuchenden, festzustellen, welche Berufe im Ausland etwa äquivalent sind.

Hiermit eng verbunden ist die Anerkennung von Qualifikationen im Ausland. Die Kompetenzprofile und der Bildungsweg (Studium und Ausbildungsberufe) sind in den EU-Ländern zum Teil sehr unterschiedlich reguliert. Dies kann dazu führen, dass eine Person mit einer Ausbildung in einem bestimmten Beruf bei einem Umzug in an anderes EU-Land die Qualifikation erneut erwerben muss. Dies wurde als ein erhebliches Hindernis zur Binnenmobilität identifiziert und die Europäischen Institutionen haben die Anerkennung von Qualifikationen erleichtert, sodass es heute nur noch einen kleineren Teil von stärker reglementierten Berufsgruppen, wie zum Beispiel Ärzte, gibt.

Eine weitere Hürde für Binnenmobilität ist die komplizierte Suche nach geeigneten Arbeitsplätzen im EU-Ausland. Nationale Arbeitsämter sind meist auf Jobangebote innerhalb des Landes oder der Region fokussiert. Ausländische Inserate waren oft nur schwer zugänglich, insbesondere, wenn sie nur in der lokalen Sprache verfügbar sind.

---

6 *Chevalier*, How to attract foreign students, International World of Labor, 2014.

Das *EURES*-Netzwerk (*European Employment Services*) versucht, genau diese Lücke zu schließen. *EURES* ist eine Kooperation zwischen den nationalen Arbeitsagenturen und der Europäischen Kommission. Auf dem *EURES*-Online-Portal können Arbeitgeber Stellenangebote inserieren und Arbeitsagenturen speisen bestimmte Annoncen direkt in das System ein. *EURES* übersetzt mithilfe der *ESCO*-Klassifizierung die Stellenausschreibung in europäische Sprachen, sodass potenzielle Bewerber auf diese in ihrer eigenen Sprache zugreifen können.

Arbeitssuchende haben die Möglichkeit, einen detaillierten Lebenslauf in das System einzugeben und sich einen Qualifikationspass erstellen zu lassen. Der Bewerber kann nun eingrenzen, welche Berufe infrage kommen würden und in welchen europäischen Ländern nach geeigneten Ausschreibungen gesucht werden sollen. Darüber hinaus stellt *EURES* Informationen über die Lebensbedingungen und den Arbeitsmarkt in anderen EU-Ländern zur Verfügung, welche das Einleben erleichtern und dazu dienen, Hemmnisse zu überwinden. Über 1000 *EURES*-Berater stehen bereit, um Bewerber und Arbeitgeber in ihrer Suche zu unterstützen. Zurzeit sind etwa 3,6 Millionen Stellenausschreibungen von etwa 15.000 Firmen auf *EURES* gelistet und 450.000 Lebensläufe sind im System geführt. Dennoch ist *EURES* weiterhin relativ unbekannt bei den Bürgern und es bedarf zusätzlicher Maßnahmen, um seinen Bekanntheitsgrad zu steigern.

Insgesamt muss jedoch festgestellt werden, dass die EU und ihre Mitgliedstaaten bereits exzellente Rahmenbedingungen für die Binnenmobilität geschaffen haben, zum Nutzen der Europäischen Union und ihrer Bevölkerung.

F. Der Nutzen der Binnenwanderung für die EU

Ökonomisch betrachtet ist die Personenfreizügigkeit ein Gewinn für die Europäische Union. Sie ermöglicht es, die Arbeitskraft über Grenzen hinweg dorthin zu verschieben, wo ihr wirtschaftlicher Nutzen am größten ist. Angebot und Nachfrage bestimmen den Preis der Arbeitskraft, also das Lohnniveau, und schaffen so den Anreiz zur Binnenmobilität. In Zeiten von asymmetrischen Schocks wie der Finanz- und Schuldenkrise kann Binnenmobilität als Schockabsorption dienen.[7]

7 *Mundell*, A Theory of Optimum Currency Areas, American Economic Review (51) 1961, 657–665.

Die Personenfreizügigkeit kann als eine klassische Win-win-Situation angesehen werden, jedoch kann es unter bestimmten Bedingungen möglicherweise zu temporären negativen Erscheinungen kommen. Die genauen Auswirkungen werden im Folgenden analysiert.

I. Auswirkungen auf Unternehmen

In Zeiten des demografischen Wandels wird es für Unternehmen immer schwieriger, Fachkräfte zu rekrutieren. Der vereinfachte Zugang zu Fachkräften aus dem EU-Ausland schafft einen vergrößerten Rekrutierungspool, aus dem geschöpft werden kann. Dies ist besonders wichtig für Unternehmen in Ländern, die nah an der Vollbeschäftigung sind, sowie für solche Firmen, die ein ganz bestimmtes Fachkräfteprofil benötigen. Die Entsenderichtlinie kann z. B. dazu genutzt werden, dass solche spezialisierten Fachkräfte für mehrere Unternehmen in verschiedenen Mitgliedsländern tätig sein können.

Darüber hinaus ist Saisonarbeit in vielen Branchen unabdingbar, wie z. B. in der Land- und Gastwirtschaft. Die Personenfreizügigkeit hat den bürokratischen Aufwand für diese Unternehmen von Grund auf verändert und sichergestellt, dass auch weiterhin ausreichend Arbeitskraft verfügbar ist.

Es muss jedoch auch festgestellt werden, das Unternehmen in Ländern mit geringerem Lohnniveau durch die Binnenmobilität zunehmender Konkurrenz ausgesetzt sind und dies zu Fachkräfteengpässen führen kann.

II. Auswirkungen auf das Empfangsland

Der Zufluss von Personen aus dem EU-Ausland hat in erster Linie einen positiven Effekt auf die gesamtwirtschaftliche Produktion (das Bruttoinlandsprodukt) des Empfangslandes, da die zugezogenen Personen zumeist ihre Arbeitskraft zur Verfügung stellen oder zumindest den Konsum anregen. Letzteres ergibt sich daraus, dass die Personenfreizügigkeit nur unter bestimmten Bedingungen greift, falls die Personen keiner geregelten Tätigkeit nachgehen. Mit anderen Worten, um von der Freizügigkeit Gebrauch zu machen und in ein anderes EU-Land zu ziehen, müssen die Personen (oder jedenfalls eine verantwortliche Person) in der Regel für den eigenen Unterhalt sorgen können.

Das Bruttoinlandsprodukt steigt folglich durch Binnenmobilität. Ob allerdings das BIP pro Kopf anwächst, hängt von einer Reihe von Faktoren ab. Darunter fallen zum Beispiel die durchschnittliche Beschäftigungsquote, das durchschnittliche Qualifikationsniveau, das Durchschnittsalter bei der Einreise und wie lange die Person im Land verbleibt.

Der jährliche „Intra-EU Labour Mobility Report“[8] der Europäischen Kommission zeigt, dass die Erwerbsquote der mobilen EU-Bürger mit 82 % deutlich über der allgemeinen Quote der einheimischen Bevölkerung von 73 % liegt. Darüber hinaus errechnen *Kahanec* und *Zimmermann*, dass diejenigen EU-Bürger, die aus den alten Mitgliedsländern stammen, besser ausgebildet sind als die einheimische Bevölkerung.[9] EU-Bürger aus den neuen Mitgliedsländern, die von ihrer Personenfreizügigkeit Gebrauch gemacht haben, sind regelmäßig besser ausgebildet, wie z. B. in Dänemark, Frankreich, Österreich und Ungarn, etwa gleich gebildet in Belgien und Deutschland und weniger gebildet in Griechenland, Spanien und im Vereinigten Königreich.

Die mobilen EU-Bürger sind folglich gut in den Arbeitsmarkt integriert und gut ausgebildet, was sich positiv auf das Steueraufkommen auswirkt. Sie sind auch weniger dazu geneigt, Sozialleistungen zu beziehen und, wie *Ritzen* et al. bemerken,[10] sind sie in der Regel auch jünger als der Durchschnitt des Aufnahmelandes.

All diese Indizien deuten darauf hin, dass die mobilen EU-Bürger ein Gewinn für das Zielland sind. Eine genaue Berechnung ist jedoch nur schwer möglich, da diese den gesamten Lebenszyklus berücksichtigen müsste, z. B. den Beitrag zum Staatseinkommen, die Inanspruchnahme öffentlicher Leistungen, insbesondere die Länge des Bezugs von Pensionsleistungen, und indirekte Faktoren wie den Einfluss auf die Geburtenrate.

Allerdings deuten die meisten Analysen wie diejenige von *Ritzen et al.* darauf hin, dass die Befürchtungen der Verdrängung der lokalen Arbeiterschaft in Niedriglohnsektoren durch „Binnenmigranten“ sowie des Eintretens großer Wohlfahrtsmigration weitestgehend unbegründet sind.[11]

III. Auswirkungen auf das Entsendeland

Bedeutet der Segen für das Empfangsland gleichzeitig einen Verlust für das Herkunftsland? Der demografische Wandel trifft mittlerweile auf alle EU-Länder zu, auch wenn sich die Fruchtbarkeitsraten in Europa (zwischen

8 Europäische Kommission, 2018 Annual Report on intra-EU Labour Mobility, 2018.
9 *Kahanec/Zimmermann*, Labor Migration, EU Enlargement, and the Great Recession, 2016.
10 *Ritzen et al.*, EU Mobility, 2017.
11 *Ritzen et al.*, EU Mobility, 2017.

1,2 und 2,0) durchaus unterscheiden. Es ist also nicht der Fall, dass das Verschieben der EU-Bevölkerung die demografische Herausforderung lösen könnte – dies ist nur möglich mit einer Kombination aus Weiterbildung der Bevölkerung und Automatisierung der Wirtschaft sowie Maßnahmen, die die Geburtenraten anregen und einer offenen, gezielten Einwanderungspolitik.

Folglich kann die Binnenmobilität den demografischen Druck auf Herkunftsländer erhöhen. Ob dies der Fall ist, kommt auf die Intensität der Abwanderung, die Charakteristika der abgewanderten Bevölkerung und die makroökonomische Situation des Landes an.

Grafik 12 zeigt, dass besonders ost- und südeuropäische Länder einen Bevölkerungsschwund wegen der Personenfreizügigkeit verzeichnen. Litauen verließen 2017 etwa 1,3 % der Bevölkerung in Richtung anderer EU-Länder und im gleichen Jahr kamen lediglich 0,3 % zurück aus der EU – dies ergibt eine Nettoabwanderung von 1 % der Bevölkerung.

Grafik 12: Nettobinnenmobilität in Prozent der einheimischen Bevölkerung (2017)

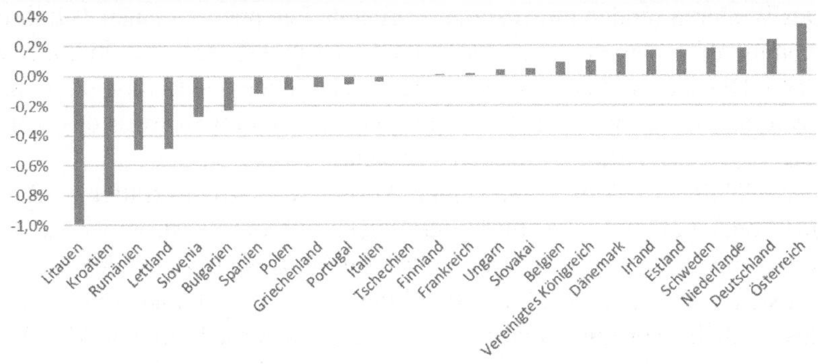

Quelle: Eurostat

Eine Abwanderung in die anderen EU-Staaten von einem Prozent der Bevölkerung kann langfristig zur Herausforderung werden, besonders im Hinblick auf das Rentensystem, wenn dieser Trend anhält. Im Fall von Litauen haben sich diese Ströme über die letzten fünf Jahre wenig verändert. Darüber hinaus sind die mobilen EU-Bürger meist jünger und gut ausgebildet. Dies hat für Litauen dazu geführt, dass zwischen 2013 und 2017 etwa 17 % der Bevölkerung im Alter von 25 bis 30 Jahren das Land in Richtung der anderer EU-Mitgliedstaaten verlassen haben und 8 % zurückgekehrt sind. Litauen stellt hier zusammen mit Lettland (ebenfalls etwa knapp 8 %) ein Extrembeispiel dar. Dahinter folgen mit Abstand Kroatien mit 5 % und Bulgarien mit 3 %. Für diese Länder ist der gesamtwirtschaftliche Effekt der Freizügigkeit nicht ausschließlich positiv, sondern ungewiss und abhängig von verschiedenen Faktoren.

In Lettland und Litauen war diese Emigrationswelle vor allem „Push-Faktoren“ geschuldet, in Form von hoher Arbeitslosigkeit und schlechter wirtschaftlicher Perspektive aufgrund der anhaltenden Finanz- und Schuldenkrise in Europa. Gleiches gilt für Teile des Südens Europas, dessen Nettozufluss an EU-Arbeitskräften vor der Krise in ein Defizit umschlug. In Zeiten der hohen Arbeitslosigkeit kann diese Umkehr der Ströme positive Wirkung auf den Staatshaushalt haben, wenn vornehmlich Arbeitssuchende im Ausland eine Einstellung finden. Dies entlastet die Arbeitsagenturen und ermöglicht es den Jobsuchenden, die sogenannten „Scaring Effekte“ zu vermeiden. „Scaring-Effekte“ treten auf, wenn eine Person längere Zeit keiner Beschäftigung nachgeht und so der Arbeitseinstieg aufgrund der Langzeitarbeitslosigkeit stetig schwieriger wird. Die Arbeitserfahrung im Ausland bringt hingegen zusätzliche Fähigkeiten und die Person bleibt im Hinblick auf die jeweiligen Arbeitsanforderungen und neuen Technologien auf dem Laufenden.

Des Weiteren senden im Ausland arbeitende Personen oft einen Teil ihres Einkommens an Verwandte in der Heimat oder investieren es in ihrem Heimatland. Diese Geldüberweisungen oder „Remittances“ sind für einige Länder von makroökonomischer Bedeutung und überschreiten sogar das Volumen an Direktinvestitionen aus dem Ausland.

Der wichtigste Faktor, ob der hohe Abfluss von Arbeitskräften z. B. in Litauen oder Lettland eine Bürde oder auch ein Gewinn ist, ist jedoch das Ausmaß an Rückkehrern. Wenn ein Teil der ins Auslandziehenden der Arbeitslosigkeit entflieht, jährlich „Remittances“ in die Heimat schickt und schlussendlich nach einigen Jahren zurückkehrt, ist diese Form von Mobilität ein Gewinn für alle. Die Auslandserfahrung kann für die Produktivität der Person nützlich sein, darüber hinaus werden neue Fähigkeiten gewonnen (nicht zuletzt Sprachkenntnisse oder neue Produktionstechniken), neue Netzwerke/Klienten erschlossen und Ersparnisse erarbeitet, die oft dazu dienen, in der Heimat selbstständig tätig zu werden. Dieses hinzugewonnene Unternehmertum kann ein wichtiger Impuls für die Wirtschaft sein.

Von den 1,8 Millionen Personen, die 2014 von einem EU-Land in ein anderes umgezogen sind, waren etwa 0,6 Millionen solche, die in ihre Heimat zurückgekehrt sind.[12] Mit anderen Worten: Ein Drittel der Mobilitätsströme stellen Rückkehrer dar.

Nettoabwanderungsländer müssen sich also fragen, wie viele der mobilen Arbeitskräfte in den nächsten Jahrzehnten wieder zurückkehren. Dies hängt

---

12 Europäische Kommission, 2016 Annual Report on intra-EU Labour Mobility, 2016.

von vielen Faktoren ab. Rahmenbedingungen wie die politischen Gegebenheiten (z. B. Vertrauen in den Staat) und die Qualität des Bildungswesens spielen hier eine wichtige Rolle, doch ist der Lohnunterschied, wie bereits festgestellt, der einflussreichste Faktor.

Das Positive hieran ist, dass die Länder mit der stärksten Nettoabwanderung und den zurzeit größten Lohnunterschieden zum vergleichsweise reicheren Nordeuropa die schnellsten Lohnzuwächse verzeichnen. Fast alle neuen EU-Mitgliedsländer haben im Jahr 2018 zwischen 60 % und 80 % des EU-Durchschnitts erreicht.

Grafik 13: Bruttoinlandsprodukt pro Kopf (in Kaufkraftparitäten), relativ zum EU-Durchschnitt

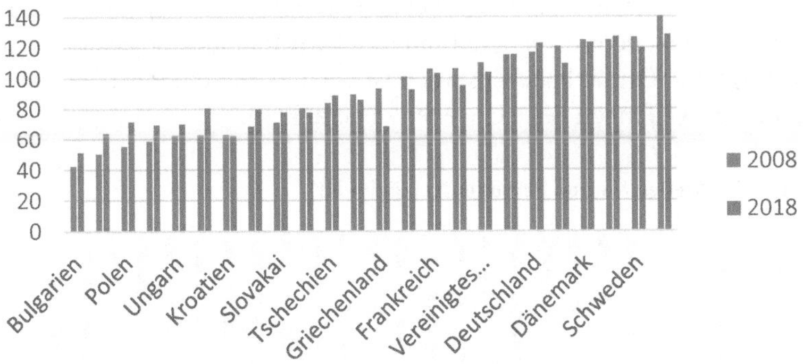

Quelle: AMECO

Es ist folglich zu erwarten, dass der Anreiz der Ost-West-Mobilität im Laufe des nächsten Jahrzehnts weiter abnehmen wird und einige der Defizite eventuell umschlagen. Die Personenfreizügigkeit trägt hierzu sogar direkt bei, indem die Bewegung von Arbeitskräften über Grenzen hinweg das Gleichgewicht auf dem Arbeitsmarkt verschiebt. Arbeitskraft wird knapper und nach dem Gesetz von Angebot und Nachfrage steigen in der Folge die Löhne im Nettoabwanderungsland und beschleunigen den Aufholprozess (siehe Grafik 13).

IV. Auswirkungen auf Bürger

Personenfreizügigkeit kann folglich eine Win-win-Situation sein, sowohl für die Unternehmen, das Entsendeland, das Empfangsland als auch für die Europäische Union insgesamt.

Allerdings sollte bei einer Bewertung der Personenfreizügigkeit der Nutzen der Bürger im Vordergrund stehen. Binnenmobilität eröffnet den Bürgern neue Möglichkeiten, sich frei zu entfalten und den eigenen Lebensstandard zu erhöhen. Dies sollte das Hauptaugenmerk der Personenfreizügigkeit bilden und das Leitmotiv der Politik in diesem Bereich sein.

Die vier Grundfreiheiten sind weiterhin sehr beliebt bei der Bevölkerung. Im neuen Eurobarometer von 2018[13] gaben die befragten Personen an, dass der freie Verkehr von Personen, Gütern und Dienstleistungen innerhalb der EU die größte Errungenschaft der EU sei (58 %), dicht gefolgt von dem Erhalt des Friedens (52 %).[14] Erasmus und der Euro lagen auf Platz drei mit je 24 %.

Etwa 82 % der befragten EU-Bürger sehen die Personenfreizügigkeit positiv und nur 14 % stehen ihr eher ablehnend gegenüber. In Deutschland erfreut sich die Personenfreizügigkeit mit 92 % Zustimmung sogar noch größerer Beliebtheit. Dieser hohe Zuspruch ist wichtig, um die Personenfreizügigkeit und die Offenheit der EU weiter zu verankern.

Grafik 14: Wie stehen Sie zur Personenfreizügigkeit?

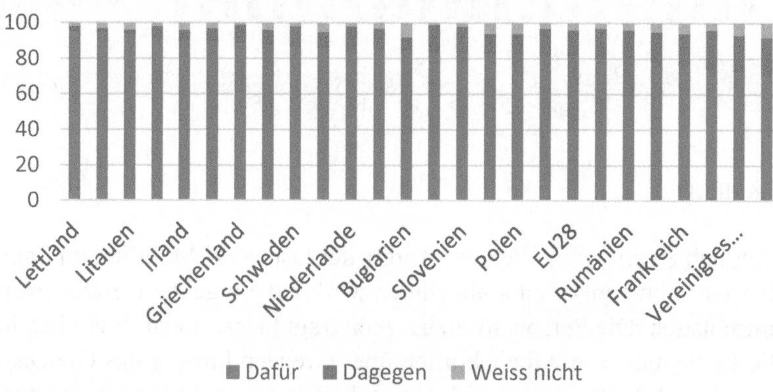

Quelle: *Europäische Kommission*, Standard Eurobarometer 90, 2018

Umfragen zeigen, dass knapp zwei Drittel der Bevölkerung sich als Bürger der EU sehen, doch die Unterschiede zwischen den Ländern sind insoweit weiterhin groß (siehe Grafik 15).

13 Europäische Kommission, Eurobarometer 90, 2019.

14 Mehrfachantworten waren erlaubt.

Grafik 15: Fühlen Sie sich als EU-Bürger?

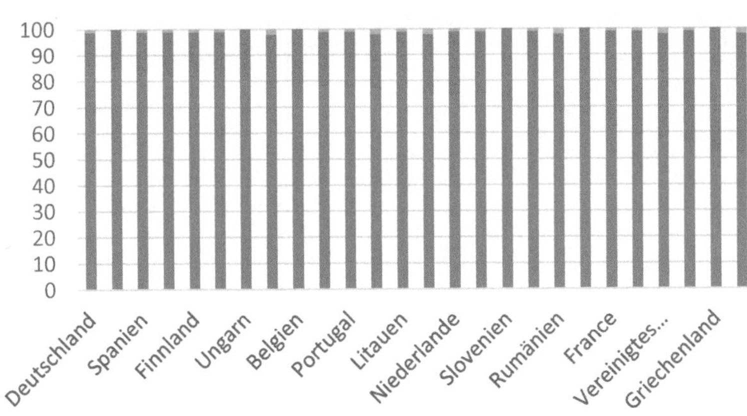

Quelle: *Europäische Kommission*, Standard Eurobarometer 90, 2018

Grafik 14 und 15 zeigen, dass es einen gewissen Zusammenhang im Hinblick auf die jeweiligen Antworten gibt, jedoch ist diese Korrelation nicht eindeutig und es gibt einige Ausnahmen. Es kann jedoch davon ausgegangen werden, dass Personen, die in mehreren EU-Mitgliedsländern gelebt haben, europäische Freunde und Familie haben, die jeweils anderen Kulturen kennengelernt und zum Teil übernommen haben, sich hierdurch mehr als Europäer fühlen. Die Personenfreizügigkeit hat ihr Daseinsrecht gemessen an der beschriebenen Win-win-Situation, allerdings sollte auch der Beitrag zur Unionsbürgerschaft nicht unterschätzt werden.

Polizei und Justiz in einem Europa ohne Binnengrenzen

Dieter Kugelmann

A. Grundzüge der Entwicklung

Die Gewährleistung der Sicherheit ist in der europäischen Geschichte eine zentrale Aufgabe des Staates. Der Nationalstaat legitimiert sich gerade auch durch den Schutz, den er seinen Bürgerinnen und Bürgern anbieten kann. Dabei sind für die Sicherheit im Innern Polizei und Justiz die entscheidenden Akteure, deren Organisation und Funktionsfähigkeit vom Staat gesichert wird. Im Prozess der europäischen Integration kam die Gewährleistung von Sicherheit als eigenständiger Gegenstand von Politik und Recht im Rahmen der Abschaffung der Binnengrenzen hinzu.[1] Dementsprechend ist das Schengen-System seit 1985/1990 zunächst auf vertraglicher Grundlage etabliert und dann im Rahmen des Unionsrechts mit einschlägigen Rechtsakten weiter entwickelt worden.[2] Damit bildet es den europarechtlichen Ausgangspunkt für Elemente von Sicherheit in der Europäischen Union. Diese Elemente sind Grenzschutz, Kooperation in Strafsachen und polizeiliche Zusammenarbeit.

Durch den Vertrag von Maastricht wurde die Polizeiliche und Justizielle Zusammenarbeit als eigenständiges Politikfeld eingeführt.[3] Der Raum der Freiheit, der Sicherheit und des Rechts wurde mit dem Vertrag von Amsterdam 1998/9 Teil des Unionsrechts und durch die Erweiterungen mit dem Vertrag von Lissabon zum 1. Dezember 2009 funktional effektiviert, da seitdem der Erlass bindender Rechtsakte zulässig ist.[4] Zugleich lag darin die Abkehr von dem vorrangigen Verständnis der europäischen Justiz- und Innenpolitik als Ausgleich für abgebaute innerstaatliche Mechanismen wie der

1 Eingehend *Peers*, EU Justice and Home Affairs Law, Bd. II: EU Criminal Law, Policing, and Civil Law, 4. Aufl., 2016, 57 ff.

2 *Kugelmann*, Polizei- und Ordnungsrecht, 2. Aufl., 2012, 14. Kap. Rn. 101 ff.

3 *Aden*, in: Lisken/Denninger, Handbuch des Polizeirechts, 6. Auflage, 2018, Kap. N Rn. 1 f.; vgl. *Müller-Graff* (Hrsg.), Europäische Zusammenarbeit in den Bereichen Justiz und Inneres, 1996.

4 *Streinz*, Europarecht, 10. Auflage, 2016, Rn. 1028.

Grenzkontrollen und die Hinwendung zur Eröffnung eines eigenen Politikfeldes mit spezifischen Schwerpunkten.[5] Ein Raum ohne Binnengrenzen ist ein Raum, der übergreifende und gemeinsame Anstrengungen zur Gewährleistung von Sicherheit erfordert.[6]

Der französische Präsident Emmanuel Macron fordert im Rahmen seiner Initiative für Europa („*Initiative pour l'Europe*"), die er in seiner Rede an der Sorbonne am 26. September 2017 vorgestellt und dann in weiteren Reden fortgeführt hat, ein Europa der Sicherheit („*L'Europe de la sécurité*").[7] Darunter fasst er sowohl die Verteidigung als Sicherheit nach außen wie die Sicherheit nach innen, insbesondere vor dem Hintergrund der Bekämpfung des Terrorismus. Dahinter steht die Erkenntnis, dass die Europäische Union sich um grundlegende Belange der Bürgerinnen und Bürger kümmern muss, um Akzeptanz zu erzielen. Sicherheit in Freiheit ist ein solcher Belang. Allerdings verfügt die Union in diesem Bereich lediglich über begrenzte Kompetenzen und stößt bei ihren Bemühungen an den Kern staatlicher Souveränität der Mitgliedstaaten. Dies betrifft Polizei und Justiz in der Bekämpfung von Kriminalität stärker als die Migrationspolitik. Der Raum der Freiheit, der Sicherheit und des Rechts bietet im Hinblick auf die Handlungsmöglichkeiten der EU ein differenziertes Bild.

B. Der Raum der Freiheit, der Sicherheit und des Rechts

I. Ziele und Kompetenzen der EU

Eine sich weiter ausformende europäische Innenpolitik wird von den Werten und Zielen bestimmt, die der Europäischen Union zugrunde liegen. Nach Art. 3 Abs. 2 EUV ist die Sicherung eines Raumes der Freiheit, der Sicherheit und des Rechts ohne Binnengrenzen, in dem Maßnahmen der Sicherheit an

5 *Kugelmann* (Fn. 2), 14. Kap. Rn. 2 f.

6 *Möstl*, in: Möstl/Kugelmann (Hrsg.), BeckOK - Polizei- und Ordnungsrecht Nordrhein-Westfalen, 13. Ed., Systematische Vorbemerkungen, Rn. 66.

7 Die Rede ist abrufbar unter: <https://www.elysee.fr/emmanuel-macron/2017/09/26/initiative-pour-l-europe-discours-d-emmanuel-macron-pour-une-europe-souveraine-unie-democratique> (zuletzt besucht am 17.6.2020); s. *Mayer*, Der europäische Sisyphos: ein Kommentar zur Europa-Rede Emmanuel Macrons in der Sorbonne, Verfassungsblog, 27.9.2017, <https://verfassungsblog.de/der-europaeische-sisyphos-ein-kommentar-zur-europa-rede-emmanuel-macrons-in-der-sorbonne/> (zuletzt besucht am 17.6.2020).

den Grenzen und nach innen getroffen werden, ein Ziel der Union.[8] In diesem Raum, dessen Gestaltung eng mit dem freien Personenverkehr verknüpft ist, werden die Grundrechte geachtet (Art. 67 Abs. 1 AEUV).

Diese weit gespannten Zielsetzungen haben einen begrenzten Rückhalt in der Ausstattung der EU mit Kompetenzen für die einschlägige Gesetzgebung. Der Raum der Freiheit, der Sicherheit des Rechts ist ein Bereich, in dem geteilte Zuständigkeiten zwischen Union und Mitgliedstaaten bestehen (Art. 4 Abs. 2 lit. j AEUV). Eine ausschließliche Zuständigkeit der Mitgliedstaaten regelt Art. 72 AEUV. Hinzu treten einige Sonderregeln im Hinblick auf das Gesetzgebungsverfahren zu einem Initiativrecht der Mitgliedstaaten (Art. 76 lit. b AEUV), zum sog. Notbremseverfahren und zur verstärkten Zusammenarbeit (Art. 82 Abs. 3, Art. 83 Abs. 3, Art. 86 Abs. 1, Art. 87 Abs. 3 AEUV) oder zum Erfordernis der Einstimmigkeit im Rat (Art. 86 Abs. 1, Art. 89 AEUV).[9] Die gesonderte Erwähnung des Subsidiaritätsprinzips in Art. 69 AEUV verdeutlicht nochmals die Nähe des Bereiches zu Sachgegenständen, die von den Mitgliedstaaten zum Kern ihrer Ausübung von Souveränität gezählt werden.

II. Wahrung der Grundrechte

Die Sicherung der Grundrechte spielt im Raum der Freiheit, der Sicherheit und des Rechts eine zentrale Rolle (Art. 67 Abs. 1 AEUV). Die Gewährleistung von Sicherheit erfordert Eingriffe in Grundrechte, die Wahrung des Rechts erfordert deren Verhältnismäßigkeit und eine entsprechende Ausgestaltung. Dies betrifft das Recht auf Asyl ebenso wie Maßnahmen der Strafverfolgung oder das Betreiben europäischer Informationssysteme. Der Schutz der Grundrechte erweist sich als zentrales Aufgabenfeld in diesem Politikbereich.[10]

Die Verwirklichung des Asylrechts verlangt Anstrengungen der Union und der Mitgliedstaaten. Daher geht es um die (Weiter-)Entwicklung einer gemeinsamen Politik (Art. 78 AUV). Die Individualrechte des Asyl- und

---

8 *Müller-Graff*, in: Pechstein/Nowak/Häde (Hrsg.), Frankfurter Kommentar zu EUV/GRC/AEUV, 1. Aufl., 2017, Art. 67 Rn. 17.

9 *Pache*, in: Niedobitek (Hrsg.), Europarecht, 2. Aufl., 2020, § 21 Rn. 55 ff.

10 *Weiß/Satzger*, in: Streinz (Hrsg.), EUV/AEUV, 3. Aufl., 2018, Art. 67 AEUV Rn. 27; *Pache*, in: Niedobitek (Fn. 9), § 21 Rn. 72.

Flüchtlingsrechts werden in Art. 18 GRCh aufgegriffen und mit einem subjektiven Anspruch auf Durchsetzung gestärkt.[11] Das Grundrecht ist daher nicht lediglich deklaratorisch und trägt auch nicht lediglich objektiv-rechtlichen Charakter.[12] Der Art. 18 GRCh spielt in der Rechtsprechung des EuGH eine zumindest unter quantitativen Gesichtspunkten begrenzte Rolle, da der EuGH eher auf andere Grundrechte zurückgreift.[13] Von erheblicher Bedeutung in diesem Zusammenhang ist das Verbot der Folter und der unmenschlichen Behandlung (Art. 4 GRCh, Art. 3 EMRK). Aus den daraus resultierenden Schutzpflichten folgen strenge Vorgaben insbesondere für den Abschiebungsschutz.[14] Liegen im Empfangsstaat systemische Mängel im Hinblick auf das Verfahren oder die Aufnahmebedingungen vor, kann dies zur Unzulässigkeit einer Abschiebung führen.[15] Die Rechtsprechung des EuGH zu systemischen Mängeln erlangt im Raum der Freiheit, der Sicherheit und des Rechts insgesamt zunehmende Bedeutung, etwa auch bei der Vollstreckung europäischer Haftbefehle (s.u. D.II.).

Bisher wenig Konturen in der Rechtsprechung hat das Recht auf Freiheit und Sicherheit des Art. 6 GRCh gewonnen. Denn das Recht auf Bewegungsfreiheit und insbesondere der Schutz vor Freiheitsentziehungen spielen vorrangig im Verhältnis des Bürgers zum Mitgliedstaat eine Rolle, das insoweit vom Unionsrecht kaum berührt wird.[16] Das Unionsrecht kann einen Beitrag zur Verbreiterung der Informationsgrundlagen für freiheitsentziehende Maßnahmen leisten, dann sind aber eher die Art. 7, 8 GRCh betroffen. Das Recht auf Sicherheit in Art. 6 GRCh soll nicht über eigene Bedeutung verfügen. Allerdings finden sich vereinzelte Ansätze in der Rechtsprechung des EuGH, die auf die Zuschreibung selbstständiger Gehalte hindeuten.[17] Diese haben jedoch bisher keine nähere Gestalt gewonnen. Ein Grundrecht auf Sicherheit,

---

11 *Kugelmann*, in: Niedobitek (Fn. 9), § 4 Rn. 133; ähnlich *Bernsdorff*, in: Meyer/Hölscheidt (Hrsg.), Charta der Grundrechte der Europäischen Union, 5. Aufl. 2019, Art. 18 Rn. 13; *Jarass*, Charta der Grundrechte der EU, 3. Aufl. 2016, Art. 18 Rn. 2 m.w.N.

12 *Rossi*, in: Calliess/Ruffert (Hrsg.), EUV/AEUV, 5. Auflage 2016, Art. 18 GRCh Rn. 3; *Thiele*, in: Pechstein/Nowak/Häde (Fn. 8), Art. 18 GRCh Rn. 11 m.w.N.

13 S. aber *Bernsdorff*, in: Meyer/Hölscheidt (Fn. 11), Art. 18 Rn. 17.

14 *Kugelmann*, in: Niedobitek (Fn. 9), § 4 Rn. 97.

15 EuGH, *N.S. ua*, C-411/10, EU:C:2011:865, Rn. 94; EuGH, *Puid*, C-4/11, EU:C:2013:740, Rn. 30, 36.

16 *Jarass* (Fn. 11), Art. 6 Rn. 3, 6.

17 EuGH, *Digital Rights Ireland*, verb. Rs. C-293/12 und C-594/12, EU:C:2014:238, Rn. 42.

das sogar noch auf die Mitgliedstaaten ausstrahlen könnte, ist nicht anzuerkennen, da dies im Einklang mit Art. 5 EMRK weder Ziele noch Anwendungsbereich der Charta tragen und das Prinzip des institutionellen Gleichgewichts entgegensteht.[18] Immerhin kann hier ein Ansatzpunkt für eine Schutzpflicht für die Gewährleistung von Sicherheit gesehen werden, die in speziellen Regelungen konkretisiert wird.[19] Die Wirkungen des Art. 6 GRCh betreffen zuvörderst die Gesetzgebung der Union im Bereich der Vorschriften über das Strafrecht und Strafverfahrensrecht (Art. 82, 83 AEUV).[20]

In der Justiz- und Innenpolitik der Europäischen Union spielt das Recht auf effektiven Rechtsschutz des Art. 47 GRCh eine zentrale Rolle. Zur Verwirklichung der Union als Rechtsgemeinschaft ist die gerichtliche Durchsetzung von elementarer Bedeutung, weshalb der EuGH das subjektive Recht auf effektiven Rechtsschutz immer wieder hervorhebt und sicherstellt.[21] Seine vielgestaltigen Entfaltungen betreffen oftmals den Raum der Freiheit und des Rechts, weil die Rechte auf und im Verfahren oder die Begründung von Entscheidungen im Ausländer- und Flüchtlingsrecht oder im Strafverfahrensrecht gewährleistet werden müssen. Die Rechte auf faires Verfahren und insbesondere rechtliches Gehör werden umfassend gewährleistet (Art. 47 Abs. 2 GRCh).[22]

III. Grenzschutzpolitik

Das Sachgebiet des Raumes der Freiheit, der Sicherheit und des Rechts mit der höchsten politischen Sprengkraft ist das Einwanderungs- und Asylrecht.[23] Nach der vertraglichen Systematik stehen die Asylpolitik des Art. 78 AEUV und die Einwanderungspolitik des Art. 79 AEUV in engem Zusammenhang mit der Grenzschutzpolitik des Art. 77 AEUV. Die Einwanderungs- und Asylpolitik sind aufgrund der starken Durchwirkung durch die

---

18 *Leuschner*, Sicherheit als chartarechtliches Gewährleistungsziel der EU, in: Gusy/Kugelmann/Würtenberger (Hrsg.), Rechtshandbuch Zivile Sicherheit, 2017, Kap. 9 Rn. 10; eingehend *Leuschner*, Sicherheit als Grundsatz, 2018.

19 *Calliess*, in: Calliess/Ruffert (Fn. 12), Art. 6 GRCh Rn. 12 mwN.

20 *Streinz*, in: Streinz (Fn. 10), Art. 6 GRCh Rn. 7.

21 *Jarass* (Fn. 11), Art. 47 Rn. 3.

22 *Blanke*, in: in: Calliess/Ruffert (Fn. 12), Art. 47 GRCh Rn. 14; *Kugelmann*, in: Niedobitek (Fn. 9), § 4 Rn. 154.

23 Zum Ganzen *Hailbronner/Thym*, EU Immigration and Asylum Law, 2. Auflage 2016; *Wallrabenstein*, in: Schulze/Kadelbach/Janssen (Hrsg.), Handbuch Europarecht, 4. Auflage 2020.

Grundrechte und der Geltung der Genfer Flüchtlingskonvention starke Säulen der europäischen Innenpolitik. Dies verdeutlicht Art. 3 Abs. 2 AEUV, da sie nach dem Wortlaut zu gewährleisten sind, während die Kontrollen an den Außengrenzen zu diesen Zielen lediglich „in Verbindung“ stehen. Es gibt keine Priorität des Grenzschutzes. Seine Verbindung zu Einwanderung und Asyl liegt in der Kompensation des Entfallens der Binnengrenzen unter gleichzeitiger Sicherstellung der Bewegungsfreiheit in der Union.[24] Dies betrifft aber Touristen oder Geschäftsreisende ebenso wie Asylsuchende. Die Grenzschutzpolitik umfasst auch die Visapolitik oder die Bewegungsfreiheit in der EU (Art. 77 Abs. 2 lit. a und lit. c AEUV). Bewegungsfreiheit trifft einen größeren Adressatenkreis als die Freizügigkeit. Daher werden etwa die Regelungen zur Vereinheitlichung von Personalausweisen nicht auf die Kompetenzvorschrift des Art. 77 Abs. 3 AEUV, sondern auf Art. 21 Abs. 2 AEUV über die Freizügigkeit der Unions-bürger gestützt.[25] Das Sekundärrecht zur Verwirklichung der Grenzschutzpolitik erweist sich als vielgestaltig und umfangreich.[26]

Der Schutz der Außengrenzen als Teilaspekt der Grenzschutzpolitik steht angesichts der Migrationsbewegungen im Blickpunkt, weil die Union im Verhältnis zu den Mitgliedstaaten ihre Handlungsfähigkeit herausstellen will. Die Notwendigkeit des Handelns rührt allerdings auch daher, dass die Mitgliedstaaten ihren Verpflichtungen aus dem europäischen Asylrecht nicht in vollem Umfang nachgekommen sind.[27] Die Verteilmechanismen für Flüchtlinge, insbesondere die Dublin-Verordnung sind auch nicht nachgesteuert worden. Dennoch soll die Union nun den Außengrenzschutz verstärken. Die Europäische Grenzschutzagentur Frontex soll dazu weiter ausgebaut werden. Die im Jahr 2016 überarbeitete Frontex-Verordnung könnte sich als ergänzungsbedürftig erweisen.[28] Die Ausweitung von Aufgaben und

---

24 *Pache*, in: Niedobitek (Fn. 9), § 21 Rn. 85.

25 Verordnung (EU) 2019/1157 vom 20. Juni 2019 zur Erhöhung der Sicherheit der Personalausweise von Unionsbürgern und der Aufenthaltsdokumente, die Unionsbürgern und deren Familienangehörigen ausgestellt werden, die ihr Recht auf Freizügigkeit ausüben, ABl. L 188, S. 67.

26 *Müller-Graff*, in: Pechstein/Nowak/Häde (Fn. 8), Art. 77 GRCh Rn. 10.

27 EuGH, *Kommission/Polen, Kommission/Ungarn, Kommission/Tschechien* verb. Rs. C-715/17, C-718/17, C-719/17, EU:C:2020:257.

28 Verordnung (EU) 1624/2016 vom 14. September 2016 über die europäische Grenz- und Küstenwache, ABl. L 252, S. 1.

Befugnissen von Frontex rückt die Agentur nahe an die Ausübung von Hoheitsgewalt.[29] Dies hat Konsequenzen für den Rechtsschutz, der bisher gegenüber dem unterstützten Mitgliedstaat und nicht gegenüber der EU gewährt wird. Eine Stärkung von Frontex zur Verbesserung des Schutzes der Außengrenzen muss jedenfalls mit einer Stärkung des Grundrechtsschutzes in der Tätigkeit von Frontex einher gehen.[30]

Maßgebliches Instrument der Grenzschutzpolitik ist der Schengen-Besitzstand.[31] Der Schengener-Grenzkodex ist im Kontext der Corona-Pandemie erneut in den Blick gerückt,[32] weil hier die Voraussetzungen zur (vorüber gehenden) Einführung von Kontrollen an den Binnengrenzen festgelegt sind (vgl. Art. 77 Abs. 2 lit. d AEUV).[33] Die Einschränkungen der Freizügigkeit berühren ein Wesenselement der EU (Art. 3 Abs. 2 EUV; Art. 21, 45 AEUV, Art. 15 Abs. 2 und Art. 45 GRCh). Die Bemühungen der Europäischen Kommission um eine Koordinierung von Maßnahmen gegen die Pandemie zeigen das Bestreben, das Heft des Handelns in die Hand zu bekommen. Die Rückführung und bald mögliche Beendigung der Kontrollen und Behinderungen an den Binnengrenzen ist dabei ein zentrales Ziel.

Das Schengen-Informationssystem II (SIS II) ist das Herzstück für den Informationsaustausch der Polizei- und Grenzschutzbehörden.[34] Nach der lange umstrittenen und mit Verzögerung wirksam gewordenen Fassung des SIS II können nun auch biometrische Daten, insbesondere Fingerabdrücke und Lichtbilder, verarbeitet werden. Über Polizei und Grenzschutzbehörden hinaus sind auch nationale Justizbehörden, Visa- und KfZ-Zulassungs-behör-

---

29 *Oppermann/Classen/Nettesheim*, Europarecht, 8. Aufl. 2018, § 33 Rn. 69.

30 *Tohidipur*, Die Rolle der Menschenrechte in der Arbeit von Frontex, in: Kugelmann (Hrsg.), Polizei und Menschenrechte, 2019, S. 241 (250, 254 f.).

31 Überblick bei *Kugelmann*, in: Schulze/Zuleeg/Kadelbach (Hrsg.), Handbuch Europarecht, 3. Aufl. 2015, § 41 Rn. 102 ff.; *Pache*, in: Niedobitek (Fn. 9), § 21 Rn. 86 ff.

32 Verordnung (EU) 2016/699 vom 9. März 2016 über einen Gemeinschaftskodex für das Überschreiten der Grenzen durch Personen (Schengener Grenzkodex), ABl. L 77, S. 1.

33 *Müller-Graff*, in: Pechstein/Nowak/Häde (Fn. 8), Art. 77 Rn. 31; *Thym*, in: Grabitz/Hilf/Nettesheim (Hrsg.), EUV/AEUV, Art. 77 Rn. 41.

34 Verordnung (EU) 1987/2006 vom 20. Dezember 2006 über die Einrichtung, den Betrieb und die Nutzung des Schengener Informationssystems der zweiten Generation (SIS II), ABl. L 381, S. 4; Beschluss 2007/533/JI des Rates vom 12. Juni 2007 über die Einrichtung, den Betrieb und die Nutzung des Schengener Informationssystems der zweiten Generation (SIS II), ABl. L 205, S. 63.

den und unter bestimmten Voraussetzungen auch Europol und Eurojust zugriffsberechtigt.[35] Das Schengen-Informationssystem steht damit prototypisch für eine der zentralen Methoden, die der Kooperation von Polizei und Justiz in der Union zugrunde liegen, für die Methode der strukturierten Behördenkooperation durch Informationsaustausch.

C. Sicherheit und Sicherheitsunion

Sicherheit in der Europäischen Union wird vorrangig von den Mitgliedstaaten garantiert. Dies gilt umfassend für die Sicherheits- und Verteidigungspolitik. Immerhin setzt das Unionsrecht einen sich nach und nach verdichtenden Rahmen. Sicherheit gegenüber dritten Staaten ist Gegenstand der Gemeinsamen Außen- und Sicherheitspolitik der EU (Art. 21 Abs. 2 lit. a, Art. 24 EUV). Die europäische auswärtige Politik beinhaltet auch die Gemeinsame Sicherheits- und Verteidigungspolitik (Art. 42 Abs. 1 S. 1 EUV). Verteidigung als Gewährleistung von Sicherheit nach außen ist eine Thematik, in der große Chancen der Fortentwicklung gesehen und auch schon genutzt werden, indem ein Übergang von der freiwilligen Teilnahme zur Übernahme rechtlicher Verpflichtungen angestrebt wird.[36]

Im Hinblick auf die Sicherheit im Innern nimmt das Unionsrecht eine stärkere Rolle ein als für die Sicherheit nach außen. Einen ausdrücklichen Vorbehalt zugunsten der Wahrnehmung der mitgliedstaatlichen Zuständigkeit für die Aufrechterhaltung der öffentlichen Ordnung und der Schutz der inneren Sicherheit sieht allerdings Art. 72 AEUV vor. Die schillernde Bestimmung steht vor dem Hintergrund des Art. 4 Abs. 2 S. 2 EUV, wonach die Union die Funktionen des Staates achtet, zu denen auch die Wahrung von Sicherheit und Ordnung zählt.[37] Damit wird nicht die Zuständigkeit der EU zur Regelung der Zusammenarbeit der Mitgliedstaaten ausgeschlossen. Vielmehr werden die Zuständigkeiten zum Ergreifen von Maßnahmen zur Gewährleistung von Sicherheit und Ordnung durch die Union eingehegt.[38] Durch den ordre-public-Vorbehalt wird ihre Gesetzgebungskompetenz zwar

35 *Kugelmann*, in: Schulze/Zuleeg/Kadelbach (Fn. 31), § 41 Rn. 110.

36 *Cremer*, in: Niedobitek (Fn. 9), § 22 Rn. 265.

37 *Hatje*, in: Schwarze/Hatje/Becker/Schoo (Hrsg.), EU-Kommentar, 4. Aufl. 2019, Art. 4 Rn. 50.

38 *Herrnfeld*, in: Schwarze/Hatje/Becker/Schoo (Fn. 37), Art. 72 Rn. 3; *Weiß*, in: Streinz (Fn. 10), Art. 72 AEUV Rn. 2.

begrenzt, jedoch ist der Umfang dieser Begrenzung nicht geklärt. Die Begriffe der öffentlichen Ordnung und Sicherheit werden teils in Anlehnung an die Beschränkungsregeln bei den Grundfreiheiten verstanden,[39] teils wird ihnen eigener Charakter zugesprochen.[40] Selbst wenn man Art. 72 AEUV als Bereichsausnahme für das Sicherheitsrecht vor dem Hintergrund des staatlichen Gewaltmonopols versteht,[41] bleiben die innerstaatlichen Maßnahmen doch nur unberührt. Unberührt bedeutet, dass europarechtliche Regelungen zulässig, aber in ihren Wirkungen beschränkt sind. Denn im Raum der Freiheit, der Sicherheit und des Rechts sind der Union ausdrücklich sicherheitsrechtliche Kompetenzen zugewiesen bis hin zur Regelung der operativen Zusammenarbeit (Art. 87 Abs. 3 AEUV) oder der operativen Maßnahmen von Europol (Art. 88 Abs. 3 AEUV).[42] Die Ausübung der Kompetenzen durch die Union hat demnach die Funktion der Mitgliedstaaten zur Wahrung der Sicherheit zu beachten und kann insbesondere keine exekutivischen Befugnisse der Sicherheitsbehörden beschränken, aber deren Kooperation regeln und verbessern.[43]

Die Mitgliedstaaten sind die Garanten der Sicherheit der Bürger vor Straftaten und der Bekämpfung der Kriminalität. Die Wahrnehmung der Staatsaufgabe Sicherheit steht jedoch vor der Herausforderung, grenzüberschreitenden Erscheinungsformen der Kriminalität und des Terrorismus zu begegnen. Aufgabe der Europäischen Union ist es, bestimmte Maßnahmen zu treffen, um ein hohes Maß an Sicherheit zu gewährleisten (Art. 67 Abs. 3 AEUV). Die Europäische Kommission hat auf der Grundlage ihrer Sicherheitsagenda aus dem Jahr 2015 die Errichtung einer Sicherheitsunion ausgerufen.[44] Unter diesem Begriff werden eine Reihe von Projekten und legislativen Vorhaben gefasst, die Geldwäsche ebenso betreffen wie die Bekämpfung des Terrorismus.

Die Sicherheitsunion ist ein politisches Ziel, rechtlich festgelegt ist sie nicht. Ihre Ausgestaltung ist vor dem Hintergrund zu sehen, dass das Innovationspotenzial des Unionsrechts zur Verwirklichung von Sicherheit kompetenziell begrenzt ist.[45] Der Begriff suggeriert, dass die Union Sicherheit

---

39 *Hatje*, in: Schwarze/Hatje/Becker/Schoo (Fn. 37), Art. 4 Rn. 52; *Pache*, in: Niedobitek (Fn. 9), § 21 Rn. 66.

40 *Rossi*, in: Calliess/Ruffert (Fn. 12), Art. 81 Rn. 7 mwN.

41 *Müller-Graff*, in: Pechstein/Nowak/Häde (Fn. 8), Art. 72 Rn. 2.

42 S. *Streinz*, in: Streinz (Fn. 10), Art. 4 Rn. 18.

43 Ähnlich *Weiß*, in: Streinz (Fn. 10), Art. 72 AEUV Rn. 2 f.

44 KOM (2015), 185.

45 *Kugelmann*, Entwicklungslinien eines grundrechtsgeprägten Sicherheitsverwaltungsrechts, Die Verwaltung 47 (2014), 25 (32).

verwirklichen könne. Das trifft sicherlich insoweit nicht zu, als die maßgeblichen Zuständigkeiten und Handlungsoptionen bei den Mitgliedstaaten und ihren Sicherheitsbehörden liegen. Die Union kann aber wichtige Beiträge zur Verbesserung der Zusammenarbeit von Behörden leisten und verfügt etwa mit Europol über eine starke Agentur auf dem Feld der Kriminalitätsbekämpfung.

D. Justiz und Strafverfolgung

Das europäische Strafrecht steht im Spannungsfeld zwischen der Notwendigkeit europäischer Kooperation zur Bekämpfung von Kriminalität und der mitgliedstaatlichen Sicht, wonach hier der Kern nationaler Souveränität betroffen ist.[46] Dementsprechend hat das Bundesverfassungs-gericht im Lissabon-Urteil die Systematik der Übertragung von Hoheitsrechten in den Art. 82 ff. AUEV umfangreich erörtert.[47] Die konkrete vertragliche Gestaltung bietet ein äußerst differenziertes Bild. Die Kooperation auf justizieller Ebene ist dabei weniger kritisch als die Kooperation bei der Strafverfolgung, weil hier auch gemeinsame Grundlagen für Maßnahmen der Strafverfolgungsbehörden gelegt werden.

I. Justizielle Kooperation

Die Gerichte in der Europäischen Union sind unabhängig (Art. 47 GRCh). Zweifel an der Unabhängigkeit sind vom Mitgliedstaat auszuräumen. Die erschreckende Situation in Polen bietet dazu bedauerlicher Weise reiches Anschauungsmaterial.[48] Die Zusammenarbeit der Gerichte wird im Kern durch das Vorabentscheidungsverfahren des Art. 267 AEUV gesichert und geprägt.[49] Dies betrifft alle Gerichtsbarkeiten.

---

46 *Oppermann/Classen/Nettesheim* (Fn. 29), § 37 Rn. 1; vertiefend *Gärditz*, in: Böse (Hrsg.), Enzyklopädie Europarecht, Band 11, 2. Aufl. 2020, § 6 Rn. 4 ff.

47 BVerfGE 123, 267 (408 ff.).

48 EuGH, *A. K. ua./Krajowa Rada Sądownictwa*, verb. Rs. C-585/18, C-624/18, C-625/18, EU:C:2019:982 zur mangelnden Unabhängigkeit des polnischen Disziplinargerichts.

49 Zur prozessualen Sicherung der Werte *v.Bogdandy/Spieker*, Reverse Solange 2.0: Die Durchsetzung europäischer Werte und die unions- und strafrechtliche Verantwortung nationaler Richter, EuR 2020, 301.

Die justizielle Zusammenarbeit in Zivilsachen nach Art. 81 AEUV bezweckt, der Union Möglichkeiten zu eröffnen, Regelungen für Zivilsachen mit grenzüberschreitendem Bezug zu treffen.[50] Das europäische Internationale Privat- und Verfahrensrecht wird mit Regelungskonzepten des Unionsrechts angereichert.[51] Ziel ist dabei nicht nur das Funktionieren des Binnenmarktes, sondern auch die Verwirklichung eines Europas der Bürger.[52] Gegenstand der unionsrechtlichen Einwirkungen ist insbesondere auch die grenzüberschreitende Vollstreckung in Zivil- und Handelssachen.[53]

Die Gesetzgebungskompetenzen der Union für das Strafrecht und Strafprozessrecht sind überwiegend zurückhaltend ausgestaltet. Rechtsakte zur Strafverfolgung trägt Art. 82 AEUV, Rechtsakte zum materiellen Strafrecht können auf Art. 83 AEUV gestützt werden. Im ordentlichen Gesetzgebungsverfahren können ohne Einschränkungen nur bestimmte Materien gestaltet werden (Art. 82 Abs. 1 AEUV). Allerdings zählt hierzu die gegenseitige Anerkennung aller Arten von Urteilen und Entscheidungen, weshalb zahlreiche wichtige Rechtsakte hier ihre Grundlage finden (Art. 82 Abs. 1 UAbs. 2 lit. a AEUV).[54] In einigen Bereichen des Strafverfahrensrechts können nur Mindestvorschriften erlassen werden, bei denen die Unterschiede zwischen den Rechtsordnungen und Rechtstraditionen der Mitgliedstaaten Berücksichtigung finden müssen (Art. 82 Abs. 2 UAbs. 1 AEUV). Für das materielle Strafrecht ist das Instrument der Richtlinie zur Festlegung von Mindestvorschriften durchgehend vorgesehen (Art. 83 Abs. 1, 2 AEUV). Beide Regelungen enthalten den Notbremsemechanismus und die Möglichkeit der verstärkten Zusammenarbeit (Art. 82 Abs. 3, Art. 83 Abs. 3 AEUV).

Zur Bekämpfung grenzüberschreitender Straftaten kann die EU gem. Art. 83 AEUV strafrechtliche Mindestvorschriften schaffen. Die Harmonisierung erfüllt eine zweckorientierte Rolle gegenüber dem Prinzip der gegenseitigen Anerkennung.[55] Dem Grundsatz der beiderseitigen Strafbarkeit wird materiell Rechnung getragen, wenn die Tat aufgrund einer Richtlinie der EU grundsätzlich in allen Mitgliedstaaten unter Strafe gestellt sein muss. Das materielle Strafrecht ist demgemäß im Hinblick auf bestimmte Kriminalitätsbereiche durch das Unionsrecht überformt.[56]

---

50 *Rossi*, in: Calliess/Ruffert (Fn. 12), Art. 81 Rn.5

51 *Hess*, in: Grabitz/Hilf/Nettesheim (Fn. 33), Art. 81 Rn. 24.

52 *Leible*, in: Streinz (Fn. 10), Art. 81 Rn. 5.

53 *Els*, in: Fischer (Hrsg.), Justiz und innere Sicherheit im EU-Recht, 2014, S. 248 ff.

54 *Satzger*, in: Streinz (Fn. 10), Art. 82 Rn. 20 ff.

55 *Satzger*, in: Streinz (Fn. 10), Art. 83 Rn. 3.

56 *Fischer*, in: Fischer (Fn. 53), S. 308 ff.

Eine Harmonisierung des Strafprozessrechts folgt bereits aus den Regelungen der EMRK.[57] Die Zusammenarbeit der mitgliedstaatlichen Strafgerichtsbarkeiten wird aber auch von strafprozessualen Vorschriften des Unionsrechts beeinflusst (Art. 82 AEUV).[58] Deren Schwerpunkt liegt im Vorfeld des gerichtlichen Erkenntnisverfahrens. Aufgrund der vielfältigen Funktionen, die Strafgerichte im Ermittlungsverfahren wahrnehmen, sind sie insoweit in nicht unerheblichem Maß von europarechtlichen Regelungen betroffen. Dies ist etwa der Fall in Konstellationen, in denen die Regelung der Union auf eine Verkürzung und Beschleunigung von Verfahren der internationalen Rechtshilfe zielt oder in Haftsachen.[59] Dabei sind die Unterschiede in Organisation und Verfahren zu berücksichtigen, die in den Mitgliedstaaten für das Justizwesen und die einschlägigen Verfahrens-handlungen bestehen.

II. Strafverfolgung (Art. 82 AEUV)

Für Justiz und Polizei von großer Bedeutung ist die Polizeiliche und Justizielle Zusammenarbeit in Strafsachen, um das Ziel des Art. 67 Abs. 3 AEUV zu erreichen und ein hohes Maß an Sicherheit insbesondere auch durch die Bekämpfung von Kriminalität zu leisten. Die politischen und rechtlichen Aktivitäten der Europäischen Union auf dem Gebiet des Straf- und Strafverfahrensrechts sind inzwischen überaus reichhaltig.[60] Eine für die Bundesrepublik Deutschland grundlegende Erhöhung der Komplexität stellt der Umstand dar, dass die Unterscheidung zwischen Prävention und Repression auf der europäischen Ebene nicht in dieser Deutlichkeit getroffen wird.[61] Die Umsetzung einschlägiger Richtlinien kann sich daher kompliziert gestalten.

Justiz und Polizei der Mitgliedstaaten kooperieren bei der Strafverfolgung nicht nur untereinander, sondern auch mit europäischen Stellen und Agenturen. In der Verbesserung der Kooperation besteht die wesentliche Aufgabe von Eurojust (Art. 85 Abs. 1 AEUV).[62] Die Rechtsgrundlage ist im Jahr 2018

57 *Hauck*, in: Böse (Fn. 46), § 11 Rn. 12 ff.

58 *Satzger*, in: Streinz (Fn. 10), Art. 82 Rn. 1.

59 *Hauck*, in: Böse (Fn. 46), § 11 Rn. 59 ff.

60 *Brodowski*, Strafrechtsrelevante Entwicklungen in der Europäischen Union – ein Überblick (Teil 1), ZIS 2019, 527 und (Teil 2) ZIS 2019, 602.

61 *Möstl*, Grundfragen Europäischer Polizeilicher Kooperation, in: Kugelmann (Hrsg.), Migration, Datenübermittlung und Cybersicherheit, 2016, S. 9 (26).

62 *Zöller/Bock*, in: Böse (Fn. 46), § 21 Rn. 18 ff.

modifiziert worden.[63] Damit soll die Agentur effektiver arbeiten, zugleich trägt sie der Errichtung der Europäischen Staatsanwaltschaft und den Änderungen des Datenschutzrechts Rechnung.[64] Eurojust kann bei bestimmten schweren Straftaten tätig werden und unterstützt auch bei der Rechtshilfe. Aus deutscher Perspektive geht es tendenziell um die justizielle Zusammenarbeit, während die polizeiliche Kooperation über Europol läuft. Aufgrund der unterschiedlichen Justizsysteme der Mitgliedstaaten ergeben sich vielfältige Kooperationsformen, zumal auch Eurojust und Europol zusammenarbeiten.

Die Bedeutung von Europol hat seit seiner Errichtung immer mehr zugenommen. Dies findet deutlichen Ausdruck in der geänderten Europol-Verordnung.[65] Europol verfügt über einen weiten Aufgabenbereich und bildet eine starke und leistungsfähige Säule der grenzüberschreitenden Strafverfolgung in der Europäischen Union (Art. 88 AEUV).[66] Die Verarbeitung und Übermittlung von Daten ist seine Hauptaufgabe (Art. 88 Abs. 2 lit. a AEUV). Das Europäische Polizeiamt führt eine Reihe von gehaltvollen Dateien, auf die insbesondere mitgliedstaatliche Behörden Zugriff haben. Aufgrund von Abkommen sind auch Drittstaaten und Einrichtungen der EU wie Frontex an dem Informationsaustausch beteiligt. In der Bundesrepublik Deutschland ist das Bundeskriminalamt die Stelle, die für die Zusammenarbeit mit Europol zuständig ist (§ 1 EuropolG).[67]

Die Europäische Staatsanwaltschaft wurde nach schwierigen Diskussionen im Jahr 2017 errichtet und soll voraussichtlich Ende 2020 ihre Arbeit aufnehmen.[68] Aufgrund der erheblichen Bedenken in einer Reihe von Mitgliedstaaten war dies nur im Wege der nach Art. 86 Abs. 1 UAbs. 2 S. 1 AEUV vorgesehenen verstärkten Zusammenarbeit möglich, an der sich 20

---

63 Verordnung 2018/1727 (EU) vom 14. November 2018 betreffend die Agentur der Europäischen Union für justizielle Zusammenarbeit in Strafsachen (Eurojust) und zur Ersetzung und Aufhebung des Beschlusses 2002/187/JI des Rates, ABl. L 295, S. 138.

64 *Pache*, in: Niedobitek (Fn. 9), § 21 Rn. 288.

65 Verordnung (EU) 2016/794 vom 11.05.2016 über die Agentur der Europäischen Union für die Zusammenarbeit auf dem Gebiet der Strafverfolgung (Europol), ABl. L 135, S. 53.

66 *Ruthig/Böse*, in: Böse (Fn. 46), § 20 Rn. 1.

67 Europol-Gesetz vom 16. Dezember 1997 (BGBl. 1997 II, S. 2150), zuletzt geändert durch Artikel 2 des Gesetzes vom 23. Juni 2017 (BGBl. I, S. 1882).

68 Verordnung (EU) 2017/1939 vom 12. Oktober 2017 zur Durchführung einer Verstärkten Zusammenarbeit zur Errichtung der Europäischen Staatsanwaltschaft (EUStA), ABl. L 283, S. 1.

Mitgliedstaaten beteiligen.[69] Aufgabe der Europäischen Staatsanwaltschaft ist der Schutz der finanziellen Interessen der Union (Art. 86 Abs. 1 AEUV). Sie ist eine Einrichtung der Union mit eigener Rechtspersönlichkeit (Art. 3 VO 2017/1939).

Ein äußerst weit gehendes Instrument europäischer Strafverfolgung sind die Gemeinsamen Ermittlungsgruppen (Joint Investigation Teams, JITs).[70] Beamtinnen und Beamte aus mehreren Mitgliedstaaten arbeiten in einer Fallgestaltung grenzüberschreitender Kriminalität über einen längeren Zeitraum zusammen, die einen hohen Aufwand bei den Ermittlungen erfordert.[71] Sie üben dabei Hoheitsgewalt nach dem Recht des Mitgliedstaates aus, in dem der Einsatz erfolgt. Auch die entsandten Mitglieder aus anderen Mitgliedstaaten können mit Ermittlungsmaßnahmen beauftragt werden, allerdings scheint dies in Praxis selten der Fall zu sein.[72]

Den inhaltlichen Kern der Zusammenarbeit der Strafverfolgungsbehörden bildet das Prinzip der gegenseitigen Anerkennung (Art. 82 Abs. 1 AEUV).[73] Seine Grundaussage ist, dass eine in einem Mitgliedstaat rechtmäßig ergangene Entscheidung der Strafjustiz ohne Vorbehalte und ohne erneute sachliche Prüfung in jedem anderen Mitgliedstaat anerkannt werden muss.[74] Auf diesem Prinzip beruht auch der Rechtsakt über den Europäischen Haftbefehl.[75] Seine Einführung hat in mehreren Mitgliedstaaten Entscheidungen der Verfassungsgerichte ausgelöst.[76] Das Bundes-verfassungsgericht hat das erste innerstaatliche Gesetz zur Implementierung für nichtig erklärt, insbesondere weil die Unanfechtbarkeit der Bewilligungsentscheidung gegen die Rechtswegegarantie des Art. 19 Abs. 4 GG verstoße.[77] In der Konsequenz

---

69 *Böse*, in: Schwarze/Hatje/Becker/Schoo (Fn. 37), Art. 86 Rn. 1.

70 *Krüßmann*, in: Böse (Fn. 46), § 18 Rn. 6 ff.

71 *Aden*, in: Lisken/Denninger (Fn. 3), Kap. N Rn. 311.

72 *Krüßmann*, in: Böse (Fn. 46), § 18 Rn. 24.

73 *Herrnfeld*, in: Schwarze/Hatje/Becker/Schoo (Fn. 37), Art. 67 Rn. 17; *Rosenau*, Das Prinzip gegenseitiger Anerkennung im Rahmen europäischer Kriminalpolitik, in: Kugelmann/Rackow (Hrsg.), Prävention und Repression im Raum der Freiheit, der Sicherheit und des Rechts, 2014, S. 95 (104 ff.).

74 *Hauck*, in: Böse (Fn. 46), § 11 Rn. 62.

75 Rahmenbeschluss 2002/584/JI des Rates vom 13.6.2002, ABl, 2002, L 190, S. 1, in der Fassung des Änderungsrahmenbeschlusses 2009/299/JI des Rates vom 26.2.2009, ABl. 2009, L 81, S. 24 (RBEuHB).

76 *Burchard*, in: Böse (Fn. 46), § 16 Rn. 12.

77 BVerfGE 113, 273; *Schorkopf*, Der Europäische Haftbefehl vor dem Bundesverfassungsgericht, 2006.

dieser Entscheidung sieht das nunmehr geltende Gesetz über den Europäischen Haftbefehl[78] Möglichkeiten zur Ablehnung der Auslieferung und damit zur Bewertung des ausländischen Haftbefehls sowie umfangreiche Verfahrensregeln vor.[79]

Eine Auslieferung kann verweigert werden, wenn die Haftbedingungen im Ausstellungsstaat des Haftbefehls einer unmenschlichen oder erniedrigenden Strafe oder Behandlung gleichkommen (Art. 4 GRCh). Im Fall der Auslieferung auf der Grundlage eines Europäischen Haftbefehls hat der EuGH allerdings nicht allein auf systemische Defizite abgehoben, die bei ausländerrechtlich begründeten Auslieferungen einen Hinderungsgrund darstellen können.[80] In einer Entscheidung zu Ungarn hat er vielmehr die Voraussetzung aufgestellt, dass im Einzelfall die echte Gefahr einer menschenunwürdigen individuellen Haftsituation besteht, in der sich systemische Mängel verwirklichen können.[81]

Der Europäische Haftbefehl beruht auf der Grundlage des Prinzips der gegenseitigen Anerkennung, das wiederum ein gegenseitiges Vertrauen der Mitgliedstaaten in ihre jeweiligen Strafjustizsystem voraussetzt.[82] Damit wird die gemeinsame Wertegrundlage der Europäischen Union in Bezug genommen (s.u. F.I.). Dementsprechend hat der EuGH hier starke Signale gesetzt, weil nur eine rechtsstaatlich organisierte und arbeitende Justiz als Partner in der Rechtsgemeinschaft akzeptabel ist. In der Sache geht es darum, ob eine Auslieferung an einen Staat stattfinden darf, dessen zuständiges Gericht nicht den gemeineuropäischen Anforderungen entspricht. Mit Blick auf die Unabhängigkeit der Justiz hat der EuGH in einer Entscheidung zu Polen festgestellt, dass einer Auslieferung in Anwendung der Regeln des Europäischen Haftbefehls entgegen stehen kann, dass der Wesensgehalt der Gewährleistung effektiven Rechtsschutzes nach Art. 47 Abs. 2 GRCh gefährdet ist.[83] Die Unabhängigkeit des Gerichts im Ausstellungsstaat muss gesichert sein.

---

78 BGBl. 2006 I S. 1721.

79 Im Einzelnen *Burchard*, in: Böse (Fn. 46), § 16 Rn. 60 ff.

80 *Kugelmann*, in: Niedobitek (Fn. 9), § 4 Rn. 97.

81 EuGH, *ML*, C-220/18 PPU, EU:C:2019:982, Rn. 101.

82 EuGH, *Gözütok und Brügge*, verb. Rs. C-187/01 und C-385/01, Slg. 2003-I, 1345, Rn. 33.

83 EuGH, *Minister for Justice and Equality/LM (Polen)*, C-216/18 PPU, EU:C:2018:586.

Die Sicherung und Verteidigung der Rechtsstaatlichkeit nach Art. 2 EUV überlagert die Durchführung des Strafverfahrensrechts.[84]

E. Europäische Sicherheitskooperationen

I. Datenverarbeitung für Zwecke der Sicherheit

1. Grundzüge

Der Informationsaustausch ist der wesentliche Gegenstand der Zusammenarbeit europäischer Behörden im Raum der Freiheit, der Sicherheit und des Rechts.[85] Die Verarbeitung und insbesondere Übermittlung personenbezogener Daten ist für die Bekämpfung grenzüberschreitender Kriminalität unabdingbar. In der Konsequenz dieser Feststellung liegt die erhebliche Bedeutung von Datensicherheit und Datenschutz.[86] Dies betrifft die Europäische Polizeiliche Zusammenarbeit (Art. 87 AEUV) ebenso wie die Tätigkeiten von Europol (Art. 88 AEUV).

Ein wichtiges Instrument der Union auf dem Gebiet der Sicherheit ist die Richtlinie zur Verwendung der Daten von Flugpassagieren, der Passenger Name Records (PNR-Richtlinie).[87] Sie trägt den typischen Charakter von Rechtsakten der Union auf dem Gebiet der Sicherheitskooperation. Den Mitgliedstaaten werden Pflichten zur Erhebung bestimmter Daten und Pflichten zu deren Übermittlung auferlegt. Die Bundesrepublik Deutschland hat die Richtlinie durch den Erlass des sog. Fluggastdatengesetzes umgesetzt.[88] Neben der PNR-Richtlinie bestehen PNR-Abkommen der EU mit Drittstaaten, z.B. mit Australien und den USA. Diese Abkommen regeln die Übermittlung

---

84 *Wendel,* Rechtsstaatlichkeitsaufsicht und gegenseitiges Vertrauen – Anmerkung zum Urteil des EuGH v. 25.7.2018, Rs. C-216/18 PPU (Minister for Justice and Equality gegen LM), EuR 2019, 111; s. auch *v.Bogdandy/Spieker* (Fn. 49), 301 (325).

85 *Boehm*, Information Sharing and Data Protection in the Area of Freedom, Security and Justice, 2012.

86 *Kastler*, Föderaler Rechtsschutz: Personenbezogene Daten in einem Raum der Freiheit, der Sicherheit und des Rechts, 2017.

87 Richtlinie (EU) 2016/681 vom 27. April 2016 über die Verwendung von Fluggastdatensätzen (PNR-Daten) zur Verhütung, Aufdeckung, Ermittlung und Verfolgung von terroristischen Straftaten und schwerer Kriminalität, ABl. L 119, S. 132.

88 BGBl. 2017 I, S. 1484; dazu *Arzt*, Das neue Gesetz zur Fluggastspeicherung – Einladung zur anlasslosen Rasterfahndung durch das BKA, DÖV 2017, 1023

von Passagierdaten durch die Mitgliedstaaten an den Drittstaat bei Flügen zwischen dem Drittstaat und der EU. Die PNR-Richtlinie hat die Verarbeitung von Passagierdaten betreffend Flüge in die Europäische Union (Drittstaatsflüge) und den Informationsaustausch innerhalb der EU zum Gegenstand. Jeder Mitgliedstaat kann die Regelungen auch für Flüge innerhalb der EU anwenden (Art. 2 PNR-Richtlinie). Nach Art. 2 Abs. 3 Fluggastdatengesetz sind Passagierdaten für alle Flüge zu übermitteln, die in der Bundesrepublik Deutschland starten oder (zwischen-)landen.

In seinem Gutachten vom 26. Juli 2017 hat der EuGH eine Reihe von Vorschriften des Abkommens der EU mit Kanada für grundrechtswidrig erachtet.[89] Er bejaht Verstöße gegen die Art. 7, 8 GRCh hinsichtlich der Bestimmtheit von zu erhebenden Daten und der Verarbeitung besonders sensibler Daten. Weiterhin mahnt er eine nicht nur inhaltliche, sondern auch zeitliche Differenzierung für die Speicherung und weitere Verarbeitung der Daten an.[90] Dies verdeutlicht, dass Sicherheitskooperation und Datenverarbeitung untrennbar verbunden sind, weshalb den Grundrechten insbesondere auf Privatheit und Datenschutz eine zentrale Maßstabsfunktion zukommt.

Die Ausübung von Hoheitsgewalt liegt in der Datenverarbeitung selbst. Die Übermittlung der Daten erfolgt bei der Zusammenarbeit der Sicherheitsbehörden in der EU regelmäßig an eine gemeinsame Plattform zum Abruf durch andere europäische Behörden. Damit wird die Ausübung von Hoheitsgewalt vorbereitet, weil die Grundlage an Informationen geschaffen oder verbreitert wird, um eingreifende Maßnahmen gegenüber Einzelnen durchzuführen. Der direkte Austausch von Informationen ist demgegenüber seltener. Daher betrifft die Fortentwicklung der europäischen Kooperation zu Strafverfolgung und polizeilicher Zusammenarbeit die Errichtung, Erweiterung und Gestaltung europäischer Informationssysteme. Eine der Forderungen von *Emmanuel Macron* geht dementsprechend dahin, Verpflichtungen zur Bestückung einer zentralen europäischen Informationsplattform zu schaffen.

2. Interoperabilität von Datenbeständen

Die vorhandenen Datenbestände in den Bereichen Grenzkontrolle und Sicherheit müssen beständig optimiert werden. Ziele sind die Sicherstellung einer hohen Datenqualität und einer effektiven Nutzbarkeit. Sie sollen nach

89 EuGH, Gutachten 1/15, ECLI:EU:C:2017:592.

90 *Priebe*, EuGH beanstandet Fluggastdatenabkommen zwischen der EU und Kanada, EuZW 2017, 762 (764).

den Plänen der Europäischen Union aber auch besser miteinander vernetzt werden. Die Herstellung von Interoperabilität erleichtert den Zugriff auf die Daten und verbessert ihre Auffindbarkeit. Die Daten einer Person, die in unterschiedlichen Dateisystemen vorhanden sind, sollen schnell gefunden und dann miteinander verknüpft werden können. Dies wirft allerdings schwierige Fragen des Datenschutzes auf, da personenbezogene Daten einer Zweckbindung unterliegen und die Berechtigungen für einen Zugriff differenzierend vergeben werden müssen. Die Interoperabilität hat die Vorgaben der Art. 7, 8 GRCh zu beachten.[91]

Ein Rahmen für die Interoperabilität wurde mit zwei parallelen Verordnungen Ende 2019 geschaffen. Die beiden Verordnungen betreffen unterschiedliche Datenbanken, decken sich aber ansonsten in ihren Regelungsgehalten. Die Verordnung 2019/817 gilt nach ihrem Art. 3 Abs. 1 für das EES, das VIS, das ETIAS und das SIS, also für das Gebiet der Grenzkontrolle.[92] Die Verordnung 2019/818 regelt gleiche Gehalte für Eurodac, das SIS und das ECRIS-TCN, also zur polizeilichen Zusammenarbeit.[93] Im Zuge dieser Gesetzgebung wurden in anderen Rechtsakten die Zugriffsrechte von Behörden ausgedehnt, etwa bei der SIS-Verordnung. Die Verordnungen werden auf mehrere Kompetenzgrundlagen gestützt (Art. 77, 78, 87, 88 AEUV), da sie Grenzschutz, Asyl und Einwanderung ebenso betreffen wie die polizeiliche Kooperation. Noch ist nur der noch auszufüllende Rahmen für die Interoperabilität errichtet, die Aufnahme des Betriebs kann erst nach weiteren Durchführungsrechtsakten der Kommission erfolgen (Art. 72 VO 2019/818).

Beide Verordnungen stimmen darin überein, dass bestimmte Interoperabilitätskomponenten eingerichtet werden (Art. 1 Abs. 2 beider Verordnungen). Dabei handelt es sich um ein Europäisches Suchportal (European search por-

---

91 *Buckler*, Auf dem Weg zu einer digitalen europäischen Grenzkontrollarchitektur?, BayVBl. 2018, 77.

92 Verordnung (EU) 2019/817 des Europäischen Parlaments und des Rates vom 20. Mai 2019 zur Errichtung eines Rahmens für die Interoperabilität zwischen EU-Informationssystemen in den Bereichen Grenzen und Visa und zur Änderung der Verordnungen (EG) Nr. 767/2008, (EU) 2016/399, (EU) 2017/2226, (EU) 2018/1240, (EU) 2018/1726 und (EU) 2018/1861 des Europäischen Parlaments und des Rates, der Entscheidung 2004/512/EG des Rates und des Beschlusses 2008/633/JI des Rates, ABl. L 135, S. 27.

93 Verordnung (EU) 2019/818 des Europäischen Parlaments und des Rates vom 20. Mai 2019 zur Errichtung eines Rahmens für die Interoperabilität zwischen EU-Informationssystemen (polizeiliche und justizielle Zusammenarbeit, Asyl und Migration) und zur Änderung der Verordnungen (EU) 2018/1726, (EU) 2018/1862 und (EU) 2019/816, ABl. L 135, S. 85.

tal – „ESP“), einen gemeinsamen Dienst für den Abgleich biometrischer Daten (biometric matching service - „BMS“), einen gemeinsamen Speicher für Identitätsdaten (common identity repository - „CIR“) und einen Detektor für Mehrfachidentitäten (multiple-identity detector - „MID“).

Die Datenschutzaufsicht auf der Unionsebene obliegt dem Europäischen Datenschutzbeauftragten. Datenschutzrechtlich Verantwortliche sind aber ausdrücklich die innerstaatlichen Sicherheitsbehörden (Art. 40 VO 2019/818). Erforderlich ist eine Kooperation der Datenschutz-aufsichtsbehörden in der EU und mit dem Europäischen Datenschutzbeauftragten (Art. 53 VO 2019/818). Zur Verwirklichung dieser Kooperation hat der Europäische Datenschutzausschuss das sog. „Coordinated Supervision Committee“ eingerichtet.

Die vorhandenen Rechtsakte etwa zu SIS II oder Eurodac errichten und gestalten bereits Datenbestände mit sehr vielen und auch besonders schutzwürdigen Daten, etwa biometrischen Daten. Wenn diese verknüpft und vernetzt werden, erhöht sich nicht nur die Missbrauchsgefahr und die Gefahr des Eintretens erheblicher Schäden im Fall eines Hacking. Die in den Verordnungen enthaltenen komplizierten Vorschriften über den Zugriff auf die Daten und die Übermittlung treffen Regelungen, die aufgrund der notwendigen Zweckbindung eng auszulegen sind.[94] Die Konfiguration des Suchportals ist eingehend zu prüfen, weil die Berechtigungen zum Zugriff auf eine Vielzahl von Behörden erstreckt werden sollen. Die Grundrechte auf Privatheit und Datenschutz (Art. 7, 8 GRCh) ziehen dem sicherheitsrechtlichen Handeln der Europäischen Union Grenzen.

II. Spezielle Maßnahmen der Polizei

Polizeiliches Handeln jenseits der Datenverarbeitung kann auf unterschiedlichen Rechtsgrundlagen beruhen, die sich aber in ihren Gehalten teils überschneiden. Eine bestimmte Maßnahme, die auf unterschiedliche Bestimmungen gestützt werden kann, ist dann auf ihre konkrete Rechtsgrundlage im Einzelfall zu prüfen. Dies ist etwa der Fall bei der Nacheile oder grenzüberschreitenden Einsätzen wie z.B. Observationen.[95] Das Schengener-Durchführungsübereinkommen bietet eine Reihe von rechtlichen Handhaben für

---

94 *Aden*, in: Lisken/Denninger (Fn. 3), Kap. N Rn. 362.
95 *Krüßmann*, in: Böse (Fn. 46), § 18 Rn. 31 ff.

derart physisch geprägte Maßnahmen.[96] Ähnliche Regelungen enthält auch der die polizeiliche Kooperation konkret regelnde „Prüm-Beschluss",[97] nach dem gemeinsame Streifen oder die Unterstützung bei grenzüberschreitenden Großlagen zulässig sind.[98]

In der Praxis von erheblicher Bedeutung sind die bilateralen und multilateralen Polizeiverträge.[99] In ihnen finden sich Ermächtigungsgrundlagen für polizeiliches Handeln, das auch etwa nach dem „Prüm-Beschluss" zulässig ist. Die Polizeiverträge bilden die konkretesten und für die beteiligten Behörden sachnächsten Rechtsgrundlagen, weil die betroffenen Länder der Bundesrepublik Deutschland an der Aushandlung des jeweiligen Vertragstextes beteiligt waren und Übereinstimmungen oder Unterschiede mit den Polizeibehörden des Nachbarstaates berücksichtigt werden konnten. Zudem sind sie mit der Einrichtung gemeinsamer Zentren wie z.B. dem deutsch-französischen Zentrum in Kehl verbunden, die unkomplizierte Anfragen und persönliche Kontakte der Beamtinnen und Beamten aus den unterschiedlichen Staaten ermöglichen. Sie gewähren den Behörden der Nachbarstaaten teils weitreichende Handlungsmöglichkeiten, die den gemeineuropäischen Standard übersteigen. Die grenzüberschreitende Observation ist nach Art. 40 Abs. 7 des Schengener-Durchführungsübereinkommen nur zulässig, wenn eine auslieferungsfähige Straftat vorliegt, nach Polizeiverträgen wie dem deutsch-schweizerischen aber darüber hinaus. Da sich die Reichweite der völkerrechtlichen Staatenimmunität grundsätzlich auch auf Polizei-bedienstete erstreckt, ist sie vertraglich zu begrenzen, wenn hoheitliche Maßnahmen auf fremdem Hoheitsgebiet in Betracht kommen. Nach den Polizeiverträgen werden die Handlungen des Beamten eines anderen Vertragsstaates dem Territorialstaat zugerechnet.[100] Die Erweiterung der sicherheitsbehördlichen Handlungsoptionen bedarf immer auch einer Erweiterung der grundrechtlichen Schutzdimensionen, um eine Schlechterstellung des Einzelnen im Fall grenzüberschreitender Kooperation zu verhindern.

---

96 *Heid*, in: Dauses/Ludwigs (Hrsg.), Handbuch des EU-Wirtschaftsrechts, Kap. S Rn. 101 ff.

97 Beschluss 2008/615/JI des Rates v. 23.6.2008 zur Vertiefung der grenzüberstreitenden Zusammenarbeit, insbesondere zur Bekämpfung des Terrorismus und der grenzüberschreitenden Kriminalität (Prüm-Beschluss), ABl. L 210, S. 1.

98 *Aden*, in: Lisken/Denninger (Fn. 3), Kap. N Rn. 308.

99 *Kugelmann*, in: Böse (Fn. 46), § 17 Rn. 132 ff.

100 *Esser*, Die Einhaltung von Menschenrechten in der internationalen polizeilichen Zusammenarbeit und in der europäischen polizeilichen Kooperation, in; Kugelmann (Fn. 30), S. 217.

F. Sicherheit zwischen Souveränität und Supranationalität

I. Gegenseitiges Vertrauen der Mitgliedstaaten

Die Sicherung der Rechtsstaatlichkeit ist ein wesentlicher Maßstab der Kooperation im Raum der Freiheit, der Sicherheit und des Rechts.[101] Dies folgt bereits aus Art. 2 EUV, der dem Begriff des Rechts in Art. 67 Abs. 1 AEUV eine Prägung verleiht. Die Union ist ein Raum auch der Rechtsstaatlichkeit. Diese Annahme ist voraussetzungsvoll, weil die Zusammenarbeit im Raum der Freiheit, der Sicherheit und des Rechts gemäß Art. 67 Abs. 1 AEUV unter dem Vorzeichen der unterschiedlichen Rechtsordnungen und Rechtstraditionen der Mitgliedstaaten steht. Eine wesentliche Voraussetzung dieser Zusammenarbeit ist das Vertrauen darauf, dass elementare Grundzüge einer rechtsstaatlichen Ordnung in allen Mitgliedstaaten gewahrt werden. Vertrauen ist ein Grundprinzip der Kooperation in der Europäischen Union.[102]

Der Grundsatz des gegenseitigen Vertrauens verlangt nach der Rechtsprechung des Europäischen Gerichtshofes, dass ein Mitgliedstaat von der Einhaltung der Grundrechte in allen anderen Mitgliedstaaten ausgehen kann.[103] Im Raum der Freiheit, der Sicherheit und des Rechts spielt das Vertrauen eine besondere Rolle, weil hier intensive Eingriffe in Grundrechte in Rede stehen. Zudem ist das gegenseitige Vertrauen die Grundlage für das Prinzip der gegenseitigen Anerkennung des Art. 82 AEUV.[104] Dies umfasst alle justiziellen Entscheidungen, die das besondere Vertrauen verdienen, also auch solche der Staatsanwaltschaft, obwohl Art. 82 Abs. 1 AEUV von gerichtlichen Entscheidungen spricht.[105] Der EuGH hat schon früh in der Entwicklung des europäischen Strafrechts das gegenseitige Vertrauen in die Strafjustizsysteme

101 *Kulick*, Rechtsstaatlichkeitskrise und gegenseitiges Vertrauen im institutionellen Gefüge, JZ 2020, 223.

102 *L.v.Danwitz*, Der Grundsatz des gegenseitigen Vertrauens zwischen den Mitgliedstaaten der EU. Eine wertebasierte Garantie der Einheit und Wirksamkeit des Unionsrechts, EuR 2020, 61.

103 EuGH, Gutachten 2/13 - Beitritt zur EMRK, EU:C:2014:2454, Rn. 191; EuGH, *Minister for Justice and Equality/LM (Polen)*, C-216/18 PPU, EU:C:2018:586, Rn. 36; EuGH, *ML*, C-220/18 PPU, EU:C:2019:982, Rn. 33.

104 EuGH, *Aranyosi u. Căldăraru*, verb. Rs. C-404/15 u. C-659/15 PPU, EU:C:2016:198, Rn. 78; EuGH, *OG und PI*, verb. Rs. C-508/18 und C-82/19 PPU, EU:C:2019:456, Rn. 43.

105 *Satzger*, in: Streinz (Fn. 10), Art. 82 Rn. 9; *Vogel/Eisele*, in: Grabitz/Hilf/Nettesheim (Fn. 33), Art. 82 AEUV Rn. 42 ff.

betont und dergestalt das Verbot der Doppelbestrafung legitimiert.[106] In jüngeren Entscheidungen stellt er das Vertrauen nicht mehr nur in den Zusammenhang der Strafjustiz und des Raums ohne Binnengrenzen, sondern misst ihm fundamentale Bedeutung zu und bezieht es auf die Gewährleistung der Grundrechte und die Einhaltung des Unionsrechts insgesamt.[107]

Die Konzeption des Vertrauens ist im Hinblick auf ihre rechtliche Fundierung und ihre Auswirkungen umstritten.[108] Das Vertrauen wird nach überzeugender Ansicht durch die Institutionen, insbesondere die unabhängigen Gerichte und ihr Zusammenspiel im Verfahren, und die der Union zugrunde liegenden gemeinsamen Werte und Ziele begründet. Damit hat es formale und materielle Komponenten. Bestehen Zweifel an der Unabhängigkeit eines Gerichts oder an der prinzipiellen Beachtung der Werte und Ziele der Union (Art. 2, 3 EUV), kann das Vertrauen entfallen.[109] Das Verständnis des gegenseitigen Vertrauens als Prinzip erfordert Differenzierungen des Kontextes konkreter Bewertungen und Entscheidungen.[110]

Vertrauen ist nicht nur Voraussetzung für justizielle Kooperation, sondern in gewissem Umfang auch für die polizeiliche Kooperation. Die Methode der strukturierten Behördenkooperation durch Informationsaustausch funktioniert nur dann, wenn Behörden Informationen und insbesondere personenbezogene Daten anderen europäischen Behörden zur Verfügung stellen. Hier handelt es sich aber nicht notwendig um Gerichte, sondern um auch weisungsabhängige und in Hierarchien eingebundene öffentliche Stellen. Das Vertrauen bedarf daher der rechtlichen Institutionalisierung und der Kontrolle. In der Praxis scheint das fehlende Vertrauen von Behördenvertretern, z.B. von Bediensteten der Polizei, gegenüber Behörden in anderen Mitgliedstaaten ein bedeutsames Hindernis für die europäische Kooperation auf der Grundlage der geltenden Regelungen zu bilden. Fortschritte sind aber nicht

---

106 EuGH, *Gözütok und Brügge*, verb. Rs. C-187/01 und C-385/01, Slg. 2003-I, 1345, Rn. 39.

107 EuGH, Gutachten 2/13 - Beitritt zur EMRK, EU:C:2014:2454, Rn. 191; EuGH, *Minister for Justice and Equality/LM (Polen)*, C-216/18 PPU, EU:C:2018:586, Rn. 36; EuGH, Rs. C-220/18 PPU – ML (Ungarn), Rn. 33.

108 *Burchard*, in: Böse (Fn. 46), § 14 Rn. 17; *Lenaerts*, La vie après l'avis, CMLRev 2017, 805; *Meyer*, Der Grundsatz gegenseitigen Vertrauens – Konzeptualisierung und Zukunftsperspektiven eines neuen Verfassungsprinzips, EuR 2017, 163; *Satzger*, in: Streinz (Fn. 10), Art. 82 Rn. 13.

109 Ähnlich *L.v.Danwitz* (Fn. 102), 61 (79 ff.).

110 *Meyer* (Fn. 108), 163 (177, 181).

lediglich durch die Weiterentwicklungen der Regelungen über die Kooperation zu erzielen, sondern zuvörderst auch durch die Sicherung der grundrechtlich fundierten Rechtspositionen.

II. Der Rechtskreis der Einzelnen

Das Unionsrecht bewirkt regelmäßig eine Erweiterung des Rechtskreises der Einzelnen. Dies gilt insbesondere für die Regelungen zur Unionsbürgerschaft und zu den Grundfreiheiten des Binnenmarktes. Dagegen ermöglichen Regelungen im Raum der Freiheit, der Sicherheit und des Rechts auch Beschränkungen des individuellen Rechtskreises.[111] Ein Beispiel ist die Vorratsdatenspeicherung. Europäische Rechtsakte wie der „Prüm-Beschluss" räumen den innerstaatlichen und europäischen Sicherheitsbehörden Befugnisse ein, die zu Grundrechtseingriffen führen können. Konsequenz ist, dass die europäischen und innerstaatlichen Grundrechte eine erhebliche Rolle spielen und auf ihre Effektivität zu prüfen sind. Denn die Akzeptanz der Unionsbürger ist nochmals schwieriger zu erzielen, wenn das Unionsrecht Pflichten oder Beschränkungen für Bürgerinnen und Bürger enthält. Spiegelbild sind Schutzmechanismen wie das Prinzip der doppelten Strafbarkeit, die Akzeptanz sichern sollen.

Die Unübersichtlichkeit der Rechtsgrundlagen führt zu Schwierigkeiten bei der Sicherstellung des effektiven Grundrechtsschutzes der von den Maßnahmen betroffenen Personen.[112] Rechtsschutz ist grundsätzlich vor den innerstaatlichen Gerichten zu suchen.[113] Die Rechtsverwirklichung wird durch Schwierigkeiten des Nachweises, wie die beteiligten Behörden zusammengewirkt haben, praktisch erschwert. Individualrechtsschutz setzt zudem die Feststellung der Verantwortlichkeit für den Grundrechtseingriff voraus, die im Sicherheitsrecht bei Zusammenwirken vieler Akteure nicht immer rechtlich eindeutig geklärt werden kann.[114]

Die Schwierigkeiten bei Zurechnung und Verantwortlichkeit potenzieren sich, wenn das Zusammenwirken auf der Übermittlung und Verarbeitung von

111 *Möstl* (Fn. 61), S. 9 (14 f.).

112 Überblick bei *Esser*, Die Einhaltung von Menschenrechten in der internationalen polizeilichen Zusammenarbeit und in der europäischen polizeilichen Kooperation, in; Kugelmann (Fn. 30), S. 205 ff.

113 *Gärditz*, in: Böse (Fn. 46), § 24 Rn. 3; *Kugelmann*, in: Böse (Fn. 46), § 17 Rn. 151.

114 *Schöndorf-Haubold*, Das Recht der Zivilen Sicherheit an der Schnittstelle von nationaler, europäischer und internationaler Zuständigkeit, in: Gusy/Kugelmann/Würtenberger (Fn. 18), Kap. 33 Rn. 34.

Daten beruht, deren Wege verschlungen sein können. Transparenz der Datenverarbeitung ist daher ein rechtsstaatliches Gebot. Dokumentationspflichten und Rechenschaftsgebote, die etwa auch in der Kennzeichnung von Daten und der Benachrichtigungspflicht gegenüber dem Betroffenen bestehen können, sind Instrumente, um einen Ausgleich für die Unübersichtlichkeit zu schaffen und der Gewährleistung der Grundrechte im Fall grenzüberschreitender Kooperation von Sicherheitsbehörden Rechnung zu tragen. Das europäische Datenschutzregime mit der JI-Richtlinie als Mindeststandard hat hier Verbesserungen gebracht, die aber auch durchgesetzt werden müssen.[115] Das normative Versprechen muss durch die Kontrolle der kooperativ durchgeführten Maßnahmen eingelöst werden.

Die Rechtsprechung des EuGH setzt zu Recht einen Schwerpunkt auf den Grundrechtsschutz bei grenzüberschreitender Datenverarbeitung wie das Gutachten zum PNR-Abkommen, die Entscheidungen zur Vorratsdatenspeicherung, aber auch die Rechtsprechung zum gegenseitigen Vertrauen verdeutlichen.[116] Im Vergleich zu anderen Grundrechten ist für Art. 7, 8 GRCh festzuhalten, dass die grenzüberschreitenden Schutzmechanismen effektiv wirken.[117] Allerdings gilt das zuvörderst auf der normativen Ebene und für die Grundrechtskontrolle in der Zuständigkeit des EuGH. Für die Verwirklichung von individuellen Rechtspositionen im Zusammenhang der Polizeilichen Zusammenarbeit können aus der Vielfalt der unterschiedlichen Rechtsgrundlagen Risiken folgen. Eine grundlegende Schwierigkeit besteht in der kumulativen Eingriffswirkung des Informationsaustausches in der EU.[118] Der dem Grunde nach wirkungsvolle Datenschutz steht stetig vor neuen Herausforderungen, die nicht nur aus der technischen Entwicklung, sondern in der Polizeilichen Zusammenarbeit auch aus den Vorhaben der EU zur Interoperabilität resultieren.

---

115 Zu den einschlägigen Regelungen der JI-Richtlinie *Johannes/Weinhold*, Das neue Datenschutzrecht bei Polizei und Justiz, 2018, § 1 Rn 81 ff.

116 S. *Kugelmann*, in: Niedobitek (Fn. 9), § 4 Rn. 103, 107.

117 *Schöndorf-Haubold*, Das Recht der Zivilen Sicherheit an der Schnittstelle von nationaler, europäischer und internationaler Zuständigkeit, in: Gusy/Kugelmann/Würtenberger (Fn. 18), Kap. 33 Rn. 34

118 *Meyer*, Entwicklungen und Herausforderungen bei Informationssammlung und -austausch in der strafrechtlichen Zusammenarbeit, in: Kugelmann/Rackow (Fn. 73), S. 41 (59).

III. Akzeptanz und Legitimation

In der rechtsstaatlichen Demokratie brauchen die Sicherheitsbehörden die Akzeptanz der Gesellschaft. Für eine demokratisch konstituierte europäische Rechtsordnung gilt dies erst recht. Akzeptanz ist eine soziale Rahmenbedingung für die Wirksamkeit einer Rechtsordnung. Sie stützt die Legitimation staatlichen Handelns ab, ist aber nicht zwingend durch die demokratische Legitimation nach Art. 20 Abs. 2 GG gefordert.[119] Die Akzeptanz als Stütze der Demokratie wird in Art. 10 Abs. 3 EUV deutlich, der partizipativ-demokratische Elemente in das Demokratiekonzept der Union einfügt.[120] Die Bürgernähe betont Art. 10 Abs. 3 S. 2 EUV. Selbst im Fall eines europäischen Bundesstaates wäre es sinnvoll und angemessen, polizeiliche Hoheitsgewalt und justizielle Befugnisse auf der bürgernächsten Ebene auszuüben. Eine vertikale Stufung der Kompetenzen, die eingriffsintensive Maßnahmen grundsätzlich auf der Stufe der lokalen oder regionalen Sicherheitsbehörde verortet, dient dem Ziel der Herstellung von Akzeptanz bei Bürgerinnen und Bürgern.

Diesem Ansatz folgt das Grundgesetz. Im bundesstaatlichen System des Grundgesetzes ist Polizei Ländersache (Art. 30 GG).[121] Die Erfordernisse der Kooperation sind jedoch nicht zu verkennen und konzentrieren sich in der Ausweitung der Aufgaben des Bundeskriminalamtes. Eine Tendenz zur Zentralisierung im Hinblick auf die informationellen Tätigkeiten der Polizei ist auch in der Bundesrepublik Deutschland unübersehbar. Diese Tendenz wird durch die Europäisierung noch verstärkt, weil das BKA in seiner Zentralstellenfunktion die Zusammenarbeit mit Europol und anderen europäischen und internationalen Einrichtungen verantwortet.[122]

Die Europäische Union beruht auf einer dualen Legitimation durch die Bürger und Bürgerinnen auf der einen Seite und durch die Mitgliedstaaten (Art. 10 Abs. 2 EUV).[123] Auf der europäischen Seite stellt dies die normative

---

119 *Voßkuhle/Kaiser*, Grundwissen - Öffentliches Recht: Demokratische Legitimation, JuS 2009, 803.

120 *Heselhaus*, in: Pechstein/Nowak/Häde (Fn. 8), Art. 10 Rn. 29.

121 *Bäcker*, in: Lisken/Denninger (Fn. 3), Kap. B Rn. 99; *Kugelmann*, Polizei und Polizeirecht im föderalen Staat, in: Härtel (Hrsg.), Handbuch des Föderalismus, Band 3, 2012, § 53, S. 3.

122 *Graulich*, in: Schenke/Graulich/Ruthig (Hrsg.), Sicherheitsrecht des Bundes, 2. Aufl. 2019, § 2 BKAG Rn. 14.

123 *Huber*, in: Streinz (Fn. 10), Art. 10 EUV Rn. 25.

Grundlage dar. Legitimation ist nach dem Grundgesetz eine rechtliche Voraussetzung für die Ausübung von Hoheitsrechten durch staatliche Stellen, weil die Staatsgewalt auf das Volk zurückführbar sein muss (Art. 20 Abs. 2 GG).[124] Dieser Gedanke liegt der Rechtsprechung des Bundesverfassungsgerichts zu Art. 38 GG als Transmissionsriemen für die Mitwirkung der Bundesrepublik Deutschland in der EU zugrunde.[125] Ungeachtet der Frage, ob und inwieweit hier Art. 38 GG überspannt wird,[126] ist im vorliegenden Zusammenhang des Raumes der Freiheit, der Sicherheit und des Rechts legitime Herrschaftsausübung von besonderer Bedeutung, weil es um kooperatives Zusammenwirken geht. Dieses erfolgt auf einer Vielzahl von Rechtsgrundlagen durch eine Vielzahl von Behörden. Legitimationsketten dürfen aber nicht im Nichts verpuffen.[127] Aus der Sicht des Unionsbürgers sind die Legitimationsketten, die eine bestimmte Maßnahme einer Sicherheitsbehörde tragen, ohnehin schwer zu trennen.[128]

In einer politikwissenschaftlichen Perspektive kann auf die Rückbindung an den Willen der Wählerschaft abgestellt werden. Die Arbeit von Polizei und Justiz bildet insoweit eine besondere Herausforderung an Legitimation. Denn die Europäische Union rechtfertigt sich herkömmlich stark über die (positiven) Ergebnisse der Integration und stützt sich insoweit auf „Output“-Legitimation.[129] Solche Ergebnisse sind aber bei der Gewährleistung von Sicherheit schwierig zu erklären, weil letztlich die Behörden der Mitgliedstaaten die Maßnahmen treffen. Konkrete Maßnahmen der Strafverfolgung beruhen regelmäßig auf innerstaatlichem Recht, weil die Union insoweit keine Kompetenzen hat und lediglich mittels Richtlinien gemeinsame Mindestvorschriften herbeiführt. Die informationelle Kooperation ist schwerer sichtbar und ihre Ergebnisse bilden oft die Grundlage für weitere Maßnahmen der Justiz oder der Sicherheitsbehörden, die dann wiederum das nationale Recht der Strafverfolgung zur Grundlage haben. Immerhin ist offensichtlich, dass in einem Raum ohne Binnengrenzen auch Sicherheit nur gemeinsam hergestellt werden kann.

---

124 *Grzeszick*, in: Maunz/Dürig, Grundgesetz, Stand: 2019, Art. 20 Rn. 117 ff.; *Sachs*, in: ders. (Hrsg.), Grundgesetz, 8. Aufl. 2018, Art. 20 Rn. 35.

125 BVerfGE 142, 123, Rn. 123 ff.; BVerfG, 2 BvR 859/15 u.a., Urt.v.5.5.2020, Rn. 99, abgedruckt in NJW 2020, 1647 m. Anm. *Nettesheim*, NJW 2020, 1631.

126 Vgl. *Butzer*, in: Epping/Hillgruber (Hrsg.), BeckOK GG, Art. 38 Rn. 39 ff. m.w.N.

127 *Kugelmann*, Macht und Ohnmacht von Repräsentativorganen und Vertretungskörperschaften unterhalb der Eben des Zentralstaates – Politische Gestaltung durch Repräsentativorgane, in: Masing/Jestaedt/Jouanjan/Capitant (Hrsg.), Politische Gestaltung durch Repräsentativorgane, 2019, S. 43 (59).

128 *Hansen*, Europäisierung des Gewaltmonopols, 2014, S. 228 mit Fn. 957.

129 *Oppermann/Classen/Nettesheim* (Fn. 29), § 15 Rn. 2.

Die „Output"-Legitimation im Raum der Freiheit, der Sicherheit und des Rechts würde durch ein funktionierenden Asylsystem sicherlich gestärkt, weil es sich hier um ein hochpolitisches Thema handelt, während das Funktionieren der Zusammenarbeit von Justiz und Polizei eher im Einzelfall erkennbar wird und in der Öffentlichkeit ansonsten weniger präsent ist. Die Erfolge für die Strafverfolgung sind nicht in jedem Fall spektakulär, aber wie das Beispiel Europol verdeutlicht, vorhanden und ersichtlich. Die Verbesserung der Kooperation ist ein Ergebnis, das legitimierenden Charakter trägt, aber allein nicht für die Legitimation von Handlungen der Sicherheitsbehörden genügt.

Die „Input"-Legimitation betrifft die demokratische Legitimation der Union und berührt damit Grundfragen ihrer Existenz, ihrer Aufgaben und ihrer Aufgabenerfüllung.[130] Sie ist rechtlich konstituiert. Die Legitimation der Union verbindet Legitimationsstränge des Rechts der Mitgliedstaaten insbesondere im Hinblick auf die Übertragung von Hoheitsrechten mit eigenständigen Elementen des Unionsrechts wie der Wahl des Europäischen Parlaments.[131] Auf dieser Grundlage sind unterschiedliche Schwerpunktsetzungen für die Begründung von Legitimation möglich.[132] Wenn der EuGH die Autonomie des Unionsrechts und dessen Anwendungsvorrang in Abgrenzung zum Völkerrecht hervorhebt,[133] dann steht dies im Kontext autonomer Legitimation. Das Bundes-verfassungsgericht bindet dagegen die Legitimation der EU vorrangig an die Rückkopplung zum Recht der Mitgliedstaaten als Herren der Verträge, indem es den Rechtsanwendungsbefehl des innerstaatlichen Zustimmungs-gesetzes (Art 23 Abs. 1 Satz 2 iVm Art 59 Abs. 2 S. 1 GG) als Grundlage des Handelns der Union betrachtet.[134] Die Theorien und Konstruktionen in der Literatur sind zahlreich und vielfältig.[135]

Im Hinblick auf das Handeln im Raum der Freiheit der Sicherheit und des Rechts finden die vielfältigen Verflechtungen zwischen nationalem Recht

---

130 *Oppermann/Classen/Nettesheim* (Fn. 29), § 15 Rn. 3.

131 *Weiß*, in Niedobitek (Fn. 9), § 5 Rn. 8.

132 *Huber*, in: Streinz (Fn. 10), Art. 10 EUV Rn. 40.

133 Seit EuGH, *Costa/ENEL*, Rs. 6/64, Slg. 1964, 1253, Rn 10, 12.

134 BVerfGE 123, 267 (397).

135 *Oppermann/Classen/Nettesheim* (Fn. 29), § 10 Rn. 14 ff.; eingehende Darstellung bei *Kalb*, Das Vorrangprinzip im Spannungsfeld der Rechtsprechung des EuGH und des BVerfG vor dem Hintergrund ihres Verständnisses des Unionsrechts, 2020, passim.

und Unionsrecht ihren Ausdruck in den konkreten Ausprägungen von Rechten und Pflichten der Kooperation.[136] Ansatzpunkte für eine inhärente Legitimation im Hinblick auf diese Politikfelder bietet ein wertebasierter Ansatz. Die gemeinsamen Werte und Ziele der Union (Art. 2, 3 EUV) bilden einen Rahmen für die Zusammenarbeit, der durch das Prinzip der loyalen Zusammenarbeit des Art. 4 EUV ergänzt wird. Grundlegende Prinzipien beeinflussen die Rechtsanwendung, aber angesichts ihres Charakters können sie bestehende Unterschiede im Raum der Freiheit, der Sicherheit und des Rechts, zumindest soweit er von einer starken Stellung der Mitgliedstaaten gekennzeichnet ist, kaum überwinden. Die Kooperation von Strafjustiz und Strafverfolgungsbehörden bedarf einer rechtlichen Ausgestaltung, die Besonderheiten und Prägungen der unterschiedlichen Rechtsordnungen berücksichtigt. Asymmetrien in dem Ausgleich zwischen Freiheit und Sicherheit in den Mitgliedstaaten sind hinzunehmen. Die Gewährleistung von Sicherheit in der Europäischen Union erfolgt unter Rückgriff auf unional zur Verfügung gestellte Kooperationsmechanismen in Verantwortung der Mitgliedstaaten. Legitimation bieten die Elemente des gegenseitigen Vertrauens und der angemessenen Sicherung der Grundrechte. Das Vertrauen bildet die Seite der Mitgliedstaaten ab, die Grundrechte die Seite der Bürgerschaft. Damit wird das Prinzip der dualen Legitimation des Art. 10 Abs. 2 EUV speziell auf Justiz und Polizei ausgerichtet. Das Unionsrecht leistet einen legitimen Beitrag zur Gewährleistung von Sicherheit in Freiheit.

136 Vgl. *Weiß*, in Niedobitek (Fn. 9), § 5 Rn. 29, der allgemein von einem Verwaltungsverbund spricht.

Autorenverzeichnis

Busse, Matthias	Policy Analyst bei dem European Political Strategy Centre (EPSC), Brüssel.
Kadelbach, Stefan	Prof. Dr., LL.M. (University of Virginia), Goethe-Universität Frankfurt am Main, Frankfurt am Main.
Kugelmann, Dieter	Prof. Dr., Deutsche Hochschule der Polizei Münster, Münster und Landesbeauftragter für den Datenschutz und die Informationsfreiheit Rheinland-Pfalz, Mainz.
Nemitz, Paul	Hauptberater Generaldirektion Justiz und Verbraucher, Europäische Kommission, Brüssel.
Wallrabenstein, Astrid	Prof. Dr., Goethe-Universität Frankfurt am Main, Frankfurt am Main und Richterin des Bundesverfassungsgerichts, Karlsruhe.
Zürn, Michael	Prof. Dr., WZB (Wissenschaftszentrum für Sozialforschung Berlin) und Freie Universität Berlin, Berlin.